海外中国研究丛书 —— 到中国之外发现中国

中国古代的身份制

良与贱

中国古代の身分制

良と賤

[日] 堀敏一 著
何志文 译
李天石 校

江苏人民出版社

图书在版编目(CIP)数据

中国古代的身份制：良与贱 /（日）堀敏一著；何志文译. -- 南京：江苏人民出版社，2025.4.
（海外中国研究丛书 / 刘东主编）. -- ISBN 978-7-214-29664-1

Ⅰ.D691.71

中国国家版本馆CIP数据核字第202405TU59号

CHUGOKU KODAI NO MIBUNSEI—RYO TO SEN—by Toshikazu Hori
Copyright © Toshikazu Hori, 1987
Original Japanese edition published by KYUKO-SHOIN Co., Ltd.
Simplified Chinese edition copyright © 2025 by Jiangsu People's Publishing House
This Simplified Chinese edition published by arrangement with KYUKO-SHOIN Co., Ltd., Tokyo, through Honnokizuna, Inc., Tokyo and Shinwon Agency Co., Beijing Representative Office, Beijing
All rights reserved
江苏省版权局著作权合同登记号：图字 10-2018-249 号

书　　　名	中国古代的身份制：良与贱
著　　　者	[日]堀敏一
译　　　者	何志文
校　　　者	李天石
责 任 编 辑	康海源　孟　璐
特 约 编 辑	于佳旭
封 面 设 计	陈　婕
责 任 监 制	王　娟
出 版 发 行	江苏人民出版社
地　　　址	南京市湖南路1号A楼,邮编:210009
照　　　排	江苏凤凰制版有限公司
印　　　刷	江苏凤凰通达印刷有限公司
开　　　本	652毫米×960毫米　1/16
印　　　张	20　插页4
字　　　数	216千字
版　　　次	2025年4月第1版
印　　　次	2025年4月第1次印刷
标 准 书 号	ISBN 978-7-214-29664-1
定　　　价	78.00元

（江苏人民出版社图书凡印装错误可向承印厂调换）

序 "海外中国研究丛书"

中国曾经遗忘过世界,但世界却并未因此而遗忘中国。令人嗟讶的是,20世纪60年代以后,就在中国越来越闭锁的同时,世界各国的中国研究却得到了越来越富于成果的发展。而到了中国门户重开的今天,这种发展就把国内学界逼到了如此的窘境:我们不仅必须放眼海外去认识世界,还必须放眼海外来重新认识中国;不仅必须向国内读者迻译海外的西学,还必须向他们系统地介绍海外的中学。

这个系列不可避免地会加深我们150年以来一直怀有的危机感和失落感,因为单是它的学术水准也足以提醒我们,中国文明在现时代所面对的绝不再是某个粗蛮不文的、很快就将被自己同化的、马背上的战胜者,而是一个高度发展了的、必将对自己的根本价值取向大大触动的文明。可正因为这样,借别人的眼光去获得自知之明,又正是摆在我们面前的紧迫历史使命,因为只要不跳出自家的文化圈子去透过强烈的反差反观自身,中华文明就找不到进入其现代形态的入口。

当然,既是本着这样的目的,我们就不能只从各家学说中筛选那些我们可以或者乐于接受的东西,否则我们的"筛子"本身就可能使读者失去选择、挑剔和批判的广阔天地。我们的译介毕竟还只是初步的尝试,而我们所努力去做的,毕竟也只是和读者一起去反复思索这些奉献给大家的东西。

刘　东

目　录

序章　日本的中国古代身份制研究动向与本书构成　1

第一篇　奴隶制的发展与良贱制　13
第一章　中国奴隶制的起源　15
　　一、问题之所在　15
　　二、中国早期的奴隶制　20
　　三、中国早期的民众身份　29
　　四、中国早期奴隶的来源　43
　　五、买卖奴隶制、债务奴隶制的发展　55

第二章　中国良贱身份制的形成过程　68
　　一、问题之所在　68
　　二、先秦时代的身份制——以春秋时代为中心　72
　　三、秦汉时期的身份制——庶奴制　79
　　四、先秦、秦汉时期良贱观念的变迁　86
　　五、汉代的奴婢观与贱的观念　96

六、魏晋南北朝时期良奴、良贱制的确立　106

第二篇　秦汉时期诸种身份　115
第三章　云梦秦简所见的奴隶身份　117
　　一、问题之所在　117
　　二、私家奴隶与秦国家　120
　　三、隶臣妾　131

第四章　汉代的七科谪身份及其起源
　　　　　——商人身份及其他　144
　　一、问题之所在　144
　　二、谪民的范围与含义　147
　　三、七科谪诸身份的地位　153
　　四、七科谪的起源及后代的遗制　163

第五章　汉代的良家　173
　　一、问题之所在　173
　　二、官人的来源：良家子　176
　　三、官女的来源：良家子、良家女　181
　　四、民间通用的良家称呼　185

第三篇　六朝隋唐时期的新身份　189
第六章　部曲、客女身份形成的前提
　　　　　——六朝时期隶属民的诸形态　191
　　一、问题之所在　191
　　二、人身买卖的诸形态　198

三、养子、雇佣、客、部曲 *208*

第七章　北朝杂户制再考察 *219*
　　一、问题之所在 *219*
　　二、初期的杂户 *221*
　　三、杂营户与乞养杂户 *225*
　　四、作为杂役之户的杂户 *234*
　　五、对后世的展望 *245*

第八章　隋唐时期的部曲、客女身份 *247*
　　一、问题之所在 *247*
　　二、部曲、客女身份的确立过程 *253*
　　三、部曲、客女的性质和地位 *260*

参考文献 *272*

后记 *295*

译后记 *297*

序章　日本的中国古代身份制研究动向与本书构成

一

本书所谓的"身份",是指近代以前诸国共通的、在国家支配体制下依据法律规定确立的固定社会地位。根据这样划定的社会地位,尊卑、贵贱的等级秩序得以确定,从而达到维持支配体制的目的。这类身份多为与生俱来的,且被世袭。此外,中国古代还有诸如贵族与平民、官阶等这类后天获得并时常变动的身份。这些对象同样颇富研究旨趣,但并非本书要讨论的课题。

具体而言,本书的研究课题正如副标题所示,是探讨中国古代的良民与贱民,或者说良人与贱人这些身份的历史形成过程。这是伴随着中国社会的奴隶制及其他隶属关系的发展而形成的。这里应当指出,需要将主人(奴隶主)与奴隶间的阶级关系和国家的法律身份加以区分。尤其是在像古代中国这样的专制国家,皇帝对人民的支配是有别于奴隶主对奴隶的支配的。奴隶主也要服从于皇帝的统治。本书主要研究象征皇帝支配体制的国家身份。不过,从另一方面来看,如上所述,这样的身份以阶级关系的发展为前提。因此,如何思考身份与阶级的关系,也是一个问题。而且,对阶级关系的认知会影响到考察身份制的角度。对于以上诸方面问题,日本学界在近年的身份制研究中进行了讨论并提出诸多观点——本书即由此展开研究。在此,我们首先通过概述日本学界的身份制研究,来阐述这些问题的产生过程。至于与此相对应的详细论点,将在各章的"问题之所在"一节中再进行论述。

日本的中国古代身份制研究,可以分为三个发展阶段:第一,法制史、制度史的研究;第二,经济史的研究,或者说是生产关系和社会构成相关的研究;第三,最近提出的包括身份与阶级关系问题的研究。

首先,第一阶段,法制史、制度史角度的研究。这方面的研究,在中国开始的时间非常早,可以追溯到清末沈家本的《历代刑法考》以及民国时期梁启超的《中国奴隶制度》(1925)。在日本的先行研究,有宫崎道三郎的《家人的沿革》(1901)、《部曲考》及其补遗(1907),这些以日本古代的身份制度为研究对象,也涉及中国的相关制度。但是,真正的研究以玉井是博的《唐代贱民制度及其由来》(1929)的古典研究为代表,而滨口重国的《唐王朝的贱人制度》(1966)是集大成者。这二者是中国尚未进行的详细的研究。此外,代表性的研究还有泷川政次郎的《唐代奴隶制度概说》(1940)、仁井田陞的《中国身份法史》第八章"部曲、奴婢法"(1942)、曾我部静雄的《中国中世的官贱民和日本的杂户、品部》(1950)等。

据玉井氏的研究,唐代的贱民制度体系可分为官贱民与私贱民。官贱民,由上而下依次是太常音声人、杂户、工乐、官户、官奴婢。在私贱民中,则分为部曲、客女及私奴婢两个等级。滨口氏基本延续了这一说法,但对工乐的地位提出了不同看法。玉井氏和泷川氏认为,工乐是介于杂户与官户之间的;而曾我部氏则认为工乐是一种特殊的官户,其地位等同于官户,滨口氏也赞成这一观点。

据滋贺秀三《译注唐律疏议》四（1962）所述，官户、部曲以下为"贱"，而太常音声人与杂户虽被称为"隶"，却并未被称为"贱"。但是，在同样由其执笔的律令研究会编《译注日本律令五 唐律疏议译注篇一》（1979）中，并无这一说法。而草野靖的《唐律所见私贱民、奴婢·部曲的一个考察》（1957），越智重明的《客与部曲》（1973）、《六朝的良、贱身份》（1980）等研究，则主张部曲也属于良民。我与滨口氏都反对部曲良民说，"唐律疏议"的规定可以证实部曲属于贱民（堀敏一《均田制的研究》第七章，1975）。据唐长孺近年介绍的吐鲁番出土的永徽元年《户口帐》，可以清楚地看到部曲、客女被列为"贱民"的一种（《唐西州诸乡户口帐试释》，1983。另参照《吐鲁番出土文书》六）。我想这一问题得到了解决。

部曲原意是军队的队伍、军队、士兵。上述沈家本的著作和何士骥的《部曲考》（1927）一文，都论述了部曲为何演变为贱民的名称。他们的研究认为，良民作为兵士使役时，地位随之逐渐降低。对于此说，滨口氏强调奴婢作为家兵活跃的同时，地位也逐渐提升。

奴婢可以买卖，但是部曲不是财物，所以不能买卖。部曲更换主人，在《唐律疏议》中被称为"转事"，此时新主人需向旧主人"量酬衣食之直"。由此，滨口氏在论述部曲的劳动性质时，认为主人供给的衣食并不能被部曲的劳动抵偿，而是作为负债积累下来，因此新主人必须支付"衣食之直"，故而部曲的劳动属于奴隶性质的无偿劳动。但是，泷川氏指出部曲的劳动是有别于奴婢的劳动的。泷川氏提出在日本令中，对相当于唐代部曲的家人，有不能"竭尽驱使之能"的规定，这一条文是否见于唐令仍存疑问。但我认为在唐令中是存在类似的规定的（本书第八章）。据此可知，部曲与奴婢不同，并非被无休止地驱使。于是，滨口氏又认定部曲的劳动是半奴隶型劳动。

仁井田氏将中国的奴婢与希腊、罗马的奴隶进行比较，认为从拥有财产权、能够拥有合法的婚姻、能够免于主人的专杀等方面来看，中国奴婢具有人性的一面，属于"半人半物"的性质［前述《中国身份法史》《再论唐代法律中的奴婢地位》(1965)］。对此，滨口氏则批判说，奴婢对于主人而言完全与财产无异，仅在"王法"下受到一些人性化的对待［《唐代法律上奴婢半人半物说的探讨》(1963)、前述《唐王朝的贱人制度》］。仁井田氏的说法仅止于法律条文的字面解释，而滨口氏的奴婢完全财产论，则没有明确这是法律规定还是实际情况。实际情况可能不能一概而论。再者，他的王法论，与后述西嶋定生氏将贱民、奴婢排除于国家礼的秩序之外的说法形成了奇妙的对立。后述的尾形勇氏指出，王法论的论据存在误读的情况。但是，滨口氏提出的问题仍然具有探讨的意义。

草野氏认为国家法律规定的奴婢的起源，仅为犯罪的没官人。由于国家法律禁止良民买卖，认为是违法行为，所以无法由买卖而产生公认的奴婢。越智氏根据以上说法，提出有公的奴婢与私的奴婢之分。我们知道由良民卖身而产生了众多的奴婢，但是否就可以说这不是国家法律意义上的奴婢呢？对于良民沦为真正的奴婢的具体过程，还有必要作进一步的探讨。关于此点，可以参考竹浪隆良《北魏时期的人身买卖和身份制度统治》(1984)中关于北魏宫廷所见人身买卖的论述。

第二阶段，经济史角度的研究，或者说以生产关系为主的研究。目前，这一领域的研究在中国势头强劲。与之相关的论述主要在本书的第一章，第二章以后必要时也将有所论及。在日本，第二次世界大战以前，加藤繁在《中国经济史概说》(1944)中论述道：唐代均田制被破坏前，在大土地上耕作的主要是"奴仆"。战后前田直典的《东亚古代的终结》(1948)认为中国至唐代都属于古代奴隶制社会。据此，上述仁井田氏的《中国身份法史》中列举了许多奴婢从事生产劳动的史料。在第二次世界大战后，他写了《中国社会的"封建"与封建制》(1951)赞同前田说，强调唐末以前是奴隶制社会，宋以后是封建社会。众所周知，与之相对的是，宫崎市定在《东洋的古代》(1965)、《中国史上的庄园》(1954)、《从部曲到佃户》(1971)等论著中，提出了中国直至汉代为古代、魏晋南北朝和隋唐为中世、宋以后为近世的时代区分论。宫崎氏在接受内藤湖南氏的文化史时代区分的基础上，试着用社会经济史的史料加以补充，认为魏晋南北朝的部曲属于农奴，而宋以后则转变为地主与佃户间的自由契约关系。

本章的目的不在于直接介入时代区分的论争。在此，从方法上需要注意以下两点：第一，前田、仁井田、宫崎氏的研究，虽然存在时代区分上的意见分歧，但都只论及地主大土地所有制内部的生产关系问题，并不论及外部大量存在的自耕小农的问题。考虑到中国的社会构成和阶级关系，这样的论述是否有问题？第二，三位学者都将中国国家制定的、中国固有的法律身份——奴婢、部曲等用语，直接替换为世界史中普遍使用的指代社会阶级的奴隶或农奴等用语。

关于第二点，毫无疑问，在中国也存在世界史中普遍意义上的奴隶制和农奴制，即产生了作为中国国家身份的奴婢、部曲等。但是，奴婢、部曲等是根据中国特有的国家构造确定的。例如，奴婢、部曲等作为贱民，是与良民对置的身份，良民与贱民是相对的。然而，良民这一身份，不仅包含了诸如奴隶主或农奴主的地主阶级，也包含了前述的多数小农。奴隶主、农奴主与奴隶、农奴间的阶级关系，不能直接视为良与贱的身份关系。因此，不能直接将身份与阶级等同,有必要将二者加以区分。

在此,必须指出,上述第一阶段的法制史研究和第二阶段的经济史研究,都侧重于研究贱民、奴婢、部曲等,而并没有注意到良民的研究。

二

接下来进入第三阶段,西嶋定生的《中国古代奴婢制的再考察——阶级性质与身份性质》(1963)开启了身份制研究的新阶段。这篇论文是以其大作《中国古代帝国的形成与结构》(1961)为前提的。这本著作研究汉代的二十等爵制,尤其是名爵的功能。书中阐明了赐爵表现出的礼的秩序对民众社会的规范,以及皇帝对民众支配的可能性。上述"奴婢制"一文根据《唐律疏议》的规定,证实了包含在礼的秩序之内的属于良民,而被排除在秩序外的属于奴婢、贱民(但是在1983年《良贱制的性质与谱系》中,更正称良与贱之间礼所涵盖的对象有误)。其次,论及奴婢相关的律令规定是为了维持良民身份而作。这与以往的研究不同,重视对良民身份的考察。据西嶋氏所述,这样的身份制以皇帝与庶民(多数为小农)的阶级关系为基础,其次为奴婢所有者与奴婢的阶级关系。

在西嶋氏的论文出来之后,我的《均田制与良贱制》(1967)与尾形勇的《良贱制的发展及其性质》(1970)发表了。在尾形氏的论文发表之后,我将我的文章加以修正并收入我的著作《均田制的研究》。如标题所示,都是根据西嶋氏的提法,我将良民与贱民融合,视为一套身份体系。可以说尾形氏基本上是在接受西嶋氏论文主要观点的基础上,运用多方面的史料对其进行了补充。但是，相较于西嶋氏将汉唐总括起来论述，我与尾形氏更侧重于探讨从汉至唐的身份制演变问题。

虽然可以确定良与贱的身份制和中国专制国家的构造有着密不可分的关系，但我认为，良与贱并不是随着秦汉国家的建立而立即呈现出来的。在汉代，与奴婢相对的身份是庶民（庶人），而不是良民（良人）。庶民是相对于官人、士人而言的，所以汉代是官—庶—奴这样的身份制度。其次，汉代除奴婢外，在庶民的下层还存在法律上被贱视的身份。这里主要指的是七科谪，关于这一身份，我在《汉代的七科谪及其起源》(1982)中阐明了我的看法。在汉代，庶民中除七科谪等被贱视的部分外的身份被称为良家。我的旧作阐明了在具有这样身份的汉代，还没有确立完善的良民—奴婢制度，法律上的良奴身份制是到经历过汉帝国崩溃危险的三国以后的时代才得以确立的。我最近写了《中国良贱身份制的形成过程》《古代中国的身份制与身份观念》(1986)，对这一过程进行了再探讨。

我认为，良民、奴婢制的确立与部曲、杂户所体现出来的贱民身份的复杂化，都是随着中国社会的发展，由民众的内部分化而产生的。但是，我自旧作发表以来就认为，由此产生的均田制在推行的过程中，以汉代的自耕小农发展而来的均田农民为主要生产者，这些人被认为是良民，而其他的多种隶属劳动者则被统一划为贱民。良贱制是在以均田制为基础的国家体制的规定中产生的。

尾形氏将以上身份制的变迁划分为庶奴制、良奴制、良贱制三个阶段。庶奴制主要是在汉代，但是，尾形氏认为良奴制的形成时期是在均田制的确立时期，这与我的三国时期形成说不同，关于这一点，我将在本书中再次确认我的观点的正确性。良贱制阶段指的是贱民身份复杂化的隋唐时期。从语言的准确含义来说，贱作为与良相对的身份用语出现，应该是从魏晋时期开始的。我赞同用上述良贱制这一说法来规定包含多种贱民身份的特定阶段。

针对尾形氏将汉代划为庶奴制阶段的说法，好并隆司在《汉代下层庶人的存在形态》(1973)中提出了不同看法。好并氏也明确了汉代存在贱视下层庶民的情况，他认为这些下层庶民被称为"贱民"，与奴婢之间不存在大的差异，而更应该重视"富庶"与贱民间的阶级对立。如西嶋氏将皇帝与庶民间的对立视为主要的阶级对立，与之相对的观点，则是将皇帝与庶民视为身份的对立，我认为这是观点上重要的对峙。然而我并没有看到将下层庶民固定到一定范围内称"贱民"的例子，所以我认为好并氏的论文存在论证上的问题。但是，这并不能改变他提出的问题的重要性。

我与尾形氏在与此有关的问题上也存在一些争论的地方，具体就是如何看待北周末期的部曲身份。众所周知，北周末期发布了解放奴婢的命令，但是奴婢并没有因此逃脱旧主人之手，而是转换成部曲、客女这样一种新的身份。我认为，国家虽然有解放奴婢的意图，但还是无法打破主人对奴婢的控制，出于对奴婢所有者的让步，出现了部曲这一新的身份。与之相对，尾形氏认为这是将原本就存在的私有隶属者纳入国家身份的框架，强调要重视国家层面的积极作用。这并不是谁的说法不正确，而是应该重视哪一方面的问题。

但是，尾形氏论述道，为确保形成"构成国家秩序的主体者"（指良民），权力一方设定了"构成这一秩序不可或缺的一部分人"（指贱民）作为有效手段。换言之，即设置贱民身份是为了维持以良民为主体的国家秩序。这是从极端的一面来看待国家规定的良、贱身份。我并不赞同这一看法，虽然应该重视将奴婢、贱民视为国家身份，但是不能忘记其前提是奴隶制及其他隶属关系的发展(《身份制与中国古代社会》,1980)。还有,我与西嶋氏都认为,小农是主要的生产者,皇帝对小农的支配非常重要。如果看不到由这些小农分化出来的地主与各种隶属劳动者间产生的关系,是无法理解中国历史的发展的。

后来,我受到与尾形氏论争的启发,写了《部曲、客女身份形成的前提》(1985)。对于论争的契机即部曲身份出现的前提,有必要从魏晋南北朝时期在民间发展的私人隶属关系中寻求解答。以前讨论到部曲、客女身份形成的问题,都是探寻作为兵士的部曲的变迁,或者提出其与前代衣食客等的关系。我不否认正是由于部曲和衣食客重要而采用了其名,但是还有各种不被称为部曲或客的隶属关系,这些关系综合起来构成了部曲、客女身份的前提。可以确定,这些隶属关系,从类似奴隶的形态到近似农奴的形态之间实际上还存在多种形态。因此必须指出,认为部曲是奴隶或农奴这种单纯的二选一的说法是有问题的。

在尾形氏和我的第一篇相关论文出来之后,山根清志发表了《唐代的良贱制与所在地身份诸关系》(1977)。这篇论文有难以理解的地方,但有几点值得注意:第一,在讨论良民的属性时,是根据作为"户"的州县籍来进行探讨,明显是将其作为国家课税赋役的对象。第二,主张国家身份制度的作用是防止随着社会上奴隶制的发展,这些良民不断沦为奴隶。他以这种形式的关系,来描述皇帝统治下的国家身份制度与民间地主支配的发展之间的关系。但是,与山根氏认为奴隶制在唐至宋转变时期仍有发展的说法相比,更普遍的是认为这一时期是地主与佃户制或农奴制。

关于我们论述的汉、唐间的身份制差异,山根在《围绕唐代良贱制的两三个问题》(1982)中,认为在汉代村落"首长"对农民进行统治,而首长拥有的共同体功能,在隋唐时期被国家吸收,由此产生了国家与农民间根本的对立关系，由此对应产生了良贱制。在此，他强调汉代的豪族地主不仅是对农民进行掠夺，同时也是共同体的首长（在此之前增渊龙夫、多田狷介等也表明了相同的看法，但因为和身份制没有直接关系，故不论述）。亚洲专制国家的公共功能早先就被提出，在此之下还存在原来小共同体的首长的统治。随着时代的发展，这些共同体首长的权限逐渐被中央国家吸收。但是，我们很难了解具体的历史在具体的时期以怎样的形式发展。良民与欧洲的自由人不同，属于被统治者；之所以被称为"良"，或许是因为他们也是拥有公共功能的国家的模拟"共同体"成员之一。

上文也提到了部曲身份的前提是存在多种隶属形态，所以，不难理解，在刑法上如何处置部曲也不是固定的。在敦煌出土的P.3608号汉文文书中，可以清楚地看到这一点。这是一件武则天时期书写的唐律残片，其中户婚律的一条，条文论述了出现奴婢或部曲被放良后再被强制没为奴婢或部曲情况下的刑法处罚，行间还加以修正。修正后的条文与现存的《唐律疏议》的条文一致。有两点值得注意：第一，修正前和修正后的条文属于什么时期的律？第二，如何看待修正的意义？关于此问题，在内藤乾吉《敦煌所见唐职制户婚厩库律断简》（1958）、牧英正《户婚律放家人为良还压条研究》（1963）、仁井田陞《敦煌所见武则天时期的律断简》（1964）、石尾芳久《户婚律放家人为良还压条论考》（1977）、山根清志《对唐代部曲客女身份的一个考察》（1978）等中都有论述。详细将在第八章论述，比较修正前与修正后的条文，可以发现后者更加重视部曲的身份，正如今日唐律所见，其地位逐渐稳定下来。

最后，还想提一下山根的《唐代的"百姓"身份》（1982）。他的论文重视良民这一身份，可以说我是受其启发讨论这一问题，这

序章　日本的中国古代身份制研究动向与本书构成

在以往的中日学者研究中是没有见到的。良民与百姓究竟有何不同？据山根氏所述，良民包括了官人、吏、僧道，百姓则是除此之外的良民的一部分。那么，刚才山根论及的登记在州县籍作为课役对象的良民，当为百姓。此外，唐代前半期的百姓，指的是士农工商中的农工商；到唐代后半期，百姓一词则专指农民。在日本，自封建制时代以来百姓即专指农民；然而，在唐代有这样的变化，非常值得探讨。而且，在宇文融以后出现了"客户"，客户从百姓中分化出来，在两税法下的百姓专指"土户"。本书无法完全论及这些问题，只能留待日后进行探讨。

三

正如以上简单的研究史所阐明的，我认为在确认良贱身份是属于中国皇帝统治下的国家身份的同时，有必要明确其前提是存在奴隶制及其他隶属关系的发展。因此，本书在第一章便论及奴隶制的产生与发展。中国学界关于殷周时期奴隶制的研究已经有众多的成果，我恐怕要涉足并不熟悉的甲骨文、金文领域。以此为前提，第二章探讨了中国古代的良、贱观念，以及法律上良奴、良贱身份制度的形成过程。关于这一点，我已经发表了与第二章同名的论文，但在本书中变更了结构，也重新进行了构思。

籾山明在《秦代的隶属身份及其起源》(1982) 中，指出可以从近年发掘的云梦睡虎地秦墓出土的秦律相关简牍中找到作为国家身份的良贱制的原型。籾山明书中提到的隶臣妾的问题，也是中日学界争议很大的问题。因此，这一问题无法并入第二章，而是在第三章单独进行探讨。但是，在汉代还没有确立良贱身份制。这是因为存在上述的七科谪、良家等特殊的身份，这一点将在第四章、第五章加以论述。

魏晋南北朝时期，一方面确立了良奴、良贱的身份制度，另一方面还产生了奴隶制以外的各种隶属关系。可以说这便是北周末期部曲、客女身份产生的原因，这一点将在第六章进行阐述。和这一章相同标题的论文也已发表，但本书对内容进行了增补和扩充，并提出了新的观点。随着私贱民部曲的出现，作为隋唐时期官贱民杂户、官户前身的杂户制，在北朝征服国家的背景下发展起来。这一点将在第七章论及。作为"再考察"，我的旧作有必要对滨口、越智、张维训氏等的说法进行重新探讨。第八章讨论了近年研究很多的隋唐时期的部曲。在此，我不仅要阐述对上述研究史中提出的诸问题的看法，还希望揭示作为国家身份的部曲在唐朝统治体制中所处的地位。可以说，唐代是中国古代身份制发展的集大成时代。关于此，有滨口重国的大著《唐王朝的贱人制度》，而本书除第八章以外，主要论述了从先秦到魏晋南北朝时期身份制的形成过程。

本书引用史料尽量避免使用国际上不通用的、即便是现代人也很难理解的汉文；而是翻译成现代的日文，并在其后标注原文。但是，根据考证的需要，也会有以原文为主，或直接引用原话的情况。引用甲骨文时采用通行的略称，原名在后述的参考文献中也会列出来，还可以参考王宇信《建国以来甲骨文研究》的附录等。引用云梦秦简时则列出发掘报告书《云梦睡虎地秦墓》图版所示的简的编号和简装本《睡虎地秦墓竹简》的页码。参考论文名不单独列注，而是放入本文中以便于理解。为避免烦琐，不列举收录书名及发表年份等，读者可以通过书后的参考文献目录进行检索。而且，我在注释中也讨论了在正文中无法详细展开的问题，并希望读者也能关注到这些问题。

第一篇
奴隶制的发展与良贱制

第一章 中国奴隶制的起源

一、问题之所在

本书主要的课题，旨在阐明作为中国古代的社会制度或者说法制身份的良民、贱民制（良贱制）的历史和性质。这种良民、贱民制产生的背景，首先就是中国社会存在奴隶制的发展。奴隶制的发展产生了构成贱民核心的奴婢身份。在此之后，随着纯粹的奴隶制以外的隶属关系的发展，产生了部曲、客女等身份。他们作为一个整体构成贱民身份。但是，在中国古代社会，奴隶制及其他隶属关系的发展，尚未超过广泛存在的小规模自耕农（即小农）的生产关系。这些小农属于皇帝专制国家直接统治下的良民身份，与前述的贱民身份相对。由此形成了中国的一种特殊的身份制度——良贱制。

但是，这种身份制的成型，是中国史发展到一定程度的结果。具体而言，是春秋、战国时期形成了小农社会，不久秦汉时期专制权力确立以后的事情。中国学者的研究认为，在更为久远的殷、西周时期出现过相当规模的奴隶制。因此，虽然本书的主题是秦汉时期以后形成的身份制，但是论述作为其背景的奴隶制时，有必要追溯到殷、西周时代。在这种情况下，便产生了一个疑问：如果像郭沫若等的主流学说所认为那样,初期存在过大规模的奴隶制,那么,为什么不是发展成古典的奴隶制社会,而是发展成上述中国特有的身份制呢?

问题主要是怎样看待早期的奴隶制。第一,殷代祭祀牺牲的大量的人,是否可以被认为是奴隶?第二,被称为众、众人、庶人、民的人们,是否可以被认为是奴隶?关于第一点,无权利的人被大量杀害是事实,问题是,这些与生产毫无关系的大量人口,是怎样产生的呢?关于第二点,中国学界并不认同众、庶等是奴隶,这些人多被认为是自由民或者共同体成员(关于共同体及其成员的性质有诸多说法,这里暂且不论。具体参照第三节)。即使主张这些人是奴隶的学者,也有认为是种族奴隶的(杨荣国《种族奴隶制的殷周社会》、郭沫若《奴隶制时代》),有称其为宗族奴隶的(田昌五《中国奴隶制形态之探索》及《古代社会断代新论》),这些奴隶被认为是隶属于各个氏族、宗族或各个集团的奴隶主的,需与个别的奴隶加以区分。还有一种说法,认为中国早期的奴隶分为三种类型,即单身的奴隶、家族的奴隶,以及整个氏族或部族身份都是奴隶(杨宽《论西周时代的奴隶制生产关系》)。不论如何,必须承认在中国历史时代的早期,存在着众多构成氏族、宗族或者说共同体的民众。

毋庸置疑,中国学界关于奴隶制的讨论,目的是界定中国历史上的奴隶制社会。主张中国早期存在广泛的奴隶制发展的学者,认为上述氏族、宗族或者共同体中的民众,全部是王室或族长贵族们的奴隶。在这样的社会中存在共同体,作为生产手段的土地也归王室所有(国有或公有)。而随着共同体的解体,发展到地主土地私有制阶段,社会从奴隶制社会向封建社会转变。具体而言,这一转变发生在刚才所述的形成小农社会的春秋、战国间的某一个阶段。关于此,有人认为殷代是奴隶制社会,西周时代的共同体农民则是封建领主支配下的农奴;也有观点强调,共同体解体的过程中发展出了个别的奴隶制,认为中国奴隶制社会的下限应延至汉代。对于前面所述的古典奴隶制,一般认为是上述共同体崩溃后产生的制度。在中国学界的各种说法中,汉代奴隶社会说最接近古典的奴隶制说。当然,必须指出因商品经济发展不成熟及小农共同体解体缓慢,中国古典奴隶制的发展也有限度。在我看来,小农广泛存在的同时,一部分奴隶制得以发展,便形成了能够产生良贱身份制的社会。

以上讨论明确了在中国历史的初期阶段,存在着相当长时期的氏族、宗族或者说共同体,由此产生了单身的或者拥有家庭的奴隶。如何考虑他们与稍后要论及的良贱身份制的关系?大致而言,初期的共同体民众同构成良民身份核心的小农之间、个别的奴隶同贱民身份之间,有着千丝万缕的联系。而且,有必要将共同体的民众与个别的奴隶加以区别。但是,因为小农与初期的共同体民众性质并不完全相同,所以有必要排除初期的共同体民众中被认为是奴隶的部分。① 关于这个问题的史料虽然比较少,但还是有必要进行具体的探讨。一方面,如果初期的共同体相当牢固、解体非常缓慢的话,个别的奴隶是怎样产生的呢?也就是说,有必要对初期奴隶制的形成方式进行探讨。

在中国学界多数关于奴隶制的论文中,很少见到有专论探讨

---

① 太田秀通在《奴隶与隶属农民》中,将从共同体分离的、由自身生产等自然条件产生的奴隶,与非自然的"隶属农民"加以严格区分。考虑到奴隶的悲惨与人格的完全丧失,我对太田氏的观点也有同感,即是否拥有自己归属的共同体是决定性的问题。这与本文所述的良贱制有很大的关联,我讨论的重点虽然是个别的奴隶,他们在初期共同体民众中相当地无力、无权利,但为了阐明其状态,暂且不否定集团性的奴隶说。

中国奴隶制的起源，多数学者都认为中国初期的奴隶是来源于战争的俘虏。如杨宽在《论西周时代的奴隶制生产关系》第一章中，便提出"西周的奴隶有三类，数量相当大，主要来自掠夺和征服战争"。除"战俘"外，也有人认为西周奴隶来源于"罪犯""罪隶"（束世澂《夏代和商代的奴隶制》、金景芳《中国奴隶社会史》第160页）。宫崎市定氏也论述道：属于奴隶的"臣妾"的原意，是免除死罪而沦为奴隶身份的人，这些人包括战争时的失败者和触犯重刑的罪人（《东洋的古代》）。但他引用了《左传》襄公二十一年条"臣，戮余也"作为证据，这恐怕不妥当。这里的"臣"，是晋国贵族栾盈的自称；"戮余"指的是栾盈的父亲于周王室有罪，或者说是指栾盈自己在晋国犯罪后逃亡。无论是哪种解释，都与奴隶的来源无任何关系。此外，滋贺秀三氏在关于肉刑与劳役刑的论文中，虽然没有直接论及奴隶的起源，但是提出肉刑是社会性的"废人化"，归根到底还是要将犯人用于劳动，揭示了刑罚与奴隶之间的关系（《关于中国上古时期刑罚的一个考察》）。

关于中国奴隶制起源的专论，有蒲立本（E. G. Pulleyblank）的论文"The Origins and Nature of Chattel Slavery in China"。他明确地论述了被作为财产买卖的奴隶的起源，虽然并不否认春秋以前存在奴隶性的人口，但认为在战国以后才出现这种被当作财产的奴隶。他在论及与此相关的"奴"字的语义和用法时，提出"奴"原本同"孥(帑)"，有妻子的含义，后来，据秦商鞅的收孥法等规定，犯罪者的妻子要没官为奴，由此产生了奴隶的明确形态，因此"奴"字的含义也逐渐演变为纯粹的奴隶。这里有几个论点：奴隶买卖的确是货币经济繁荣的战国时代以后逐渐兴起的，但中国的学者们认为，从西周的青铜器曶（曶）鼎的铭文中可以看出当时的人身买卖。问题是如何解释上面的金文。还有一个问题，即

"奴"字是什么时候开始出现的①?《说文》载"从女,从又",或"古文,奴,从人"。无论如何,"又"指的是手,表示的是用手捉人乃至女人。这样看来,原本就有捉人为奴隶之意。

再者,《左传》中的"孥(帑)"字,是否如蒲立本所说有妻子的含义也是一个问题。如下文所示:

> 尽具其帑与器用财贿,亲帅扞之,送致诸境。(《左传》文公六年十一月条)

> 荀伯尽送其帑及其器用财贿于秦。(《左传》文公七年四月条)

因为这里将"帑"与"器用财贿"并列记载,故近年来中国的学者们认为,可以将"帑"解释为奴隶。当然,从上下文来看,将其解释成"妻子"也是通用的。但是,有必要对春秋以前与奴隶相关的"臣妾"等用语进行探讨。如下文所示:

> 子西闻盗,不儆而出,尸而追贼。盗入于北宫。乃归授甲,臣妾多逃,器用多丧。(《左传》襄公十年十月条)

这里的"臣妾"所处的文章脉络与上述的"帑"相似,可以解释为"奴隶"。至少,如下述与家畜并列的"臣妾",应该解释为"男女奴隶"。

> 马牛其风,臣妾逋逃,勿敢越逐。(《尚书·费誓》)

此外,据蒲立本的观点,犯罪是奴隶的起源,他将战争的俘虏视同之

---

① 罗振玉氏对甲骨文中出现的被认为是"奴"字的文字,作了有别于今日的解释(胡厚宣《古代研究的史料问题》,第48页)。近年,有于省吾的《释奴婢》、金祥恒的《释仅》等,认为甲骨文中有其他的"奴"字,但实例很少。白川静氏对金氏的说法表示了疑问(《说文新义》卷十二下,第104页)。

后的刑人。但如上所述,中国的诸位学者更加重视俘虏的部分。①

　　结合以上的讨论热点和最近的研究现状,可以发现要探讨中国奴隶制的起源,不得不追溯到殷、西周时期。但是,就我以往的研究领域而言,若涉及卜辞、金文的部分,能力有限,不得不借助众多先贤的基础性研究,在取舍和理解上可能存在问题。我已意识到这一点,接下来便尝试阐述自己的观点。

二、中国早期的奴隶制

　　在中国历史的早期(殷、西周时代),奴隶是以怎样的形式存在的呢?又是怎样产生的呢?以往,这一时期被认为具有奴隶含义的文字主要有以下几种:

　　　　臣、妾、仆、奚、及、鬲、众、庶、民

后世的奴、婢、童等字是否已经开始使用还是一个问题,不过即便使用了,用例也很稀少。前节已经提示众、庶、民与在此之外的臣、妾、仆等之间存在差异。最早频繁出现在殷卜辞中的众、众人,通常被用于生产和军事活动,并不用作祭祀的牺牲。与此相对,臣、妾、仆、奚、及则被频繁用作祭祀的牺牲,很少用于军事或

---

① 近年,日本历史学家神野清一氏在论述日本古代的贱民时,言及中国奴隶的起源。他认为这些奴隶是因刑罚而被排除在共同体社会之外的:"从理论上来讲,与俘虏和债务奴隶相比,犯罪奴隶才是奴隶的起源。"(《日本古代社会与贱民》注6)在其后刊行的氏著《律令国家与贱民》中,也没有改变他的看法(同书第11页)。在他的书中,除引用蒲立本氏的研究外,还引用了宫崎市定氏上述的论文《东洋的古代》与我的旧著《均田制的研究》等的相关论述。他列举了宫崎氏引用的《墨子》中俘虏被认为是奴隶的例子,并在我表述赞同蒲立本氏的说法之后,立即作了如下论述:"在此,(奴隶的起源)还需要加上因战争而被俘虏的其他共同体或国家的成员。"(同上书,第374页注5)

生产,用于生产的案例尤其稀少。这是非常明显的差别,由此也产生了两者间地位、身份、隶属形态存在差异的说法。此外,鬲仅见于金文,详见后述①。

首先,从殷代祭祀用的人的身份来看上述的差异。卜辞中经常可以看到一次用百人、三百人、五百人等众多人祭祀的例子,或斩首或烧死。

> 癸丑卜,献贞。五百仆用。旬壬戌,屮仆百。三月(表)。王占曰,其用(里)。(京 1255,56)

这是十日之间,先用五百人,后用百人,共计用六百人祭祀的事件,或许也是人数最多的一次。此处按胡厚宣的说法,将上述"仆"字的原字屮解读为仆(《中国奴隶社会的人殉和人祭》《甲骨文所见殷代奴隶的反压迫斗争》),但郭沫若曾经将这个字解读为"宰",当然也属于奴隶的一种(《甲骨文字研究》释臣宰条,《卜辞通纂》考释 483 片)。现在,多数人将这个字理解为奴隶的意思。

> 臣七十妾□□(续补 10485)

此条是从胡厚宣的论文(《中国奴隶社会的人殉和人祭》)中引用的卜辞,也收入胡氏未刊的著作《甲骨续存补编》。胡氏认为,这条史料说明某次祭祀用了相当数量的臣、妾。

> 屮妾于匕己(乙 2729)

这里很明显将妾献于祖神。

> 庚午卜。屮奚大乙卅(甲 2278)

这是将奚 30 人献于祖神大乙的例子。

---

① 据白川静《金文通释》一下第 550 页,在卜辞中,鬲的本字凡是表示用牲之法。

> 甲寅卜,贞。三仆用,血三羊,䘏伐廿、䵼卅、牢卅、夃三、□于妣庚(前 8、12、6)

夃,是"服从"的"服"字,有俘虏的含义,也有人将其视为奴隶。此外,上述卜辞中的"伐"有斩首的意思,这是被献祭的方法,故此条之人可释读为牺牲者。䵼指献于神前带有芳香的酒,是用黑黍加郁金香制作而成。牢是牲畜。

上面列举了带俘虏含义的例子,接下来是一条直接说明祭祀俘虏被烧死的卜辞。

> 癸未卜。烄俘。韦(后下、18、2)

而且,殷人用于祭祀的俘虏基本上都是羌人。

> □□卜,贞。□羌四百于祖□(续存上 295)

这是某次用四百羌人祭祀的例子。在胡厚宣调查的卜辞中,共用人祭 13052 人(另有 1145 条没有明确记载人数),其中明确记载用羌人祭祀的达到了 7426 人(另有 324 条没有明确记载人数)(《中国奴隶社会的人殉和人祭》)。实际表明人身祭祀一半以上是用羌人。此外,还有用南人等外族祭祀(白川静《殷代的殉葬与奴隶制》及《甲骨文的世界》第 180 页),也有出现地名或外族首领称呼的例子(姚孝遂《商代的俘虏》)。从上述"服""俘"等例子来看①,大部分用于祭祀的人,都是殷人或从服属于殷的诸外族虏来的俘虏。获得俘虏的方法有贡纳和狩猎,当然更多的是战争

---

① 从字义来看,臣、奚原本都是用来表示俘虏的文字(杨树达《积微居小学金石论丛》臣牵解,于省吾《殷代的奚奴》)。郭沫若认为臣的字形是一个竖目的形状,人俯视时才会看成这样的形状,所以表示的是屈服的意思(《甲骨文字研究》释臣宰)。奚字是两手缚索,头上也有索的形状,罗振玉曾指出这个字是罪人的标志(《殷虚书契考释》中),于省吾最初也遵循这一看法(《殷契骈枝》释奚),近年改变了上述说法。

（姚孝遂上述论文）。殷人为了获得祭祀必要的俘虏，经常会进行掠夺奴隶的战争。

中国学界一向一致认为这些祭祀主要是用俘虏。问题是能否直接将这些俘虏视为奴隶？还是与奴隶之间存在区别？将俘虏视为奴隶的学者，认为这些俘虏的所有者可以任意杀害俘虏，而且他们被献于祭祀时与羊、牛、牢等并列记载，等同于家畜（王承祒《试论殷代的"奚""妾""㚸"的社会身份》）。还有学者认为，人身占有的程度以及人殉、人祭的盛衰，也表明奴隶社会的兴衰（余树声《论人殉人祭和我国社会史的关系》）。反对者认为，俘虏用作祭祀，基本不从事生产及其他劳动，不管是被捕用作祭祀之人，还是外族贡纳之人，在翌日或数日内就被杀害，并没有获得奴隶身份的时间（赵锡元《关于殷代的"奴隶"》、姚孝遂《商代的俘虏》）。但是，也有学者认为，这些天数应该是从占卜之日开始到祭祀之日为止（杨升南《对商代人祭身份的考察》）。这些争论主要涉及何为奴隶即奴隶的定义问题。值得注意的是他们与后世奴隶的身份间的关联，被称为臣、妾、仆、奚等的人与后世的奴隶类似，大部分都没有权利而被杀害。除标明外族的名称和直接标明俘虏身份的名称外，我还特别列出臣、妾以下的名称，意在说明他们并非在被俘之后即被全部杀害（参照杨升南上述论文），至少有一部分同名称之人，被当作平常的家内奴隶等使役，应将被杀害者与这些人等而视之。稍后还将对这些问题进行探讨。

当然，从奴隶制社会论的观点来看，即便是有先前余树声等的观点，一般而言他们是否参与生产劳动、生产劳动是否占据主流仍是重要的问题。有观点认为，能够将无权利的人大量杀害，是因为没有将他们投入生产方面的必要，这不能说不是奴隶制社会，但即使是奴隶制社会，也处于极不成熟的阶段。早期的殷墟卜辞中，可以发现武丁时期人身祭祀盛行，后逐渐减少，至末期的帝乙、帝辛时期已经非常稀少。或可推测，虽然末期对外战争越发频繁，但是被用作祭祀的俘虏数量锐减，到末期他们逐渐被投入生产劳动（姚孝遂上述论文）。

　　对殷代遗迹的考古学考察也有同样的推定。众所周知，殷代大墓曾发现了大量的殉葬者（即人殉）的遗体，这与卜辞所见诸种祭祀的牺牲（即人牲）有何关联？早期的研究认为前者的发现就是殷代属于奴隶制社会的证据（郭沫若《读了〈记殷周殉人之史实〉》《申述一下关于殷代殉人的问题》），然而这不免有将两者混同之嫌。随后，学者在论及两者的区别时，指出人牲多为俘虏，人殉则多为近亲者、近臣、近侍等身份的家内奴隶（姚孝遂《"人牲"和"人殉"》、顾德融《中国古代人殉、人牲者的身份探析》），并提出需要注意遗址中发现的人殉与人牲遗体的差别。据后者的考古学考察，在早期的遗址中人牲的遗体较多，而且多为青壮年男子，到了末期遗体减少，而且女性、少年、幼童逐渐增多，有学者认为这是殷代奴隶制生产的发展的结果（杨锡璋、杨宝成《从商代祭祀坑看商代奴隶社会的人牲》，黄展岳《殷商墓葬中人殉人牲的再考察》）。

　　但即便如此，极少见到将作为人牲的人用于其他劳动的事例。

　　〕贞。王令多羌坚田（粹1222）

这是晚期的卜辞，是目前可以明确他们从事农耕这一点的唯一事例。郭沫若将"多羌"释为"芍"，即狗的意思，如今有许多对多羌的解释①。多羌意为多数的羌人。郭氏将"坚"释读为"圣"字，白

---

① 这里的"多羌"可以解读为"多羊"（赵锡元《关于殷代的"奴隶"》及《中国奴隶社会史述要》第130页）或"多经"（姚孝遂《商代的俘虏》）。羊、经皆是方国的名称，都表明俘虏是从事生产劳动的。

川静则"取开垦土地的含义,即指开垦"(《甲骨文的世界》,第179页)。"开垦说"在中国也是一种有力的说法①。

　　辛卯卜,㱿贞。乎多羌逐鹿,获(簠8、59、续4、29、2)

这是多羌用于狩猎的例子。

　　□寅卜,宁贞。令多马羌,御方(续5、25、9)

这是军役,也是牧畜的事例。白川氏认为"多马"起初是战斗部队的名称,拥有羌人的部队被称为多马羌(《羌族考》),作为牧畜族的羌人负责马的照料,御即祓禳礼(《甲骨文的世界》,第179页)。以上是被俘虏的羌人从事劳役的事例,其中农业仅有一例,狩猎、军役等各有数例。

　　上文论述了臣、妾以下被用作家内奴隶的情况,尤其是臣,在卜辞中存在州臣、奠臣、牛臣、舞臣、夹臣、辟臣、小臣、王臣等多种形态。胡厚宣认为州臣是耕作奴隶,舞臣是跳舞的奴隶,夹臣是侍奉于奴隶主左右的奴隶(《甲骨文所见殷代奴隶的反压迫斗争》),照此说法,辟(嬖)臣也近似于夹臣。寒峰氏将奠臣的"奠"解读为"甸",即王室的农业区,奠臣是农业服役者,牛臣毋庸置疑即牧牛的奴隶(《商代"臣"的身份缕析》)。小臣、王臣的身份明显属王室内的官僚。小臣负责管理农业、田猎、车马等,可以说掌管王室的家政,战时奉王命出征。

　　以上各种解释正确与否是今后要探讨的课题,这些多种形态的臣,本来属于在王室从事诸多杂务的家内奴隶,他们之中产生

---

① 关于"坚田"的解释,多数认为是"开垦说";此外,还有除草、中耕说(胡厚宣《说贵田》),"粪田"即施肥说(丁山《甲骨文所见氏族及其制度》第38页,陈梦家《殷虚卜辞综述》第538页)等。详情请参照天野元之助《中国古代农业的发展》及《中国社会经济史　殷、周之部》第58—60页。

了国王的近侍家臣，由此显示逐渐有发展成官僚制的倾向。在卜辞中，"妾"有的指配偶者，有的如前所述是供于祭祀的牺牲（赵锡元《关于殷代的"奴隶"》及《中国奴隶社会史述要》第106页以下），《说文》中解释为犯罪后侍奉于君王侧近的女子。男性的臣也是同样的情况，妾是侍奉于奴隶主家内的女性。

西周金文中，有许多王室下赐臣妾的记录。西周初期的令簋有如下记录：

> 姜商令贝十朋、臣十家、鬲百人。

文中可见臣与鬲有区别，臣用"家"来计量值得关注。此外，在令鼎、耳尊、不其簋、齵簋等中，臣也是以"家"为计量单位①。鬲将在后文论及，他们的身份是诸侯、家臣等的从属。臣与他们有区别，可以拥有家族；因为臣来源于原来侍奉在主人身边的人们（家内奴隶），故得到特殊对待。但是，在西周后期的曶鼎、不其簋、大克鼎中，可以看到臣或臣妾被与土地一并下赐、转让的事例。曶鼎的相关记载将在后文中论及，以下是大克鼎中的记载：

> 易女井家甸田于畯，以厥臣妾②。

文中的臣妾是土地耕作者，西周时期奴隶逐渐用于农业经营。这类变化使源于家内奴隶的臣妾逐渐指家臣与妻妾，最终成为指代奴隶的一般名称。

---

① 令鼎有"余其舍女成卅家"，耳尊有"易臣十家"，不其簋有"易女弓一、矢束、臣五家、田十田"，齵簋有"易女夷臣十家"。此外，麦尊有"侯易者姛臣二百家"，郭氏认为"赭衣踝跣"即穿赤衣裸足，就是奴隶（《两周金文辞大系考释》第40—41页），白川氏则认为该字带有执戈之象，指执戈的诸臣（《金文通释》一下，第639页）。

② 郭氏认为甸是国族名（《两周金文辞大系考释》第122页），伊藤道治认为是地名（《邑的结构与统治》），白川氏解释为"属于""管理"（《金文通释》三下，《金文的世界》第185页）。

关于仆的史料比较稀少，仆可能与臣妾有着同样的经历①。卜辞中有许多使仆从军的事例：

　　]贞。乎仆伐㠱(前 6、30、5，通 481)

如下文西周金文的师毁簋的记载，也与军队有关：

　　摒嗣我西隔、东隔仆驭、百工、臣妾。

文中的西隔、东隔是军队组织编制，仆驭以下是侍奉军队的。但是令鼎上记载了仆驭的本来含义：

　　王归自諆田。王驭、溓仲仆，令众奋先马走。

王行藉田礼后归时，王自己驾驭马车，溓仲者随侍在旁。上文中王自身是御者，一般而言是由侍奉于王侧近的仆或御驾车。仆与御并列，从与马车有着很深的联系来看，他们多会被派去作战。仆的出征是强制性的，师旅鼎中记录了他们反抗的行为。

　　师旅众仆，不从王征于方雷。

铭文中记录了众仆若不从王出征会受到惩罚。

在一些金文中可以看到仆的赐予的记录，他们与臣妾相似，有家及家族②。在近年陕西咸阳地区永寿县出土的编钟（咸甲 017—020）铭文（曹发展、陈国英《咸阳地区出土西周青铜器》）中，

---

① 郭氏认为仆、童、妾等带有奴隶含义的用语多从"辛"，据象形文字"剞剧"（一般指雕刻用的刀具），可知用此表述施墨（《卜辞通纂》考释第 800 片）。白川氏在承认因罪施墨的同时，认为仆字还指手持刑具辛、在主人左右侍奉的扈从（《罪辜关系字说》）。
② 几父壶有"易几父示贫六、仆四家、金十钧"，鼎有"因付毟且仆二家"，叔夷钟有"余易女车马、戎兵、厘仆三百有五十家"的记载。叔夷钟是春秋时期齐国的物品，据郭氏所言，厘是莱国之物，因叔夷灭莱国有功，所以莱国的遗民被赐予叔夷（《两周金文辞大系考释》第 205 页）。此外，西周时期的伯克壶上有"白大师易白克仆卅夫"的记载，这是仆以夫计的例子。

有如下记载:

> 今余易女田五锡、戈彤尾,用摄于公室仆庸、臣妾、小子室家。

"仆庸"与臣妾并列,都属于公室的家内奴隶。如果存在仆庸这样的用法,那么以往偶尔出现的与"土田附庸"(《诗经》的《鲁颂·閟宫》)同义的"仆庸土田"(召伯簋＝琱生簋),可能意为"仆庸"耕作的土地或仆庸与土地(参照沙文汉《中国奴隶制度的探讨》第 44 页以下,陈连庆《春秋奴隶考略》)。无论如何,仆也是由王室内部分出,逐渐演变为一般奴隶的名称。

关于爱的史料更加不足,因此很难得知其使役的状态,或许这正表明他们未被大规模使役过①。爱直到后世也没有用于指代一般的奴隶,仅指代一部分的官奴婢②。

---

① 李亚农在《殷代社会生活》第五章中,引用"惟我奚不征"(前 6、19、1)的卜辞,来说明奚是用于征伐的。于省吾在《殷代的奚奴》中也如此解读,这是因为他们将上述征字部分的字解读成"正",但或许应解读成"足"(赵锡元《关于殷代的"奴隶"》及《中国奴隶社会史要》第 117 页)。

② 《周礼》中《天官·冢宰》的酒人、浆人、笾人、醢人、醯人、盐人、幂人各条都属于"奚",郑玄注:"古者从坐男女,没入县官为奴。其少才之以为奚。今之侍史官婢。或曰:奚,官女。"同样是《周礼》中《秋官·禁暴氏》载"凡国聚众庶,则戮其犯禁者以徇。凡奚隶聚而出入者,则司牧之,戮其犯禁者",郑玄注"奚、隶:女奴、男奴也"。《晋书》卷二四《职官志》有隶属于少府的"奚官令",而且在同书卷七五《范汪传附叔坚传》中,殿中帐吏邵广因盗窃官幔三张被处以弃市之刑,其两个分别为十三岁和十一岁的孩子,自愿为"奚官奴",以求赎父亲的性命。此外,同书卷三三《石苞传》中有"邺奚官督"的记载,说明地方上也存在管理官奴婢的奚官。《魏书》卷一一一《刑罚志》中有"齐奚官之役",可知北朝似乎也有名为奚官的官署。据《唐六典》卷一二,隋朝内侍省有奚官局,唐代继承下来,载"奚官局令,掌奚隶工役、宫官品命"(奚隶工役,在通行本中是"奚隶二役",今从宋版)。郑玄认为奚类似于官婢,后世的官奴也属于奚官。

三、中国早期的民众身份

前文所论涉及周代,回到殷代的情况,殷代多数俘虏都被杀害,而不是投入生产劳动,被称为臣、妾、仆等的奴隶也多为家内奴隶。那么,从事生产的主要劳动力是何人呢?或许是被称为众、众人的人们。有相当多的史料与研究表明,众、众人从事农耕、狩猎等活动,或参加军事活动。在此,仅列举最小限度的必要史料:

□□卜,献贞。王大令众人曰劦田,其受年。十一月(前7、30、2、续 2、28、5)

戊寅卜,肦贞。王往氏众黍于冏(前5、20、2,通473)

]贞。叀小臣令众黍。一月(前4、30、2,通472)

这些是关于农耕的卜辞,卜辞中提及的农耕,基本上是祈祷丰穰的礼仪(白川静《甲骨文的世界》,石田千秋《众考》)。王本人及作为其近臣的小臣亲临众、众人,也是证据。关于早期卜辞的"劦田"的"劦"字,徐中舒认为力字是耒的象形,将三耒合并就是劦的意思(《耒耜考》),白川氏认为祷告器物中"凵"上是耒耜的象形,表示农事相关的礼仪(白川氏上书第188页)。有许多认为是协同耕作,陈梦家认为应指协同耕作或耦耕(《殷虚卜辞综述》,第537页);董作宾认为这一劳作是在十一月同力合作播种麦子(《殷历谱》下四)。劦田的农耕既是共同的劳作也是神事,基本上是共识;近年张政烺认为殷历十一月的祭事就是年末祭祀万神的蜡祭(《殷契协田解》)。

《诗经》的诗中歌颂了众人协同耕作时举行的农耕礼仪。《诗经》之《周颂·臣工》歌颂周王亲率群臣、百官祭田,令众人操持农具,祈祷丰年。

> 命我众人,庤乃钱镈,奄观铚艾。

同样在《周颂·噫嘻》的诗中,可以见到大规模共同劳作的身影:

> 骏发尔私,终三十里,亦服尔耕,十千维耦。

传统的说法将"私"解释为私田,郭沫若则认为应指农具,是耜之误(《由周代农事诗论到周代社会》)。近年,也有学者将其解释为室,即农夫的家(晁福林《"骏发尔私"新解》)。不论如何,都应理解为进行十千即一万人的耦耕。《国语》卷一《周语》宣王条记载了有名的虢文公籍田故事,据载,天子命令大臣们动员"公卿、百吏、庶民",王以下百官举行锹入仪式后,将广阔的土地委托于庶民独立耕作,最后王以下至"庶人"举行飨宴。在这类农耕礼仪中,庶民、庶人的参加是不可或缺的,殷卜辞及《周颂》中的众、众人与这里的庶民、庶人相同。

众、众人、庶民、庶人不仅要出席神事,也主要负责日常的农耕。西周金文的曶鼎中,"众"就是对日常的农民的称呼。

> 昔饥岁,匡众厥臣廿夫,寇曶禾十秭。以匡季告东宫。东宫廼曰,求乃人。乃弗得,女匡罚大。匡廼顒首于曶,用五田,用众一夫,曰益,用臣,曰疐,曰朏,曰奠。曰,用兹四夫顒首。(以下略)

但是曶不原谅他,结果是匡赔偿了稻三十秭,加上田二田、臣一夫,曶共计获得七田、五人。这篇金文中,"众"应指土地的日常耕种者,但值得注意的是同样作为耕作者,"众""臣"有着严格的区别(参照孙机《〈曶鼎铭〉里的"众"是奴隶吗?》)。同时,"众"与

"臣"都是领主间赠与的对象,这是周代"众"的特征,后文将述及与殷代"众"的区别。

以下,列举卜辞中"众"从事农耕以外劳作的例子:

甲子卜。令众田,若(小屯南地甲骨 395)

]贞。乎众人出麋克(甲 3538＋3452)

戊寅卜,争贞。今□众有工。十一月(外 452)

丁未卜,争贞。勿令皋氏众伐㠯(粹 1082)

丁未卜,贞。唯亚氏众人步。二月(续存下 377)

□丑卜。五族戍,弗雉王(众)(邺三下、39、10①)

第一条卜辞中的田,指的是田猎而非田作(姚孝遂、肖丁合《小屯南地甲骨释文》,第 117 页)。因此第一、第二条卜辞与狩猎有关,第三显示众负责某一工事。第四以下是军事,率领众、众人的亚是王朝的官职名,皋频繁作为将帅的名称出现,五族属于王族的一部分。"步"单纯指前进的意思,或可能是祭祀的名称,祈祷众人扫清军队前进的道路(张永山《论商代的"众人"》,白川氏前引书,第 207 页)。众、众人在出军时需要行礼。最后卜辞中的"雉",除本文采用的夷、伤的含义外,还有阅兵的意思,也有人认为应该解读为"誓"等②。不论如何,臣、仆等奴隶从事军事行动时,要行礼,但不行卜"雉"(张永山上述论文)。此外,文中使用的

---

① 根据于省吾《殷契骈枝》三编"释雉"的说法,"雉"解读为"夷、伤"。实际上这里引用的黄濬《邺中片羽》三集第 39 页的拓本,骨下面缺"众"字,同书第 38 页,"弗雉王众"在卜辞中反复出现了六次,所以如诸家所言,将引用的卜辞解读成"王众"应该不会有错。此外,雉作如上述解读的话,其与常被引用的"丧众"基本上是同一用法。
② 白川静《甲骨文的世界》第 205 页,认为雉是"连同"的意思,表示查阅、检阅,而贝塚茂树《中国古代国家》第 109 页,读成"五族伐,弗雉王众",指出征之时集合众人宣誓。

"王众"一词也值得关注。

关于众、众人的性质,首要的问题即是他们与构成殷国家的诸氏族之间的关系。他们仅仅是氏族的成员(董作宾《中国古代文化的认识》,杨械《论殷末周初的社会性质》,张永山上述论文),还是被视为有血缘关系的王族的一员(石田千秋《众考》,伊藤道治《古代殷王朝之谜》,徐喜辰《关于农民在奴隶社会中的地位和作用问题》,金景芳《中国奴隶社会史》第 61、83 页等)?或者是从诸氏族中选拔或征集的人们(束世澂《夏代和商代的奴隶制》,佐藤武敏《殷代农业经营相关的一个问题》,白川静《甲骨文的世界》等)?最后的说法比较独特:"众"是一氏族的固有名称吗(库里克夫《卜辞中所见"众"与"众人"》)?问题是究竟哪种说法才是正确的。第二是众、众人的身份问题。对此有多种看法:有众、众人奴隶说(郭沫若《奴隶制时代》,李亚农《殷代社会生活》等);有不自由民说(佐藤武敏上述论文);有自由民说(胡厚宣旧说《殷非奴隶社会论》,孙机上述论文等)。在自由民说中,有的认为众、众人是农村共同体内被统治的农民(徐喜辰《商殷奴隶制特征探讨》,斯维至《关于殷周土地所有制问题》,韩连琪《殷代的社会生产和奴隶制特征》等);有的认为是家父长制家族共同体的农民(赵锡元《试论殷代的主要生产者"众"和"众人"的社会身份》,张永山上述论文);有属于奴隶主阶级的说法(陈福林《试论殷代的众、众人与羌的社会地位》);也有人将"众"与"众人"区分开来,认为"众"为中上层奴隶主阶级,"众人"为一般奴隶主阶级(陈福林上述论文)。还有仅把"众"视为统治阶级、把"众人"视为农村共同体中的自由农民的说法(束世澂上述论文)。

据后述《左传》定公四年条有名的"殷民六族""殷民七族"的记载可知,构成殷王朝的人们多数分属于"氏"或"族";卜辞中可以见到众多的族名(丁山《甲骨文所见氏族及其制度》)。殷代的人们以"氏族"为单位生活,他们与前节所述的俘虏与家内奴隶不同,在殷王朝的生产活动、军事行动中扮演重要角色的众、众人就从属于这些氏族。但是,与将族名作为自己名称的个人以及带有雀人、我人、万人、牧人、才人、吤人、匠人等族名的人们的集团性活动不同,众、众人基本上不附族名、地名。如上所述,他们由王或王的侧近之人指挥行动。因此,"众""众人"与服属于殷的多数氏族有着明显的区别,他们属于王直属的集团。然而,他们究竟是从这些氏族中征集来的人们,还是属于作为殷王朝核心的王族中的一部分氏族成员,目前尚缺乏决定性的证据。的确,在卜辞中有从某处征集众人的记载:

> 癸巳卜,贞。令收众人(粹1287)

但是无法得知众人的来源。在我看来,即便是关于征发众人的史实,范围也仅限于殷王朝核心的王族诸氏族①。这或许与下文将要论述的众、众人的身份问题有关。

即便众、众人是区别于俘虏与家内奴隶的某类共同体成员,但是随着专制权力的强化,共同体成员很有可能成为君主即整体的奴隶。进入周代以后这一情况逐渐凸显。实际上,众、众人被称为"王众",他们遵照殷王的指挥进行祭礼或军事活动。

>]贞。众有灾。九月(前5、45、5)

这条卜辞是王祈祷灾厄不要波及其众,可与下列卜辞进行对比:

---

① 近年,研究认为殷王朝的王位继承,就是代表各自王的氏族集团间的政权交替(伊藤道治《古代殷王朝之谜》,松丸道雄《殷周国家的结构》)。但是,这些氏族集团与多数服属殷的氏族不同,固定为一定数量的核心氏族。这里的王族指复数的氏族集团。进一步说,正如王在氏族集团中交替一样,众、众人也存在交替。

> 庚戌(卜),□贞。王其有灾。九月(京人258)

这条卜辞是祈祷王自身不受灾厄波及,和上述与众相关的卜辞形式相同,由此可知王与众是一体的。那么,上文引用的"弗雉王(众)""丧众"(参照本节第一条注释,即第33页注①)等占卜的事,都是关心众的命运。

那么,众、众人究竟是统治阶级,还是被统治阶级呢?可以参考《尚书·盘庚篇》中的记载。《盘庚篇》记载王盘庚将都城迁到殷(现在称殷墟)时,王对各阶层的动员。上篇是迁都前对"众戚"(王族)以及"在位者"的动员,中篇是迁都前或者说迁都途中对"民"的动员,下篇是迁都后对"百姓"的动员。上篇中对在位者:

> 王命众悉至于廷。

称为"汝众"。中篇中将不愿迁都的民召集起来进行动员:

> 其有众咸造,勿亵在王庭。

王进一步召集他们陈述王言,在篇中也称为"汝众"。下篇中记载:

> 盘庚既迁,奠厥攸居,乃正厥位,绥爰有众。

文中的"有众"指代一般的民众。王言中的"尔百姓"换称为"尔众"。先秦时期的百姓指统治阶级,所以文中的众也应该是统治阶级。即便希望从中区分众与众人,但仅从极少数引用的卜辞来看,很难区分众与众人。的确,在《盘庚篇》中可以看到自称为"予一人"的王与其一族的"众戚""在位者""百姓""民""小人"等的阶级分化,但他们都被王称为"众"。若仅仅从《盘庚篇》本身来看,很难区分众是统治阶级还是被统治阶级。

《盘庚篇》成文于后世，文中对诸阶层的划分与王言的措辞反映了后世的状况①。但是，文中将诸种身份的人们都用"众"称呼，或许是自古流传下来的用法。近年赵锡元提出，从盘庚经武丁到祖甲这一时期，属于中国史上的"英雄时代"。《盘庚篇》上篇表明王族"家族长会议"，中篇表明"人民大会"的存在（《试论中国奴隶制形成和消亡的具体途径》）。值得关注的是，《盘庚篇》的主题是迁都，在此期间无论在位者还是民众都要被召集至王廷。这与《周礼·秋官》小司寇条中"国迁"的情况相同：

> 小司寇之职，掌外朝之政，以致万民而询焉。一曰询国危。二曰询国迁。三曰询立君。

《周礼》的朝廷存在燕朝、治朝、外朝，一般情况为政者在燕朝、治朝行政，但战争、迁都、拥立君主等国家大事，都要集万民于外朝，并征求他们的意见。贝塚茂树认为这相当于中国古代都市国家的民事会议，这种情况下召集的"万民"是居住在王都百里以内即六乡之地的民众，一般被称为"国人"。《左传》中有明确的记载，春秋时期经常召开这样的会议，贝塚氏认为这与春秋中期以后都市中工商业者的势力增强有关（《中国古代都市的民事会议》）。但是，参照《盘庚篇》与卜辞中众、众人的情况，《周礼》及春秋时期的这种制度，应该是古代民主政治的遗制，或者说是在春秋中期以后的情势下复苏。根据近年的研究可知，殷代由几个氏族的代表交替即位为王，随着王的交替，政权也由不同氏族交替控制（参

---

① 关于《盘庚篇》的构成，自清代考据学以来有众多的说法。中江丑吉（《商书盘庚篇相关研究》）在综合众说的基础上提出了自己的看法。近年，贝塚茂树在《中国古代国家》对这一说法提出了批判，见该书第二章注 68。中江氏认为上、中二篇是一组，下篇是上、中二篇的概述，而贝塚氏则认为上、下二篇是东周时期的作品，中篇是秦汉时期的拟古作品。

照本节第三条注释);如此一来,王权还不是专制的,王及其氏族成员是一体化的关系。众、众人体现了这样的状态,我们可以将这一阶段称为"原始民主政治"时期①。

然而,无法由此断定众、众人是统治阶级还是被统治阶级②。如果存在统治与被统治关系的话,他们应该介于殷王朝核心的诸氏族集团与服属于殷的诸氏族之间。通过前述的人殉、人牲等问题,可以看出殷墟武丁时期至末期社会之间的变化,但是,目前情况下很难具体探讨殷代的民众集团与奴隶制发生的变化等问题。

周王朝时期实施封建制度,将殷征服的多数被征服民封为诸侯,重新调整诸侯的地位。这从周初宜侯夨簋与大盂鼎的金文记载中可以略窥一二。宜侯夨簋记录了虞侯夨或虎侯夨被封为宜侯时,周王赐与的土地和人员,为更清楚地了解人员的具体情况,

---

① 据美国的东方学者雅各布森(Jacobsen)的研究,所谓"原始民主政治"是苏美尔史诗提出的一个概念,在世袭的独裁王权没有成立前,有长老会与人民大会,会在国家危急时刻召集大家选举出领导者(Jacobsen, Th., "Primitive Democracy in Ancient Mesopotamia", *JNES*, Ⅱ, Chicago, 1943)。近年,中国的研究者也尝试将这一概念应用于中国古代史。参照徐鸿修《周代贵族专制政体中的原始民主遗存》,日知、亭云《〈春秋〉经传中的"国人"——试论古代中国的原始民主制》。此外,还可参照雅各布森前,前川和也译《美索不达米亚初期的政治发展》,山本茂《苏美尔都市国家》。贝塚氏所谓的民主政治与原始民主政治不同,是处于西周王政、贵族政治崩溃以后,即古典古代的民主政治时期。我认为在西周王政、贵族政治崩溃后,战国秦汉时期的专制君主制确立以前,民主的势力有所抬头,虽说在贵族、王权与民众间存在斗争是重要的历史事实,但卜辞与《盘庚篇》一致,可知在世袭王权确立以前存在可以称为原始民主政治的时期。〔追记〕我在完成在本稿后,看到晁福林《殷墟卜辞中的商王名号与商代王权》,文中指出殷代的王权受到"原始民主色彩"的制约。另外,林甘泉在《古代中国社会发展的模式》中认为先秦时代的国家带有"原始民主制的残余"。
② 贝塚茂树在《中国古代国家》的注中,认为众、众人是"指代某个集团成员的名词,目前还无法判断这一集团的性质。他们是居住在殷墟首都的自由民,用春秋战国时期的语言来说,就是国人"(第151页注64)。参照春秋时期的民主政治,这一用语比较妥当。可是,这与文中"从负责耕作殷王的直辖领地来看,众人指的是在离殷墟首都不远近郊的战士集团中属农业奴隶身份的成员"的说法相矛盾,难以理解。

分行列举如下：

> 易才宜王人□又七生。
>
> 易奠七白氒鬲□又五十夫。
>
> 易宜庶人六百又□六夫。

大盂鼎中记载了盂在周王宫廷任职时，获得下赐的器物与人员，人员部分依旧分行列举如下：

> 易女邦司四伯，人鬲自驭至于庶人六百又五十又九夫。
>
> 易夷司王臣十有三伯，人鬲千又五十夫。

接下来通过这两件器物的记载，试着探讨庶人与鬲、人鬲的身份问题。宜侯夨簋中表明了"王人"与"庶人"之间的区别。"王人"相当于大盂鼎中"夷司王臣"中的"王臣"，他们属于伯或有姓的人。伯，无论是宜侯夨簋的郑七伯，还是大盂鼎的邦司（邦族的管理者）四伯、夷司（夷族的管理者）十三伯，都处于管理鬲、人鬲的长官地位，姓表明有氏族（宗族）组织。十七姓指十七氏族，不是指个人数量。相较而言，庶人是以"夫"为单位记录于大盂鼎的人鬲中。前文大致论述了殷代众、众人相当于周代的庶人，实际上周代的庶人明显被列入被统治阶级。我对殷代众人与周代的庶人不同之处的看法，与中国学者赵锡元的看法相似（《中国奴隶社会史述要》，第155—156页）。不过，在某些细节之处与他有着不同的看法。

庶人在被统治阶级处于怎样的地位？奴隶制论者认为，庶人被列入大盂鼎的人鬲中，应该也属于奴隶[①]。但这不过是根据

[①] 中国学者在认为人鬲是奴隶的同时，也认为庶人是平民。在这种情况下，庶人、王人被俘虏以前的身份，是被赏赐的人鬲即奴隶。参照杨宽《论西周时代的奴隶制生产关系》，王玉哲《西周春秋时的"民"的身份问题》，应永深《说庶人》，赵锡元《中国奴隶社会史述要》第167页。

鬲、人鬲作出的解释。虽然有许多学者认为鬲、人鬲是奴隶,但也有不少学者质疑(伊藤道治《中国古代王朝的形成》第214、244页,赵光贤《周代社会辨析》第76、221页,尚志儒《试论西周金文中的人鬲问题》)。大盂鼎中记载"驭至于庶人",即从侍奉于领主身边的人到远方的农民都可以视为人鬲。那么,鬲有着怎样的含义?有的学者认为这属于鬲族的种族名(尚志儒上述论文),但多数学者认为这与《逸周书·世俘解》中的下述记载有关:

> 武王遂征四方,凡憝国九十有九国,馘魔亿有十万七千七百七十有九,俘人三亿万有二百三十,凡服国六百五十有二。

论者基本上都认为文中"魔"应是"磨"或"歷""曆""厤"等字。但在此之前学者有着不同的看法,有的认为是"黎民"的"黎"、"民仪"的"仪"(郭沫若《奴隶制时代》),或者是锁奴隶的"枥"(杨宽《释"臣"和"鬲"》),或者是"隶"(赵光贤上述论文)。我赞同贝塚氏根据孙诒让《周书斠补》"案磨、歷同声假借字,谓所执俘馘之名籍也"的观点,认为"鬲指有义务服力役,并登记在力役簿的成年男子"(《金文所见鬲的身份》)的说法①。在我看来,他们指周王赐予臣下时被登录在名籍的人。从驭到庶人,各类人都涵盖其中,以"夫"为单位,每个人都被登记在名簿中。众所周知,先秦时期只有统治阶级才有姓,庶人是没有姓的。因此,庶人没有氏族

---

① 贝塚茂树在《中国古代国家》提到了以前论文中的说法,认为"盘点俘虏整肃队伍,是不可缺少的部署。这种分部队就是历,其名簿称为曆,历与曆音同鬲,鬲的原意就是登记在这种俘虏名簿中俘虏出身的奴隶"(第209页);但断定分部队是历,而鬲指奴隶的说法与以前论文的看法不同。

(宗族)团体,他们每个人都是被掌控在如上的名簿中①。

据此来看,庶人并没有处于奴隶状态。但是,在统治阶级形成紧密的族群结合的时代,如果庶人是个别的或按人头被掌控的,那么他们只能是奴隶。实际上统治阶级的所谓宗族制,并非完全沿用原始社会的氏族制,而是依据族长贵族的指导权重构了。他们之间以"礼"维系社会规范。相比之下,《礼记·曲礼》中"礼不下庶人"的记载表明,庶人逐渐被排除在后世礼的世界之外,等同于奴婢②。后世的文献《汉书》卷二四上《食货志》的开篇中,记录了周代农民的情况:

> 春令民毕出在壄,冬则毕入于邑。……春将出民,里胥平旦坐于右塾,邻长坐于左塾。毕出然后归。夕亦如之。……冬民既入,妇人同巷,相从夜绩。女工一月得四十五日。必相从者,所以省燎火,同巧拙,而合习俗也。

这条史料描绘出农民的集落,即"邑"之中的共同体规范,而提倡奴隶制说的郭沫若认为文中所见的"民"属于原始共同体的成员,他们居住的"邑"是殷、周社会的"基层单位",邑是受里胥、邻长们监视的"劳动集中营(强制劳动收容所)"(《关于中国古史研究中的两个问题》)。如果原始共同体很少变质,民众埋没于共同体之内,他们通过共同体的首长,集团性地从属于王权的话,或许可以认为这是集团奴隶制(即整体奴隶制)。但是,原始共同体变质后,庶人居住的集落被纳入领主的统治下,每名庶人都被登记在

---

① 伊藤道治从完全不同的史料和角度指出西周的农民需要登记户籍(《邑的结构与统治》)。
② 西嶋定生在《中国古代奴婢制的再考察》中,提出后世汉唐间的奴婢被排除在包括良民在内的礼的秩序之外。

如上的名簿中被领主掌控,他们成为领主自身或被称为伯的管理者的掠夺对象①。

　　有的中国学者认为,征服关系的扩大是奴隶制发展的契机。《左传》定公四年(前506)条记载了卫的祝佗(子鱼)述及周初周公之子伯禽封于鲁、周公弟康叔封于卫、弟唐叔封于晋的故事。

> 　　分鲁公,以大路、大旂、夏后氏之璜,封父之繁弱,殷民六族,条氏、徐氏、萧氏、索氏、长勺氏、尾勺氏,使帅其宗氏,辑其分族,将其类丑。……命以伯禽,而封于少皞之虚。分康叔,以大路、少帛綪茷旃旌、大吕、殷民七族,陶氏、施氏、繁氏、锜氏、樊氏、饥氏、终葵氏。……命以康诰,而封于殷虚。……分唐叔,以大路、密须之鼓、阙巩、沽洗、怀姓九宗、职官五正。命以唐诰,而封于夏虚。

文中出现的殷民六族、殷民七族属于殷代的统治氏族。怀姓九宗是居住在殷都附近、服属于殷的人。这些氏族各自都有很大的规模,分族从属于核心的宗氏,氏族则统率着被称为类丑的隶属民。他们保有这样的组织,成为鲁、卫、晋的始祖,有的中国学者认为,这是殷民为集团性奴隶的很好的例证,他们不时将其与斯巴达的黑劳士相比,称其为"种族奴隶"(郭沫若《奴隶制时代》及前述论文)。这一称呼的确反映出"种族"的差异与征服关系,但是仅凭此就断定殷民属于集团性的奴隶仍存在问题,或许"宗族奴隶制"

---

① 在这里允许说一个假说,周代的庶人不称姓、氏,而是称"夫",这或许表明庶人家的自立性很低,在这种情况下庶人不可避免地近似奴隶。如果那样的话,周代"夫"作为庶人的单位,就与秦汉时期以后使用的"个别人身统治"不同。后者是以民众的"家"为对象进行统治的,可以参照尾形勇《中国古代的"家"与国家》。

的说法更为妥当（田昌五《中国奴隶制形态之探索》）①。但如上所述，宗族制仅存在于统治阶层，所以这一称呼也有问题。

然而，问题是能否将以上的族、宗称为奴隶。《左传》定公六年（前504）条记载了周公之子伯禽率领殷民六族前往封国鲁以后，至春秋末期阳虎权盛一时的情况：

> 阳虎又盟公及三桓于周社，盟国人于亳社，诅于五父之衢。

鲁公及其一族三桓氏是周的子孙，因此在周社起誓；亳是殷人祖先的土地，所以亳社即祭祀殷人的社。《左传》闵公二年（前660）条记载了闵公被杀之后拥立僖公的成季出生时的占卜预言：

> 在公之右，间于两社，为公室辅。

据杜注，两社即周社、亳社，在此之间有执政的场所。如此看来，鲁国中殷民六族的子孙继续祭祀亳社，与周的子孙共同构成国人，参与国政。即殷民六族是统治阶层，不是奴隶。而且，孔子在母亲去世后，于鲁城内五父衢的灵地举行殡礼（《史记》卷四七《孔子世家》）。早在襄公十一年（前562），便有在此地咒誓的案例，即自己发誓不会违背在此缔结的盟约（《左传》同年条）。

在周初，殷人的遗民不仅被分封于诸侯，还成为洛邑常驻的主要兵力。他们被称为"成周八师"（舀壶）、"成周师氏"（录冬

---

① 侯外庐曾经在《中国古代社会史论》中指出，这种形态被称为"氏族集团奴隶""集团的氏族奴隶制"（第30、107页），相当于马克思所说的亚细亚生产方式即奴隶制的亚细亚形态。另一方面，田昌五在《古代社会形态研究》中提到，关于马克思的"普遍奴隶制"（即整体奴隶制）一词，马克思本人并不将其作为奴隶制正式的名称使用，世界的奴隶制分为古典奴隶制和家内奴隶制，中国的"宗族奴隶制"是家内奴隶制最发达的形态（第200—207页）。这并不像侯氏那样将东洋与西洋截然分开，作为奴隶制的理论，更强调中国奴隶制所具有的特性。

卣)、"殷八师"(禹鼎、小臣谏簋),或简称"八师"(小克鼎、盠尊)、"成师"(竞卣),用于对周边诸种族的征服战争。成周八师、殷八师与西方丰镐的"六师"一同构成了西周的核心兵力①。

殷民至少对周人而言是先进的群体。但是,周王朝后来征服了除此之外的多数种族。周对这些被征服诸种族的处置各有不同。以下兮甲盘中的记载就是其中一例:

> 王令甲政司成周四方责,至于南淮尸。淮尸旧我帛晦人,毋敢不出其帛、其责、其进人、其贮。毋敢不即次即市。敢不用令,则即刑扑伐。

关于"帛晦人",在师寰簋中也有"淮尸旧我帛晦臣"的记载,可见淮夷自古以来就服属于周并向其纳贡。纳贡的内容有帛、积、进人、贮。积,即"四方之积",指一般的纳贡品;帛如果是布帛的话,主要指农产物;"进人"又称为"献人"(善夫山鼎),即提供的劳动力;据郭沫若研究,"贮"指"关市之征"(《两周金文辞大系考释》,第143—144页),白川静则认为"贮"指工匠等的生产物(《金文通释》三下)。李学勤将这个字解读为"贾",按规定,淮夷的贾人只能在许可的市场行商(《兮甲盘与驹父盨——论西周末年周朝与

---

① 中国史学界自郭沫若以来都认为成周八师不是殷八师,认为有"三支驻屯军",成周八师驻成周(洛邑),殷八师驻殷的旧都即卫,还有一支六师常驻宗周(丰镐)(郭沫若《金文丛考》第64页,徐中舒《禹鼎的年代及相关问题》,杨宽《再论西周金文中"六师"和"八师"的性质》《试论西周春秋间的乡遂制度和社会结构》等)。但是,卫是封国,不能与宗周、成周两都并列,禹鼎并称为"西六师、殷八师",应该属于宗周、成周各自的军队。因此,我更为赞同于省吾和白川静认为殷八师就是成周八师的说法(于省吾《略论西周金文中的"六师"和"八师"及其屯田制》,白川静《金文通释》第724—725页,常征《释"六师",兼述西周王朝武装部队》)。白川对于、杨两位学者关于六师、八师与屯田制或乡遂制的有关争论进行了批判(白川氏著书,第725—726页)。最近,木村秀海提出成周八师属于宗周六师的说法(《六师官员的构成》)。

淮夷的关系》)。

而且,在询簋与师西簋中,与"虎臣"同列的有"西门夷、秦夷、京夷、麀夷……□华夷、由□夷、厓夷""畀身夷"等名称。虎臣即侍卫之臣(黄盛璋《关于询簋的制作年代与虎臣的身份问题》),这些夷族相当于日本古代的隼人,或者成为侍卫的人。上文列举了将"众仆"用于征服战争但遭到背叛的事例,不过目前尚没有确实的证据表明进人与侍卫就相当于众仆。而且,进人与侍卫是从本族交替上番还是完全脱离本族,目前也不清楚。不过,《周礼·地官》师氏条有如下记载:

> 使其属帅四夷之隶,各以其兵服守王之门外,且跸。

文中的四夷之隶,即下节将要言及的蛮隶、闽隶、夷隶、貉隶,金文的夷族也与之相似,他们都是近似奴隶的身份。伊斯兰国家有将异民族的奴隶用作君主的亲卫队的事例,如奥斯曼土耳其著名的耶尼切里军团,他们忠于君主。

四、中国早期奴隶的来源

前节表明,西周王朝对被征服人民实行差别对待,当然,被征服人民都是被视作奴隶来对待。齵簋中的记载,就是其中的一例:

> 王曰,齵命女司成周里人众者侯大亚,讯讼罚,取遗五孚。易女夷臣十家。用事。

师询簋中也有如下的记载:

> 易女秬鬯一卣、圭瓒、尸允三百人。

43

上文中夷讯中"讯"的用法,可以参照虢季子白盘中的用例:

  薄伐玁狁于洛之阳。折首五百,执讯五十。

在师袁簋、不其簋、兮甲盘等中也可以见到"折首执讯"之语。敔簋的"榜载首百,执讯卌,夺俘人四百",《诗经·小雅》的《出车》《采薇》中的"执讯获丑"都是相似的用法。由此可知,"执讯"即捕囚、被捕的俘虏或捕捉俘虏的意思(白川静《金文通释》三下,第473页;杨宽《论西周时代的奴隶制生产关系》)①。那么,上文中师询簋的记载,意指将三百名夷人俘虏作为奴隶赐予他人②。

邢侯簋(周公簋)中有如下记载:

  王令荣众内史曰,芥井侯服,易臣三品,州人、重人、墉人。

白川氏认为芥是辅佐邢侯之人(《金文通释》一下,第596页)。臣三品即下赐三种奴隶,这三品即州人、重人、墉人各自冠以氏族之名,郭沫若认为他们属于渭水沿岸的部族(《两周金文辞大系考释》,第39页)。杨宽认为这是集团性奴隶的代表(上述论文),他们是指赐予州以下的氏族,或者仅仅是奴隶冠上的出身氏族名,说法不一。在保卣中也提到了同样的事:

  王令保,及殷东或,五侯延兄六品,蔑历于保,易宾。

---

① 《诗经·出车》有"执讯获丑",郑玄笺"讯,言。丑,众也。……执其可言问所获之众以归者,当献之也",也就是将讯解释为需要讯问的人,但是包括金文在内也这样理解是否可以? 白川静认为《采薇》《出车》《六月》《采芑》四首诗是歌颂虢季子白盘、不其簋中所见与玁狁之战,他赞同吴其昌的说法,认为是宣王时期的事(《诗经研究·通论篇》,第622—623页)。这是认为《诗经》与金文的语句是对应的。
② 杨宽认为麦尊记载的"易者㚟臣二百家"中的"诸㚟",是一个夷戎部落的名称(《论西周时代的奴隶制生产关系》)。当然,也有对此提出不同看法的(参照第二节第五条注释,即第28页注①)。如果杨氏的说法是正确的话,这也是以异民族俘虏为奴隶的一个例子。

这与先前的邢侯簋一样都是周初的金文,有不少很难解读的地方,此处主要遵照白川氏的解释(《金文通释》一上,第175页以下)。这是周征服殷东域时候的事情,虽然对六品即六种人的具体内容有不同的说法①,但他们无疑都是被征服民。

前文已经提到,在殷代有数量惊人的俘虏作为祭神的牺牲被残忍杀害。虽然事例很少,但也可以看到有一部分的俘虏从事生产劳动。从上述的西周金文的用例可以看出,中国早期的奴隶主要来源之一是战争的俘虏与被征服民。《左传》宣公十二年(前597)条记载了春秋时期,郑败于楚,郑伯(襄公)迎接楚庄王时

> 其俘诸江南,以实海滨,亦唯命。其翦以赐诸侯,使臣妾之,亦唯命。

《史记》卷四一《越王句践世家》中也提到,越先前败于吴时②:

> 句践请为臣,妻为妾。

此处的"臣""妾"在某种程度上或是习用,而非真正的奴隶,但是现实中战争的失败者多数会沦为奴隶。《墨子·天志篇下》描述了战争的状态:

> 民之格者,则劲拔之,不格者,则系累而归。丈夫以为仆圉、胥靡③。妇人以为舂酋。

---

① 陈梦家认为"六品"的"品"是俘虏的意思,"六品"指"殷民六族"(《西周铜器断代》一),而郭沫若则认为"六品"指的是包括殷与本篇铭文中所见的五侯即徐、奄、熊、盈、薄姑在内的六国(《〈保卣〉铭释文》)。白川静认为品指的不是国,而是人,"六品"是他们所属的族别(《金文通释》一上,第183页)。
② 《史记》卷六六《伍子胥列传》中也载到"(句践)使大夫种厚币遗吴太宰嚭以请和,求委国为臣妾"。但是《国语》卷一九《吴语》则记为"句践请盟,一介嫡女,执箕帚以咳姓于王宫,一介嫡男,奉盘匜以随诸御",指将嫡男、嫡女献于吴王做近侍的臣妾。
③ 吴荣曾在《胥靡试探——论战国时的刑徒制》中,认为胥靡指原来战国时期关东诸国的刑徒,刑徒与官奴早期采用同样的称呼,墨子的胥靡指的就是官奴。

宫崎市定引用这段作为臣妾的由来的相关史料(《东洋的古代》),由此可知俘虏常被当作奴隶使役,上述对战争失败者的处置是自古以来的传统。

如前所述,现在中国的许多学者都认为,中国早期奴隶来源于战争的俘虏。但是,汉代的学者认为,犯罪者才是奴婢的起源。《周礼·秋官》司隶条载:

> 其奴,男子入于罪隶,女子入于舂、槁。

郑玄注:

> 郑司农云,谓坐为盗贼而为奴者,输于罪隶、舂人、槁人之官也。由是观之,今之为奴婢,古之罪人也。

《说文解字》奴字条提到"奴婢皆古之罪人也",引用了上述《周礼》中的记载。《初学记》卷一九奴婢条所引的《风俗通义》佚文中也有如下记载:

> 古制本无奴婢,即犯事者或原之。臧者,被臧罪没入为官奴婢,获者,逃亡获得为奴婢也。

臧获是奴婢的别名,属于汉代的地方用语,这条史料即从奴婢罪人说的立场解释臧获的词源。由此可知,汉代的奴婢就是古时的罪人,即奴婢来源于犯罪者是汉代,至少是后汉时期通行的看法。下章将从其他角度探讨汉代人的看法问题。

回顾《周礼·秋官》司隶条的记载,可知奴婢任罪隶、舂人、槁人等职务。在《周礼》中可以看到所谓的罪隶,与蛮隶、闽隶、夷隶、貉隶并称为五隶,隶属于司隶官(《秋官》司隶条)。五隶各自拥有固定的120名成员(《秋官》司寇条)。从五隶各自的名称来看,他们都是由犯罪者及四方异民族出身的人充任的。那么,这些犯罪者及异民族出身的人属于何种身份？正如先前"其奴，男子入于罪隶"的记载所示，犯罪者作为奴隶纳入罪隶的120人当中。由此推测，从属于与罪隶并列的蛮隶等的异民族出身者，同样被视为奴。这一史实佐证了俘虏或被贡献的异民族出身者与犯罪者一同成为早期奴隶的主要来源（因此，郑玄"今之为奴婢，古之罪人也"的推论，也反映出事实的其中一面）。

《周礼》整体的书写年代尚不确定，上文部分能追溯到古代何时仍存有疑问。不过，《秋官》掌戮条中在上述"司隶"的五隶记事前有如下记载：

> 墨者使守门，劓者使守关，宫者使守内，刖者使守囿，髡者使守积。

文中系统记载了受肉刑者被用于劳役的事例，陕西省扶风县庄白家出土的"刖刑奴隶守门鼎"（《陕西出土商周青铜器》二，彩色图版六，单色图版二七），或故宫博物院所藏的"带文方甗"（小山富士夫等编《故宫博物院》，图版二一九）等都可以证明远古时期已将肉刑者用于劳役。这些被称为鼎或甗的青铜器基本上是同种类型的方形青铜器，下半部分有扉，扉的把手以刖者为形，表现出受刖刑的人被用于守门的事实①。学者推测前者属于西周中期，后者属于西周后期（王文昶《从西周铜甗上刖刑守门奴隶看"克己复礼"的反动本质》），先前《周礼》掌戮条提及的肉刑者用于劳役的情况至少可以追溯到西周时期。

---

① 籾山明指出故宫博物院有"带文方甗"。前引《周礼》掌戮条中有"墨者使守门……刖者使守囿"，正如青铜器中所见，刖者守门成为后来的传统。例如：《韩非子·内诸说下六微》中提到"门者刖脆"，同书《外诸说左下篇》也有"孔子相卫，弟子子皋为狱吏，刖人足，所刖者守门"。

滋贺秀三对肉刑的起源与意义有独到的见解(《关于中国上古时期刑罚的一个考察》)。据他研究,肉刑损害身体从而剥夺其作为一个人的权利,即"社会性的废人化",属于被社会放逐的一种。《礼记·王制》中可以看到肉刑者实际上会被放逐:

> 爵人于朝,与士共之,刑人于市,与众弃之。是故公家不畜刑人,大夫弗养,士遇之涂,弗与言也。屏之四方,唯其所之。不及以政,亦弗故生也。

这里的刑人指肉刑者。受肉刑之人被隔离在社会之外,并被放逐到四方,换言之即四海之外,任其自生自灭。滋贺氏引用这段史料来说明,这是放逐的最初形态,也是肉刑的本来目的。照此来看,实际上犯罪者被排除在社会之外,从文字意义来看放逐在前,而将他们作为奴隶行劳役是之后的事情。

的确,《尚书·尧典》中记载了舜在指定诸种刑罚时,将四名大罪人放逐于四方并在那里将其处死的记载。

> 流共工于幽州,放驩兜于崇山,窜三苗于三危,殛鲧于羽山。四罪而天下咸服。

上古原始社会将人们放逐的四方,是拥有未知的异族与邪神的世界。上文中提及的放逐四凶的故事,表明邪神世界的存在,或者用咒语来镇压、封锁异族与邪神(白川静《中国古代的文化》,第143页)。

据西周金文的记载,也可以推测放逐刑是实际存在的。禹攸从鼎有如下记载:

> 虢旅迺吏攸卫牧誓曰,我弗具付禹从其且,射分田邑,则放。

有名的散氏盘记录了矢攻击散氏之邑,约定将土地割让于散氏作为损害赔偿。

> 唯王九月,辰才乙卯。矢卑鲜、且、䕺旅誓曰,我既付散氏田器。有爽,实余有散氏心贼,则爰千罚千,传弃之。

白川氏认为,传弃的传指的是传车的传,即用传车将其遗弃在远方的意思(《金文通释》三上,第 202 页)①,传是人背负布袋的形态,日本千座的负人神或许也有放逐之意味(《金文的世界》第 167 页)②。这段话可以说是契约规定的违约惩罚条款,或许是责难之语,但也表明其背后存在放逐之刑。

但是,犯罪者用于劳役也不能说是很晚才出现的。罪、辠等带有罪意味的字以及与奴隶相关的童、妾、宰、仆等字,在卜辞或金文中都是由辛字构成,辛字采用的是施墨道具的形态(参照第二节第七条注释,即第 29 页注①)。即他们因罪被施墨,并被当作奴隶使役。除此之外,从殷代的卜辞中可以推测也存在劓刑、刖刑、宫刑(白川静《罪辠关系字说——以中国古代的身体刑为中心》,赵佩馨《甲骨文所见的商代五刑》),现在发现了受过刖刑的殉葬者遗骸(胡厚宣《殷代的刖刑》;北京大学历史系考古教研室

---

① 如果"传弃"是用传车将罪人遗弃在远方的意思,那么后世 7、8 世纪之交的《堰头文书》《佃人文书》所载"罚车马一道远使""罚一廻车驮远使"就是传承自古代传统的处罚形式,以此为基础形成违约罚款文书。参照周藤吉之《吐鲁番出土的佃人文书研究》。
② 近年出土的㝢匜,因反映了肉刑以外的黥(墨)刑、鞭刑、罚金刑等刑罚而备受关注。中国学者将"鞭毃""䚢毃"解读为墨刑,而白川静则认为"毃毃"是放逐的意思。参照岐山县文化馆、陕西省文管会等《陕西省岐山县董家村西周铜器窖穴发掘简报》,程式《一篇重要的法律史文献——读㝢匜铭文札记》,唐兰《陕西省岐山县董家村新出西周重要铜器铭辞的译文和注释》《用青铜器铭文来研究西周史——综论宝鸡市近年发现的一批青铜器的重要历史价值》,盛张《岐山新出㝢匜若干问题探索》,白川静《金文通释》六。

编《商周考古》,第83页)。而且如前所述,西周中、后期青铜器上的刖刑者守门像也显示出受肉刑的人很早就已经被使役①。

据释文可知,《尚书》的《甘誓》《汤誓》《牧誓》三篇中存在罚没的奴隶。他们在战斗之前召唤军众的王的誓言中表现为如下形式:

> 用命,赏于祖,弗用命,戮于社。予则孥戮汝。(《甘誓》)
> 尔不从誓言,予则孥戮汝,罔有攸赦。(《汤誓》)
> 尔所不勖,其于尔躬有戮。(《牧誓》)

据近年的研究,在战士战斗之前,会用这些誓言来鼓舞气势(刘起釪《〈牧誓〉是一篇战争舞蹈的誓词》)。不过,问题是对誓言中"孥戮"的解释。有的说法认为孥(奴)是妻子,也有的说法认为是奴隶,戮含有杀戮、罪、侮辱等意味。前文中引用了《周礼·秋官》司隶条郑玄注"今之为奴婢,古之罪人也"的叙述,继这句后的郑玄注曰"故书曰予则奴戮汝,论语曰箕子为之奴,罪隶之奴也"。即后汉的郑玄认为"孥戮"带有罪奴或刑罚奴的意思。《汉书》卷三七《季布传》的赞中,提到季布成为奴隶后的艰苦生活,"及至困厄,奴僇,苟活而不变",这里的"奴僇"(孥戮)指受着奴隶般的屈辱。《汉书》的著者班固是后汉时期的人,理当知晓《尚书》中有"孥戮"之语,《尚书》中"孥戮"或许也作如此解释。清人孙星衍在《尚书今古文注疏》中引用郑注的事例后提到,"案三代已前,父子兄弟,罪不相及,至秦始有连坐收帑之法",又回到"孥"为妻子的说法。"父子兄弟,罪不相及"是《左传》昭公二十年(前522)条引

---

① 白川静将西周青铜器君夫簋"王命君夫曰:價求乃友"的"價"解释为赎,认为是依据王的宥命赎免同族的受刑者,也证明存在因刑罚而丧失自由的人(《西周史略》,第143页)。但是,價有许多种解释,白川氏的说法是否成立尚不清楚。

用的《康诰》佚文(《左传》僖公三十三年条中也引用了同样的内容),"连坐收帑"是依据《汉书》卷四《文帝纪》元年(前179)十二月条中一时除"收帑相坐律令"的记载,这一法律应始于战国时期秦国商鞅的第一次变法(前359)。加藤常贤也遵循孙星衍的说法,将"孥戮"解释为"侮辱奴隶"(《真古文尚书集释》,第44、46、259页)。

实际上根据《甘誓》《汤誓》的成书年代,孙星衍的说法也不是绝对的。上述三篇中《牧誓》最早的,文中只言及"尔躬有戮",没有使用"孥"(奴)之语,也仅戮杀战士本人。其中自然不包含家族,不过是否将家人没为奴隶尚不清楚。或许这是最接近原形的。整体而言,《甘誓》是三篇中最新的,但不能否定其中的部分内容也可能包含了古时的形态。上文中所引的《甘誓》部分在《墨子·明鬼篇下》中作为《禹誓》引用,缺少"予则孥戮汝"的语句①。因此,有学者认为这是后世在《汤誓》的基础上添加的语句(陈梦家《尚书通论》,第185页;顾颉刚、刘起釪《〈尚书·甘誓〉校释译论》)。从文脉来看,上文引用的《甘誓》,在让战士自身的身体"戮社"后,接的"孥戮"相关语句,应属于后加的语句。那么《甘誓》一文也与《牧誓》相同,是以战士个人为对象的誓言。而且,《甘誓》中明确记载了在祖灵与社神前行赏、罚。实际上,王以下的战士在他们共同祭祀的场所祖前、社前宣誓,或许是一种古老的形式。

---

① 松本雅明在《春秋战国时期〈尚书〉的发展》中,认为《尚书·牧誓》形成于春秋末或战国初期(第185页以下),接下来出现《汤誓》(第254页以下),《甘誓》是战国中期才出现的(第258页)。但是,正如本文所论述的那般,诸篇的内容不仅包含各形成时期的内容,还包括一些古代的内容。渡边卓在《古代中国思想研究》中,推测《墨子·明鬼篇下》形成于战国末的秦国时期(第512页)。但是即便是其中引用的《甘誓》有语句存在疑问,也不能完全断定这一时期《甘誓》没有这句。《墨子·明鬼篇下》的作者,在引用这句话时很有可能进行了删减。不论如何,从文脉来推断,这句应该是后面附加的语句。

如此看来，不管是先前战士的舞蹈，还是以上这一点呈现出来的社会，都不是仁井田陞引用《汤誓》论述的"东洋专制"社会（《何谓东洋》），而是带有很强的共同体性质的社会。在共同体社会的社前举行的"戮"，可能是带有排除在共同体之外的意味的诛杀，也有可能是处以肉刑使其"废人化"①。后者或许在此之后被当作奴隶使役，但在此时尚不明确。奴戮或者孥戮之语是较晚出现的，不知道是不是受到了族刑或连坐制的影响。正如《周礼》郑注与《汉书》的记载所示，汉代也将"奴戮"（孥戮）解释为罚为奴隶或忍受屈辱的奴隶，这种解释或许更为古老。唐代的《甘誓》写本中记为"予则伖戮女"（P.2533号汉文文书，《说文》中提到"伖"为奴的古字），郑玄引用的原文为"奴戮"，《汉书·季布传》中记为"奴僇"。《史记》卷三《殷本纪》中的"帑僇"也相当于《汤誓》中的"孥戮"（陈梦家前引书第184、192页）。孥字的出现应该比预想的更晚。

《诗经·小雅》的《正月》诗中有如下语句：

> 忧心惸惸，念我无禄。民之无辜，并其臣仆。

据《毛传》的解释，这首诗表明当时因恶政，连无辜的民众也要充当奴隶。但郑玄在笺解中认为，这首诗表明王不仅杀害无辜的民众，连他们家的奴隶也杀害。然而，这一解释建立在存在连坐制

---

① 在《周礼·秋官》大司寇条也有"大军旅，涖戮于社"的记载。正如本文所述，在社前进行惩罚起源很早，在周礼体系下，随着君主权力发展到一定程度而被制度化。宇都木章在《"戮社"——〈周礼〉社制度的一个考察》中提到，在君主权超过宗法制统治而逐渐扩大的阶段，社发挥着重要的作用。不过，在《甘誓》中，赏是在祖神之前进行，祖与社是相对的。当然，这随后演变成宗庙与社稷。

的基础上①,而且诗中也没有出现带杀害意味的词语,因此《毛传》的解释更为合理。换言之,即有人因刑罚沦落为奴隶。《毛传》认为这首诗是指幽王被刺的故事,从内容上来看,歌唱的是西周崩溃时期以后的情况。

《吕氏春秋》卷九《精通篇》中有如下记载:

> 钟子期夜闻击磬者而悲。使人召而问之曰,子何击磬之悲也。答曰,臣之父不幸而杀人,不得生。臣之母得生,而为公家为酒。臣之身得生,而为公家击磬。臣不睹臣之母三年矣。昔为舍氏(市)睹臣之母,量所以赎之则无有,而身固公家之财也。是故悲。

宫崎市定也引用了这段记载,以之为刑罚是臣妾来源的证据(《东洋的古代》)。但近年籾山明认为这段记载假托春秋时期钟子期的故事,实际上应该是战国时期的内容(《秦代的隶属身份及其起源——"隶臣妾"问题》)。这与籾山氏提出的刑罚奴隶的使役始于战国时期的观点有关,这一观点与我以上的论述有很大的差别。但是,以上《吕氏春秋》的记载,也是将犯罪者的妻子连坐没官的事例,《新序》中载"昨日为舍市而睹之,意欲赎之无财,身又公家之有也",正文的"舍氏"应为"舍市"之误,文中描绘的市中奴隶买卖情况,很可能是战国时期的故事。

近年发现的云梦睡虎地秦墓竹简中隶臣妾的事例表明,进入战国时期以后刑罚与奴隶身份有着明确的关联。但是,目前关于

---

① 关于连坐制的范围,云梦秦简的《法律答问》中提到"盗及者它罪,同居所当坐。何谓同居。●户为同居,坐隶,隶不坐户谓也"(392简,第160页)。实际上,就奴隶不连坐这点,汉代也是一样的。郑玄正是基于此,认为因施行恶政会波及刑杀奴隶。

隶臣妾已经有非常多的讨论,也有不少有争议的地方,这些问题将在本书的第三章进行具体的探讨。不过,隶臣妾与城旦舂、鬼薪白粲、候、司寇等并列,都是刑罚的名称,其中的大部分刑罚名称都被汉代继承。但是,汉代特别是在文帝十三年(前167)以后,含隶臣妾在内的刑罚都是有刑期的劳役刑;相较而言,秦律的刑罚中,隶臣妾毋庸置言,城旦舂等也都是无期刑(终身刑)。隶臣妾与其他的城旦舂等不同的是,相比城旦舂等有各自固定的肉体劳动,隶臣妾是用于诸官厅的各种劳役,这点类似于后世的官奴婢的劳役。而且,他们中的一部分是来自刑罚以外的战争俘虏等。此外,他们的身份不仅是终身的,甚至是世袭的。因此,隶臣妾主要是来源于刑罚之人的奴隶身份,这一刑罚有别于其他的城旦舂等劳役刑,属于身份刑(籾山明前述论文,富谷至《秦汉时期的劳役刑》)。

但从无期使役这点来看,城旦舂等刑罚性质上也近似奴隶,或许也有世袭。那么,隶臣妾、城旦舂等刑罚在中国的刑罚发展史中有着怎样的地位?在秦律中,如刑城旦、斩左趾城旦、黥城旦、完城旦、刑鬼薪、刑隶臣、耐隶臣、耐司寇等肉刑(上述的"刑"指肉刑)都会与其遗制黥、耐、完等并科(参照堀毅《秦汉刑名考》)。由此来看,秦律中的刑罚处于从肉刑到劳役刑的过渡时期。中国原始的刑罚以肉刑为主已经是定论,而且上文中也提到滋贺氏的观点:肉刑者是被放逐于社会之外的。在这些被剥夺社会成员权、被放逐的刑人用于劳役时,刑罚奴隶产生了,从肉刑来看这些刑罚当然是无期的,身份也是世袭的。照此刑罚沿革来看,秦律中的刑罚没有刑期也是理所应当的。秦律中的刑罚还带有肉刑的残余,但逐渐向劳役刑过渡;汉代继承了秦代的刑罚,最终经过文帝十三年的改革废除了肉刑。

但以往没有注意到的是,在这一时期同时设立了刑期(高恒《秦律中"隶臣妾"问题的探讨》,张金光《关于秦刑徒的几个问题》)。从此,刑徒与奴隶的密切关系终于分离,后世盛行的连坐没官制中存在两者关系的残余,汉代知识分子中间也根深蒂固地残存着今之奴婢乃古之罪人的观念。

五、买卖奴隶制、债务奴隶制的发展

前节提到,中国早期的奴隶主要来源于战争的俘虏、被征服者以及因犯罪被处以刑罚者。前文指出统治阶级形成氏族(宗族)并保有血缘关系,被统治阶级也存在诸如聚落般的共同体规制,由此似可推测家族的独立发展是不充分的。如果组成当时社会的核心群体存在族群结合与共同体规制,那么早期的奴隶只能是由共同体外的战争俘虏与贡纳物,或者因犯罪被排除在共同体外的成员构成的。这些奴隶掌握在王室以及与王室密切相关的贵族手中,整体而言数量较少。

相较而言,进入新的阶段之后,随着共同体的崩溃,共同体成员中有的人因卖身或债务沦为奴隶,民间私有奴隶制得到广泛发展。奴隶被视为家产,成为买卖、入质、赠与、继承(家产分割)等的对象。蒲立本称其为买卖奴隶制。毋庸置疑,买卖奴隶制与货币经济有关,一般而言,买卖奴隶制在货币经济繁荣的战国时期以后得到了划时代的发展。然而,从西周中期开始共同体已经渐趋崩溃,早在西周后期青铜器曶鼎的铭文中就已经出现了奴隶买卖的情况。以下将依据曶鼎铭文的相关部分展开探讨。

实际上,对曶鼎铭文相关部分(第二段)的解读非常困难。一般而言,都认为这是一方违反买卖五名男子(五夫)的契约而引发的诉讼。以往的看法都认为铭文的主人公曶是五夫的买方,但是近年松丸道雄认为这一说法基本上是错误的,他认为曶应该是五夫的卖方(《西周后期社会的变革萌芽——曶鼎铭解释问题的初步解决》)。原文的"卖"字,可以解读为卖,也可以解读为买。最近李学勤将这个字解读为"赎",他认为这不是交易五夫的一般买卖行为,而是"赎免",即将五夫赎买、解放(《论曶鼎及其反映的西周制度》)。铭文中的原字明显是"卖",但问题是赎的原意与买卖能否区别开来①。以上诸说的差异导致对铭文中出现的其他人物之立场的理解也不尽相同,但在这里不过多涉及。以郭沫若为代表的大部分中国学者都认为,在铭文开头出现的"匹马、束丝"就是五夫的价钱。郭氏认为,他们没有履行契约而是重新立约支付"百孚",但是没有交付五夫,所以引发诉讼(《两周金文辞大系考释》第97、98页)。白川静认为,匹马、束丝是给予现在的使用者转卖五夫的补偿代价,百孚是约定支付给所有者的(《金文通释》三上);松丸氏却认为,百孚才是代价,匹马、束丝是礼物。晁福林有着与此相似的看法,他认为匹马、束丝是贿赂,百孚是五夫的价格(《"匹马束丝"新释》)②。根据刑叔的裁定,诉讼的结果是五夫交付给曶。旧说认为,曶达到了得到五夫的目的,但松丸氏认为,曶是将卖出的五夫取回了。

问题是曶得到的五夫受到了怎样的对待。在铭文相关部分(第二段)的末尾有如下记载:

---

① 在此之前,杨树达在《积微居金文说》(增订本第58页)中将疑问的字解读为"赎",这与将疑问字解读为"买"并不存在矛盾。晁福林认为"赎的本意是交易,后来才有赎回的意思"(《"匹马束丝"新释》)。
② 关于匹马、束丝与百孚的关系的争论点,主要在于百孚的价值是否比匹马、束丝更高。郭氏认为实物匹马、束丝的价值,用货币支付相当于百孚,并且认为奴隶的价格比较低廉。但是白川、伊藤、晁氏认为百孚是相当大的金额。

> 曶迺每于䝨……曰,必尚卑处厥邑,田厥田。䝨则卑复命曰,若。

据此可知,曶让五夫居住"其邑",耕作"其田"。因此,作为买卖的对象五夫就不是奴隶,而是从属于"邑"共同体的农民。伊藤道治曾经特别提出了这一问题,李学勤的近说也与此有关。

伊藤氏在《邑的结构与统治》中解释:"这五人虽然由限(五夫的旧所有者,曶的诉讼对象)交给了曶,但与五人的原管理者、限的主人䝨约定,仍让他们居住在原属邑,在原来的田地上耕作。"但是由此产生了一个问题,五夫耕作的土地也随之转移到了曶的手中。因为平时五夫出的贡租和五夫的劳动都归于曶,所以这必然也伴随着土地的转移。事实上伊藤氏的看法也是如此。同时,他不赞同这一买卖是奴隶买卖的说法。但是曶鼎铭文的这一部分只记录了人身交易,没有记录土地的转移。而曶鼎铭文的后一部分(第三段,本章第三节引用)则明确记录了田地作为赔偿随人身一并转移,但这是这场纷争而非人身买卖的赔偿。伊藤氏认为这是人身与田地相伴的证据,第二段没有记录田的转移,恰好证明了没有进行人身的交易。若要反驳伊藤说的这一难点,必须证明"其邑""其田"不是五夫原本的邑、田,而是曶的邑、田,五夫是从自己的邑和田中脱离,转入曶的邑中耕种属于曶的土地。但是,如此便无法证明伊藤氏否定人身买卖的观点。不过值得注意的是,无论是否存在人身买卖,五名农夫最终并没有沦落为奴隶,而是拥有自己归属的邑共同体和土地。

松丸氏没有特别提及这一问题,但据松丸氏的说法,曶是想要卖五夫。曶开始是希望五夫脱离自己的邑,但最终令五夫在自己原本的邑居住,耕种原来的土地。松丸氏认为,新兴势力䝨是五夫的买方、舀的诉讼对象,或者说嚻对五夫的交易更为关心。嚻可能使五夫脱离土地并将他们当奴隶使役,或者让五夫耕种自己的邑的土地。虽然无法了解更多的情况,但嚻的企图最后以失败告终,五名农夫也无一人沦落为奴隶。

李学勤认为,原本身为自由人的五夫被对方以某种理由拘留,舀将五夫买回后解放,并让他们继续耕种原来居住的邑的土地。据李氏的说法,嚻是舀采地的管理人,因此舀向他下达命令。然而,这一说法也表明五名农夫从自己的邑和土地中脱离,丧失了自由的身份。虽然无法得知是不是人身买卖导致了这种情况,但从需要买回这一点看,嚻并未极力施行舀的命令。

以上诸种说法都认为,五名农夫短暂地脱离了土地。而且,有的学者认为当时已经存在土地的交易(堀敏一《中国初期的土地国有制与土地交易的起源》),存在人身交易也不稀奇①。"邑"共同体逐渐开始崩溃。松丸氏认为这是"变革的萌芽"。有趣的是,从短暂脱离土地的农民最终获得归属于邑的土地来看,这一时期的时代特征是"萌芽"也仅停留在"萌芽"而已。

除舀鼎外,西周时期毋庸置疑,到春秋时期也几乎见不到人身买卖的记载。不过,《国语》卷一九《吴语》中记载了春秋末期越王句践向吴复仇时下的军令:

> 谓二三子,归而不归,处而不处,进而不进,退而不退,左而不左,右而不右,身斩,妻子鬻。

对比前节所引《尚书》中《甘誓》《汤誓》《牧誓》的记载,"妻子鬻"的

---

① 但是,在土地交易时,像曶鼎就不使用"卖""赎"等词语。或者说当时买卖的概念与后世多少有些不同。

说法值得关注。在以后的时代为"身斩,妻子为戮"①或"没妻子为奴婢"。蒲立本氏认为,上文中的记载是引入秦收孥法以后的时代错误。

上文中出现了妻子连坐,很有可能是落后于时代的做法。由此可见,这一时期的货币经济繁荣,人身买卖也随之盛行。《吕氏春秋》卷一六《察微篇》中有相关的记载:

> 鲁国之法,鲁人为人臣妾于诸侯,有能赎之者,取其金于府。子贡赎鲁人于诸侯,来而让不取其金。孔子曰,赐失之矣。自今以往,鲁人不赎人矣。取其金则无损于行,不取其金则不复赎人矣。

这段话之后讲述的是子路的行为以及孔子对此的批评,很可能是假托孔子弟子的故事。但是,子贡以及支援越王句践的范蠡等是这一时期早期商人的典型。即便上文有假托他们事迹的虚构成分,也无法就此否定"鲁国之法"的存在。中国的陈连庆认为这是春秋时期奴隶掠卖的事例(《春秋奴隶考略》),结合先前曶鼎的记载可知,春秋末期随着货币经济的普及,出现了人身买卖。后世出现了禁止人身买卖之法,但在诸国割据的时代还是存在卖于他国的宫廷的行为。上文提及的由政府出钱赎买的"鲁国之法",应该属于早期人身买卖的事。

《史记》卷五《秦本纪》中记载了秦国大臣百里奚曾沦为奴隶的故事:

> 五年,晋献公灭虞、虢,虏虞君与其大夫百里傒……以为

---

① 《国语》卷二一《越语下》,句践对将要辞别越的范蠡说道:"子听吾言,吾与子分国;不听吾言,身死,妻子为戮。"戮的含义参照前节。

> 秦缪公夫人媵于秦。百里傒亡秦走宛,楚鄙人执之。缪公闻百里傒贤,欲重赎之,恐楚人不与,乃使人谓楚曰,吾媵臣百里傒在焉,请以五羖羊皮赎之。楚人遂许与之。

上文可知,百里奚作为亡国的俘虏沦落为低等身份媵,逃亡时被楚人捕获之后很有可能沦为奴隶,相当于前文提及的掠卖。因此缪公希望为他赎身,这段话也间接表明存在人身买卖。

《周礼·地官》质人条记录了奴隶买卖市场是得到政府公认并由其管理的:

> 质人,掌成市之货贿、人民、牛马、兵器、珍异。

值得关注的是"人民"被用作奴隶的称呼,在云梦睡虎地秦墓竹简的《日书》中也可以见到相同的用法:

> 收日,可以入人民、马牛、禾粟,入室取妻及它物。(《日书》甲种,752 简)

由此观之,人民一语与马牛、家畜、货物等并称,与前文《周礼》中提到的一样,都是指奴隶。关于人民一语历史与内容的变迁,有待今后的研究。不过,同墓出土的秦律相关文书用臣、妾,人奴、人臣、人妾等词语来指代奴隶,这应该是法律上的用语。对比人奴、人臣、人妾等与人民一语,姑且可以推测后者原指更广泛的被统治者,但与家畜、货物等并列的话,就仅指奴隶。

在云梦秦简《封诊式》告臣条中,可以见到某里的士伍(平民)甲欲将自己的臣(奴隶)丙卖官的事例。

> 某里士伍甲,缚诣男子丙,告曰,丙,甲臣。骄悍,不田作,不听甲令。谒卖公,渐以为城旦。受价钱。(617—618 简,第 259 页)

由其他史料也可以确认,当时奴隶主人擅自杀害奴隶是重罪,奴隶主必须向官府提出申请,不能自行处罚①。由上文可知,官府可以支付一定的价钱购买这些奴隶用于劳役。接上文提道:

> ●令少内某、佐某以市正贾贾丙丞某前。丙中人,贾若干钱。(619简)

由此可知,官府是以市场价格购买奴隶的。其前提是存在奴隶市场。

当然,战国时期以后各地都存在奴隶市场。在《汉书》卷四八《贾谊传》贾谊之言以及同书卷九九《王莽传》的王莽诏书中,都可以见到其形态:

> 今民卖僮者,为之绣衣,丝履,偏诸缘,内之闲中。(《贾谊传》)

> 又置奴婢之市,与牛马同栏。(《王莽传》)

前者的"闲"同于后者的"栏",即将人放入饲养牛马的围栏中供买家挑选。后者的王莽诏书指责这一行为;前者的贾谊之言认为奴隶买卖当然是以身份差别为前提,指责不应美化低等的身份。这里指的是美化外观,提高商品价值,由此抬高奴隶价格的行为。前汉的王褒所作的《僮约》,是一部类似奴隶买卖契约形式的喜剧文学作品,宇都宫清吉的《僮约研究》对此有详尽的探讨。

不过,唯有在确定是奴隶身份的情况下才允许买卖,至少汉帝国建立以后,是禁止买卖一般庶民与良民的。国家要防止这些为国家承担租税、力役、兵役的人们沦落为奴或减少。但是,《汉

---

① 云梦秦简《封诊式》黥妾条,《史记》卷九四《田儋列传》等。参照本书第三章。

书》卷二四上《食货志》,记载秦、汉交替时期：

> 汉兴,接秦之敝,诸侯并起,民失作业,而大饥馑。凡米石五千,人相食,死者过半。高祖乃令民得卖子,就食蜀、汉。

另一方面,《汉书》卷一下《高帝纪》五年(前202)五月条诏载：

> 民以饥饿自卖为人奴婢者,皆免为庶人。

高祖即位之年,强制下令解放因卖身而沦为奴隶的庶人。《食货志》中对人身买卖的许可应是在此之前的事。在秦末战乱与大饥荒时,庶民间的人身买卖盛行。统治者没有采取有效的对策时,不得不默认上述的情况,但这终究是特例,汉代体制稳定之后,庶民间的人身买卖还是被禁止的。目前,尚不清楚汉代初期是否已经存在禁止买卖庶人之法,但据后述的秦律来看,秦以来就已经存在。

《后汉书》卷一下《光武帝纪》建武二年(26)癸未诏载：

> 民有嫁妻、卖子,欲归父母者,恣听之。敢拘执,论如律。

所谓嫁妻,实际上就是卖妻或质入,与下引诏书中出现的"下妻"相似。这些行为与卖子同为法律所禁止,从诏书的时期来看,这一律法自西汉以来就存在。据下引的《后汉书》卷一下《光武帝纪》建武七年(31)五月甲寅诏及十三年(37)十二月甲寅诏,存在"卖人法""掠人法",相当于上述的"律"。

> 吏人遭饥乱,及为青、徐贼所掠,为奴婢、下妻,欲去留者,恣听之。敢拘制不还者,以卖人法从事。(建武七年诏)
>
> 益州民,自八年以来,被掠为奴婢者,皆一切免为庶民。或依托为人下妻,欲去者,恣听之。敢拘留者,比青、徐二州,以掠人法从事。(建武十三年诏)

这两条诏书所述情况相似。后者中的"比青、徐二州",参照前列建武七年诏的内容,可以适用于同"卖人法""掠人法"类似的情况,然而无法就此判断两法是相同的,或是有其他情况。但是,《晋书》卷二〇《刑法志》引《魏律序略》中提到,改汉代《九章律》作《魏律》十八篇,说明了《魏律》对《九章律》的内容有所改变。这可以从汉法的内容着手。

> 盗律,有劫掠、恐猲、和买卖人。科,有持质。皆非盗事。故分以为劫掠律。

据此可知,汉代《九章律》的"盗律"中有劫掠条与和买卖人条。律法的其他条目中规定了庶民、良民的掠卖(强制性的买卖)与和买卖(协商的买卖),前文提到掠人法、卖人法分别指代这两条。庶民、良民的人身买卖与两者有差别,以后历代王朝的法律也是如此。

在秦汉以后,中国的奴隶也是由一部分犯罪者连坐没官与异民族构成的①。但是,在对外贸易与掠夺战争较少的上古中国,仅靠此是很难满足日益增大的奴隶需求的。国内存在许多小规模、不稳定的农民,即便禁止掠卖、和卖,但实际上很多奴隶是由这些一般人充当的。那么,这些人沦为奴隶是什么造成的呢?如掠卖之法所示,有暴力的掠夺,特别是在多内战的王朝交替时期与魏晋南北朝时期等,但在各个时代日常奴

---

① 《汉书》卷九五《西南夷传》载:"巴蜀民或窃出商贾,取其筰马、僰童、髦牛,以此巴蜀殷富。"Wilber, C. M. *Slavery in China during the Former Han Dynasty* 第三、第四章详细讨论了汉代犯罪及与匈奴作战的俘虏奴隶化的问题。《三国志》卷二二《魏书·陈群传附子泰传》中陈泰为护匈奴中郎将时,"京邑贵人,多寄宝货,因泰市奴婢"。西晋末,石勒贩卖汉人奴婢的话最为有名(《晋书》卷一〇四《石勒载记》)。唐代的情况,请参照玉井是博《唐代的外国奴》。

隶的增多主要是因为债务关系。下文将探讨早期的债务与人身约束之间的关系。

在赘子、赘妻、赘婿等相关史料中,可以发现战国、秦汉时期就已经存在债务关系。《史记》卷一二六《滑稽列传》载:

> 淳于髡者,齐之赘婿也①。

贾谊的《新书》卷三《时变·事势》(《汉书》卷四八《贾谊传》的记载基本相同)载:

> 秦人有子,家富子壮则出分,家贫子壮则出赘。

《淮南子》卷八《本经训》载:

> 末世之政……赘妻鬻子,以给上求,犹弗能澹。

《汉书》卷六四上《严助传》载:

> 间者数年,岁比不登。民待卖爵赘子,以接衣食。

在赘子、赘妻、赘婿中,最有名的就是赘婿。男子以婿的形式入赘

---

① 如后述,赘婿是近似债务奴隶的贱民身份。顾颉刚指出,淳于髡的"髡"字是剃头发的意思,是为将奴婢与一般人进行区分而采用的名字(《史林杂识初编》赘婿条)。《史记》卷一〇〇《季布列传》中载,藏匿季布的周氏"迺髡钳季布,衣褐衣,置广柳车中,并与其家僮数十人,之鲁朱家所卖之"。此外,同书卷一〇四《田叔列传》中载,赵王敖获罪被送往都城长安,禁止带随从,"唯孟舒、田叔等十余人,赭衣,自髡钳,称王家奴,随赵王敖至长安"。由此可见,剃头发、带枷锁、穿褐衣或赭衣,是当时奴隶的一般姿态。这也是刑徒的姿态,可见奴隶与刑徒有着密切的关系。《初学记》卷一九奴婢条另引古诗来说明"平头奴子"亦是剃发。不过云梦秦简《法律答问》中也提到"主擅杀、刑、髡其子、臣妾,是谓非公室告,勿听"(474简,第196页),奴隶并不一定要剃头发。而且,在《史记》卷三八《宋微子世家》记载殷纣时期的箕子"乃被发,详狂人而为奴,遂隐而鼓琴以自悲"。这虽然是传说,但与一般人结发相比,披头散发被看作异常的姿态,奴隶一般是这种异形之人。在后世的《南史》卷五一梁宗室、临川靖惠王宏之子正德传中有"蓄奴僮数百,皆黥其面",同书卷八〇《侯景传》有"黥奴"的记载,《魏书》卷七七《高谦之传》载"世无髡黥奴婢",可见奴隶通常被施以髡或黥。

女家,这在父系家族制的中国是非常异常的,赘婿在汉代甚至列入被称为七科谪的下层身份(参照第四章)。上文《汉书》等的诸注将赘解释为赘婿,并没有说明赘子、赘妻等的含义。"赘"的含义应该更广,《说文》中提到"以物质钱",唐代颜师古注《汉书》也提到"赘即质"。因此赘子、赘妻意即以子或妻为质来借取钱财。赘婿即本应支付聘礼的男性,入赘妻子家中以劳动抵消聘礼的部分,实际上还是债务关系的一种形式。

值得注意的是,《汉书·严助传》附魏如淳注云:

> 淮南俗,卖子与人作奴婢,名为赘子。三年不能赎,遂为奴婢。

先是称"作奴婢",三年后称"为奴婢",同一文中出现了用语混乱,人们在使用奴婢一语时也出现了混乱。当然,三年后"为奴婢"中的奴婢,是沦为法律上的奴婢身份。因有三年的期限,所以可以将"不能赎"理解为实际上是将赘子抵给借予钱财的人,三年内返还钱财后可以赎回,这种关系就是事实上的质关系。文中称"卖",表明古代的买卖概念比后世涵盖的范围更加广泛①。如后章所述,魏晋南北朝以后,附赎回条件的买卖与质产生分化,上述情况是尚未分化时的事例。不论如何,如淳的注记载了由债务关

---

① 本节第三条注释(第60页注①)提到中国早期的买卖概念或许与后世不同。至汉魏时期,买卖的含义范围很广。晋干宝撰《搜神记》卷一中有这样的故事,汉代董永无钱葬父,乃"自卖为奴",获得一万钱完成葬礼后,去主人家劳动以偿还一万钱的债务,天帝感其孝心,降天女为他的妻子,帮助他织绢"偿债"。仁井田陞认为这是劳动偿还债奴制,也属于人质的一种(《汉魏六朝的质制度》)。同样是人质,如淳所说的是永久质,这是偿还质。不仅是质,雇佣也被纳入买卖的范畴。《韩非子·外储说左上》载"夫买(有的版本写成卖)佣而播耕者云云",《五蠹篇》同样有"买佣"之语。此外,《汉书》卷三七《乐布传》载"彭越为家人时,尝与布游,穷困,卖庸于齐,为酒家保",《史记》同传记为"赁佣"。中国古代的买卖概念,还有许多需要重新探讨之处。

系产生奴隶身份的具体途径。

近年出土的云梦秦简《法律答问》中有一条记载：

> 百姓有责，勿敢擅强质。擅强质，及和受质者，皆赀二甲。廷行事，强质人者论，鼠者不论。和受质者，鼠者□论。（518简，第214页）

我的旧作（《身份制与中国古代社会》）中也引用了这条史料。至"皆赀二甲"可能是秦律的原文或者取意文，以下的"廷行事"是当时的习惯法或者惯例。旧作中论及一字不明的部分，认为可能是副词"皆"或者"亦"，表肯定。在律的原文中，只有受质一方会被定刑，但廷行事表明与质一方也有罪。廷行事明确表示律文中的质意指人的质入。那么秦律中，为防止庶民、良民因债务没落，会明令禁止人的质入以及前述的赘子、赘妻等行为。如果禁止人质，那么即便是没有残存的原文，也可以由此推测秦律是禁止买卖庶民、良民的。因此，汉代盗律中的对应条文很可能受到了秦律的影响①。

前文列举了战国、秦汉时期，相当于质的"赘"一词的使用事例。据上述秦律也可以清楚地看到，至少在战国时期以后，已经出现了表示债务关系的质。关于中国古代质的内容变迁，请参考小仓芳彦的研究（《中国古代的质》）。春秋时期诸侯间互换带有国际礼仪性质的人质，经过春秋中期至战国时期，强国的君主权力得到强化，诸国间人质交换的战略意味逐渐增强，而且君主还会向臣下强行索要人质。这样的变化表明，带有政治性的人质，

---

① 据《晋书》卷二〇《刑法志》，秦律是在商鞅时期形成，承自战国时期魏国李悝的《法经》六篇（《晋书》列为盗、贼、网、捕、杂、具六律，网应为囚之误），汉代在这六篇的基础上，增加兴、厩、户三篇，作成《九章律》。

其担保性质逐渐增强,而随着货币经济的发展,其向着以担保获得借贷钱物的经济行为转化也就不足为奇了。但是,具体的过程尚不清楚。①

即便可以推测秦律中存在禁止庶民、良民人身买卖的条文,也无法推测汉律中是否存在如秦律般禁止人质的条文。但是,不论是否存在这样的禁令,从《汉书》卷二四上《食货志》所录著名的晁错上奏中可以看到,事实上存在许多因债务而没落的农民:

> 勤苦如此,尚复被水旱之灾,急政暴赋,赋敛不时,朝令而暮当具。有者半贾而卖,亡者取倍称之息。于是有卖田宅鬻子孙以偿责者矣。

此外在汉至魏晋南北朝的诸史料中,可以看到当时乡村中存在许多以地主小农为对象的利殖行为。《后汉书》卷三一《樊宏传》称南阳的豪族樊重"好货殖","其素所假贷人间数百万",就是代表性的事例。前文中晁错的上奏表明,存在将子孙卖身来偿还债务的情况,正如如淳提及的淮南风俗,以人身为担保的质,若在一定的期限后不能偿还债务的话,会自动沦为奴隶。如此一来,在汉代以后,买卖奴隶、债务奴隶便逐渐增多了。

---

① 《左传》等已经表明,春秋时期有消费借贷关系,不过还没有出现人身质入与债务奴隶。《左传》文公六年(前621)条,赵盾掌控晋国国政之际,有"由质要"的记载,杜预注"质要,券契也"。《周礼·地官》司市条中有与质要类似的质剂之语,郑注称"质剂,谓两书一札而别之也"。总而言之是一种符契,有将所割成两部分的含义。白川静认为贝有鼎的含义,用斤刀在鼎上刻字才是质的原义(《说文新义》六,第178页)。这也是刻契约。但是,也有学者提出春秋时期是否使用"质要"和"质剂"还有疑问,也有可能是将战国时期的用语插入《左传》当中(小仓芳彦《中国古代政治思想史研究》,第127页注6)。

第二章　中国良贱身份制的形成过程

一、问题之所在

前章以先秦时代为主,论述了中国早期奴隶制的发展及相关的早期民众问题。那么,这种奴隶制在中国国家中又有着怎样的地位呢? 一般而言,在前近代社会,不仅是奴隶制,人类间隶属的诸关系在国家法律上皆呈现为有差别的身份关系。如古典古代社会中,在农民之间广泛发展奴隶制的地方,奴隶主与奴隶之间的阶级对立表现为由奴隶主构成的国家成员即市民与奴隶之间的身份差别。但是,奴隶制的发展是有限的,在诸如中国这般奴隶制仅是社会构成的一部分的地方,除奴隶主地主外,还存在大量仅由少数家族构成的小规模经营的农民(即小农)。从阶级对立的角度来看,这些小农是与奴隶一同被视为被统治阶级的①。

---

① 关于中国古代社会的主要阶级关系,有小农是被统治阶级、民间地主阶层是统治阶级的说法(如后述的好并隆司说),以及皇帝与小农之间是主要的阶级对立的说法(后述的西嶋定生说)。中国学界认为,他们之间的主要差别在于土地是民间地主私有还是国家所有(参照南开大学历史系中国古代史教研室编《中国封建社会土地所有制形式问题讨论集》)。此外,还有将唐以前的国家视为共同体所有,认为包含上述小农在内的国家共同体成员是统治阶级,共同体外的成员(本书列举的贱民)是被统治阶级的说法(船川丰《农奴制的确立》《中国古代的法与共同体》)。

但是,另一方面,他们作为中国社会的主要生产者,承担着国家的各种税、徭役、兵役。从身份关系来看,他们和奴隶主一样都是中国国家的重要构成成员,与被排除在外的奴隶形成对立。秦汉以后出现了专制权力,从某一阶段开始,前者被称为良民(良人),后者被称为贱民(贱人)。

学界很早就认识到,在中国的旧社会存在着良民与贱民两大身份。最初,学界侧重于贱民的研究,对贱民所属的诸身份,特别是对贱民制度发达的唐朝,发表了诸多详细的论考①;然而,对包含良民在内的整个身份体系,基本没有进行探讨。西嶋定生在《中国古代奴婢制的再考察——阶级性质与身份性质》中指出,将贱民身份与良民身份进行对比十分有意义,良贱身份制与皇帝对农民的专制主义统治体制有着不可分割的关系。但是,西嶋氏认为汉唐间的身份制基本相同,他仅仅是概述,并未考虑到汉唐间身份体系的变迁。

对此,我在《均田制与良贱制》(修改稿题为《中国古代良贱制的发展》)这篇文章中,认为汉代尚未形成所谓的良贱身份制,而是以士人(官人)—庶人(庶民)—奴婢这种身份体制为主;而且,在庶民的下层还存在七科谪等这类被贱视的人(参照本书第四章)。而明确地将包含士、庶在内的良民身份与奴隶对立使用,则是后汉末、三国时期以后的事情。文章中还指出,与此同时,在魏晋南北朝时期确立了轻贱奴婢、将其视为资财的观念。我至今基本没有改变这一看法;但是,良民身份作为法律上规定的身份,不

---

① 玉井是博在《唐代贱民制度及其由来》中,提出唐代的官贱民有太常音声人、杂户、工乐、官户、官奴婢等各等级,私贱民有部曲、客女与私奴婢两个等级。这一说法,基本为第二次世界大战以后贱民制度研究的集大成者滨口重国(《唐王朝的贱人制度》)所继承。关于对这一说法的不同看法,可以参照本书的序章。

应该是在后汉末,而应该是在三国时期魏王朝以后才确立的。

尾形勇在《良贱制的发展及其性质》(修改稿收入《中国古代的"家"与国家》)中,采用了我的部分看法,将汉唐间的身份制变迁定式化,认为是从庶民奴婢制(庶奴制)发展到良民奴婢制(良奴制),再发展成良民贱民制(良贱制)。毋庸置疑,汉代的确是以庶民奴婢制为主。但是,尾形氏认为是在北魏施行均田制时期,开始向良民奴婢制转变。我在改题收入拙著《均田制的研究》的前稿的修改稿中,对此说法提出了不同看法。本章将就此观点在史料上稍作补充。尾形氏所说良民贱民制,包括了部曲、客女等私贱民与杂户、官户等官贱民,再加上官、私奴婢;隋唐时期贱民制逐渐复杂化,我也赞同这一时期具有划时代的意义。但是,他所说的良民贱民制,是划分身份制发展阶段的概念;需要注意的是,如上所述,良、贱这一概念本身是在魏晋南北朝时期才出现的。

好并隆司在《汉代下层庶人的存在形态》中,对尾形氏的庶民奴婢制阶段提出了异论。好并氏认为,在汉代庶民的下层中有被当作贱民的人们,他们与奴婢之间并无多大差别,研究者需要更加重视富庶与贱民之间的阶级对立。西嶋氏在上述的论文中,认为这个时代基本的阶级关系是皇帝与庶民间的关系,尾形氏延续了这一看法,但必须说好并氏的看法与他们形成了根本的对立。我认为不能仅重视皇帝与庶民之间的关系,如果不将庶民分成富民、豪族(上述奴隶主地主)和下层贫民或奴隶这一关系一并加以考虑的话,是无法理解中国史的发展与矛盾的。从这一点来看,必须承认好并氏看法的重要性。但是,从身份制的角度来看,我对好并氏的论点持有疑问。西嶋氏认为良、贱身份制是皇帝统治下的国家身份,即由国家制定的法律身份,我也赞同这一观点。

但是,好并氏所谓的"贱民"一语究竟有着怎样的含义,是否可以认为是国家的法律身份,又或者是否如他所述"贱民"与"贱人"是分别使用的词语,仍有探讨的余地。当然,正如上文所述,汉代的身份制下不仅庶民与奴婢之间有差别,而且庶民的上层有士人,庶民的下层有七科谪等。知道了这点,使用庶奴制这一用语,并将其与后面所谓的良奴制、良贱制阶段进行对比,便十分有意义。

不论是尾形氏还是我的旧作,都认为当前的身份制与皇帝统治有关系,但很少言及先秦时代。不管是庶奴制还是良奴制,不仅要确定其存在的阶段,更要对他们法律身份的确立过程加以考察。此外,庶人这一身份从先秦时代开始就已经存在了,良或贱等词语也很早开始就作为一般用语使用。宫崎市定曾经在《中国上古时期是封建制还是都市国家》中,认为《国语》和《管子》中的良人、良家的用语,与后世的良民、贱民有联系,推测它们指的是先秦都市国家中的市民。但是也不免感觉到资料不足,之后他的都市国家论也并没有进展。那么,先秦时代的身份制究竟是怎样的呢?它们又是如何与秦汉以后的身份制接合的呢?初期的良、贱用语究竟有着怎样的内涵?它们又是如何被使用的呢(贱的用法关系到对上述好并氏观点的探讨)? 此外,又是如何与法律身份用语连接起来的呢?本章将带着这些问题,重新考察中国古代的身份观念及身份体系的变迁。但是,尾形氏所说的隋唐良贱制阶段,以及部曲、客女、杂户、官户等身份的确立过程,将在本书的第六章以后进行论述,本章仅讨论到魏晋南北朝时期良、贱观念的出现。

二、先秦时代的身份制——以春秋时代为中心

如前章所述,西周时期士以上的统治阶级与被统治阶级的庶人(众),以及身为奴隶的臣、妾、仆等之间存在着身份的差别。最初是在春秋时期的《左传》《国语》等记事中叙述了身份制相关的体系。

我对王玉哲氏论文中的表格进行补充,重新编排如下:

	统治阶级	被统治阶级	
鲁桓公二年(前710)	天子、诸侯、卿、大夫、士	庶人、工商	
*周襄王三年(前649)	王、诸侯、大夫、士	庶人、工商	
*晋文公元年(前636)	公、大夫、士	庶人、工商	皂隶、官宰
鲁襄公九年(前564)	卿、大夫、士	庶人、商工	皂隶
鲁襄公十四年(前559)	天子、诸侯、卿、大夫、士	庶人、工商	皂隶、牧圉
鲁昭公七年(前535)	王、公、大夫、士		皂、舆、隶、僚、仆、台、圉、牧
鲁哀公二年(前493)	上大夫、下大夫、士	庶人、工商	人臣、隶圉

(*号部分参见《国语》,其余见《左传》)
参考:王玉哲《西周春秋时的"民"的身份问题》

其中,《左传》昭公七年条缺少"庶人、工商",是因为论述了由官规定的上下关系:

> 天有十日,人有十等。……故王臣公,公臣大夫,大夫臣士,士臣皂,皂臣舆,舆臣隶,隶臣僚,僚臣仆,仆臣台。马有圉,牛有牧。以待百事。

此虽为楚人之言,但是王(天子)、公(诸侯)、大夫、士,明显表现出周代"封建"社会统治阶层的阶级秩序。这种阶级秩序在春秋时代仍在推行,或者说这种秩序到了春秋时代更加明确了。但是,对士以下的贱民阶层,记录详细的上下关系是不现实的,只不过对下层的人民也要像对统治阶层那般表现出阶级分化的观念。在阶级分化的同时,也出现了相应的官方分工。

不管是记录成"庶人、工商"还是"庶人、商工",这里需要注意的是,庶人一定是与工商、商工一并记录的①。如下所述,表中的《左传》襄公九年条记录了对楚国楚王的谏言:

> 其卿让于善,其大夫不失守,其士竞于教,其庶人力于农穑,商工、皂隶不知迁业。

除了本表所引的《左传》《国语》各条,在其他书中也能看到同样的用例,因涉及商人的身份,将在本书的第四章详细论述。在先秦时代,这种庶人与工商、商工之间的区别在于,庶人专指农民,工商业者不包含在其中。或许是随着社会分工的发展,手工业者、商人的出现稍晚于农民,初期的手工业者、商人拥有官属的特殊身份,与一般的农民进行区别管理,由此产生了庶人与工商的身

---

① 但是,在《国语》卷一七《楚语上》、卷一八《楚语下》等祭典相关记事中,仅列举了"国君、大夫、士、庶人""天子、诸侯、卿、大夫、士、庶人"阶层,并没有记录庶人以下的阶层。或许是因为工商、皂隶身份是不能参加祭礼的。

份差别①。不久,出现了民间的工商业者;秦汉以后,工商业在国家组织中占据了重要地位,虽然工商业者也包括在庶民之中,但后世仍残存着工商的身份差别。

上表中,排在工商之下的诸身份,大部分都要承担官府的劳役。如《国语》卷十《晋语四》文公元年(前636)条的记载:

> 公食贡,大夫食邑,士食田,庶人食力,工商食官②,皂隶食职,官宰食加。③

由此可知,上文中的皂隶在政府机关中有职位。此外,《左传》隐公五年(前718)条中鲁国公子所言:

> 若夫山林川泽之实、器用之资、皂隶之事、官司之守,非君所及也。

在此,皂隶与官司拥有同样的含义,故被一并记录。而且,在《左传》昭公四年(前538)条中,鲁人言及从山上取冰的情况:

---

① 肖楠在《试论卜辞中的"工"与"百工"》中,认为殷代的"工"是王室专属的奴隶,"百工"则是平民;而陈建敏在《甲骨文金文所见商周工官工奴考》中则认为"百工"也是王室的工奴;赵锡元在《中国奴隶社会史述要》中说道,殷代手工业者是独立的,但到了周代开始由官府进行统一管理(第176页)。此外,据后者所言,商人在殷代还不是社会分工中的一个阶层,这是从周代才开始出现的。商人始于殷商遗民的商业活动的说法,最早见于小岛祐马《释富·原商》。

② 春秋时期的手工业中也是官府的手工业占绝大部分,商人大部分依靠供应官府的必需品生存。民间工商业的发达,则是战国以后的事情。可以参照上述赵锡元的书,以及曲英杰的《"工商食官"辨析》。

③ 对于"官宰食加",东吴时期的韦昭注称"官宰,家臣也。加,大夫之加田。论语曰:原宪为家邑宰";但无法明确官宰所处的位置和顺序。宰原来有奴隶的含义(参照前章第二节所引郭沫若说),还有屠杀、烹饪的含义;与皂隶类似,或许其以下的身份都是从事官府的劳役,也或许是从事劳役种类的相关用语,目前暂存疑。

> 山人取之,县人传之,舆人纳之,隶人藏之。

杜预注:"舆、隶皆贱官。"而且,在《春秋左传正义》注中,对上引《左传》襄公九年条"商工、皂隶不知迁业"中的"皂隶",解释称"皂隶,贱官",应该是从杜注。但是,这里的"贱",究竟是与后世良贱中的贱有着相同的用法,还是只有先秦时代一般使用的贵贱的贱的含义,目前尚不清楚。贵与贱是相对的用法,仅凭上述后世的注,无法断定皂隶是固定的下层身份。

宇都木章氏对上述"贱官"中的"舆""舆人"进行了研究,认为舆人是鄙邑的邑人,是从邑人中征集的从事国都贵族贱役的人(《舆人考》)。的确,所谓的"舆人诵",代表了一般劳动群众的舆论(世论),贵族们通过身边从事贱役的舆人们那里了解舆论。但是,上面与庶人、工商一并提及的"皂隶食职",或者"不知迁业",表明了所谓的皂隶,与庶人、工商不同,是有一定的职业的。最近,黄中业认为,所谓的皂隶牧圉,是官府的下级官吏,是周礼中的府、史、胥、徒等[①],属于地位比从事农业生产的野人(大致相当于宇都木氏所说的鄙邑的邑人,黄氏将其看作是总体的奴隶)更高一个等级的平民阶层(《春秋时期的"皂隶牧圉"属于平民阶层说》)。但是,对照《左传》《国语》等文献中庶人、工商、皂隶的描述顺序,认为皂隶比野人高一个等级是有问题的。

黄氏认为,上文皂隶、舆隶中的"隶",实际上使用的范围相当广泛。例如,《左传》文公六年(前621)条君子之言:

[①] 李解民在《民和黔首》中也有同样的看法,但并未论及黄中业所说的与野人们的关系。

> 古之王者知命之不长,是以并建圣哲,树之风声,分之采物,著之话言,为之律度,陈之艺极,引之表仪,予之法制,告之训典,教之防利,委之常秩,道之礼则,使毋失其土宜,众隶赖之,而后即命。

这里的"众隶",指的是接受王者统治的人们。此外,《左传》成公十六年(前575)条记载了鲁国出使晋国的子叔声伯答晋国郤犨之言:

> 婴齐,鲁之常隶也。

还有,《左传》襄公二十一年(前552)条中,由晋逃到齐国的州绰对齐公说:

> 臣为隶新。

此外,《左传》昭公六年(前536)条中,鲁国出使晋国的季孙宿因受到特别的款待而说道:

> 寡君犹未敢,况下臣君之隶也。敢闻加贶。

上文中的"隶",指的都是诸侯的臣下、家臣。这些是比黄氏所言的下级官吏还要更高一等的官僚。

与此相对,在《左传》襄公二十三年(前550)条中,有以下有名的斐豹的例子:

> 初斐豹隶也,著于丹书。乐氏之力臣曰叔戎,国人惧之。
> 斐豹谓宣子曰:苟焚丹书,我杀督戎。

斐豹被"著于丹书",身份是晋国的隶,他在得到烧毁丹书的约定之后,为主人范宣子杀掉了敌人督戎而立了一功。这里表示"隶"是特殊的著籍身份,是为了成为平民,有必要解放的身份。唐代孔颖达在《左传》这条的注疏中提到,这种记丹书的遗法传至后世,北朝魏律中规定工乐杂户记入红籍(参照本书第七章)①。周礼中有被称为罪隶、蛮隶、闽隶、夷隶、貉隶、奚隶等的人们,这些人基本被视为奴隶(参照前章第四节)。斐豹的隶的身份,应该与这些人相同。

我在前章中提及的"臣"一语,一方面指的是君主的官僚、臣下,另一方面也阐述了它逐渐拥有了奴隶的含义。隶也一样,有臣下和奴隶这两层含义。此外,上文中"众隶"的用法,应该是指全部隶属者的总称。这些情况下用到的"隶",并非固定指奴隶或者平民,必须依不同的情况而定。问题是,本节开头所列的身份表中提到的"皂隶、牧圉""隶圉"等,似可视为地位处于"庶人、工商"之下的人。关于这一身份,可以参考上述斐豹的"隶"的用法;此外,在上表所示的《左传》哀公二年条中,有如下记述:

> 在此行也,克敌者,上大夫受县,下大夫受郡,士田十万,庶人、工商遂,人臣、隶圉免。

这条史料说的是,晋国有实力的赵鞅在与竞争对手范氏、中行氏斗争之际,约定论功行赏。此时,"人臣、隶圉免",表明了"人臣、隶圉"是需要解放的特殊身份。这与允许仕官的庶人、工商等平民相比,身份明显更低。这里出现了与从事官府劳役的隶圉并列的、应是民间奴隶身份的人臣。人臣与隶圉身份应该大体相同。这样的话,隶圉就成了后世的官贱民,而人臣则成了私贱民。

---

① 这已经被玉井是博《唐代贱民制度及其由来》引用。以下史料揭示了其他的丹书遗风。在《太平御览》卷五〇〇人事部的奴婢条目,引《唐书》中福建观察使罗让询问所赠女奴来历时的回答,"本某寺家人,凡姊九人皆为官所鬻,其留者唯老母耳",罗让怜其遭遇,"焚其丹书",使归母亲。但是,《太平御览》中的文字与现在的新旧《唐书》中的字句有很多差异,《旧唐书》卷一八八《孝友传》为"焚其券书",《新唐书》卷一九七《循吏传》则记为"爇券"。当时的官奴婢应该要登记在丹书(红纸)上,这名女奴虽经官之手,一旦出卖之后,便作为私奴婢赠予罗让,所以应该是焚烧市券。但是,玉井氏指出,这种市券相当于元代的红契,认为市券是丹书的俗称。

再者，在《左传》僖公十七年（前643）条中，有如下记载：

> 惠公之在梁也，梁伯妻之梁嬴，孕过期。卜招父与其子卜之。其子曰：将生一男一女。招曰：然。男为人臣，女为人妾。故名男曰圉，女曰妾。及子圉西质，妾为宦女焉。

这里叙述了晋国的太子圉（后面的怀公）名字的由来，记录了相关预言。有意思的是，在近年公布的云梦睡虎地秦简的《日书》（即占卜之书，《云梦睡虎地秦墓》图版164）中，有如下记录：

> 凡已巳生，勿举。不利父母。男子为人臣，女子为人妾。（1142简）

由此可知，这类占卜的语言直接采用了《左传》之语；此时的人臣、人妾并非人的臣下或者妻妾的含义，而是相当于殷周以来作为奴隶名称使用的臣、妾。但是，这一番话是不是事实，以及为什么会给太子取名为圉，给双生子取名为妾，个中缘由尚不清楚。但是，圉与妾的名称，如果不是相当于贱民身份的人臣、人妾的话，这句话是不成立的。可以确定的是，这句话应该与刚才《左传》哀公二年条所言的人臣、隶圉拥有同等的身份地位。

这种被称为皂隶、隶圉的特殊下层身份群体，春秋时期在政府机关从事劳役；实际上与云梦睡虎地秦简中出现的战国、秦代的隶臣妾的作用相似。隶臣妾有一部分是由投降者提供的，大部分是由刑罚产生的。这点可能与皂隶、隶圉不尽相同①。但是，

---

① 对《左传》中"斐豹隶也，著于丹书"之语，杜预注称："盖犯罪及为官奴，以丹书其罪。"正如本文的阐释，《左传》原文中的"著于丹书"，应该是登记斐豹名字的名籍，杜预的"以丹书其罪"应是误解；但是《周礼》中也有罪隶的例子，所以因犯罪产生隶这一点不可否认。《说文》将圉字解释为"囹圄所以拘罪人"，原本是从将带有刑具的人关进监狱的形象中延伸出来的（齐文心《殷代的奴隶监狱和奴隶暴动——兼甲骨文"圉"、"戎"二字用法的分析"》）。但是，目前还没有证据表明春秋时期被称为隶圉的人们，是因犯罪产生的。

就他们作为无期的奴隶劳动者在官府中从事各种劳动这一点来看,却极为相似(参照本书第三章)。春秋时期的政府机关比战国时期的规模要小得多,在还没有发达到后世这般可以采用胥吏或从普通庶民中征发徭役的阶段之前,有必要通过固定的特殊身份的形式,来确保政府部门能够拥有相当数量的劳动者。

三、秦汉时期的身份制——庶奴制

在上节对春秋时期身份制的研究中可以明确,在政府机关低层中,存在被称为皂隶、隶圉等的下层身份群体,他们在政府中承担劳役;对作为私家奴隶的人臣、人妾等尚未有具体的研究,不过证明了对比皂隶、隶圉,后者的身份也等同于奴隶。春秋时期的这类身份,应该是西周"封建"以来随着分权形成的下部阶层,在法律上应该还没有形成对这类身份的统一规定①。

战国以后,统治阶层原本的阶级秩序崩溃,随着君主一元统治的发展,上述性质的身份制逐渐消亡,随之出现了统一于君主权力之下的国家法律以及新的身份制。从近年云梦睡虎地秦墓出土的战国、秦代法律相关文书中,可以较为详细地了解这一情况。关于新的身份制度,值得关注的是:第一,殷周以来逐渐发展的奴隶主与奴隶之间的关系,在战国君主权力制定的国家法律中,被规定为国家层面的身份。第二,隶臣妾代替春秋时期的

---

① 当然,春秋时期已经出现了成文法。最早的确切记录应该是《左传》昭公六年(前536)条"郑人铸刑书"的记载。可能准备时间更早,公布时间更迟,在《左传》昭公二十九年(前513)条,出现了晋国"铸刑鼎"的记载(参照堀敏一《中国律令法典的形成》)。这类铸于青铜器之上的法令,行文很短,基本上得到了传统贵族的承认,或者形式是如郑国子产那般有实力的人与贵族之间的盟约。这与战国以后作为君主命令的法令和相传是魏国李悝所作的《法经》这般成体系的法典,有着明显的不同。

皂隶、隶圉等为政府提供劳役,他们大部分主要是通过刑罚产生的。关于这一点,本来本章应该进行更加详细的论述,但是考虑到其中需要论证的地方很多,特别是学界围绕隶臣妾的性质众说纷纭,所以我将在下章进行详细论述。但是,考虑到前节所述的王、公、卿、大夫、士以下的身份体系与后述汉代的庶、奴制度以及三国以后的良、贱身份制的关联,此处需要稍微论及秦律中的身份称呼。

秦律中奴隶被称为人奴、人臣、人妾、臣妾等。而隶臣妾究竟是指官奴隶全体还是指官奴隶的一部分,目前还不确定,但基本上可以认为是隶属于官府的奴隶。这些将在下章论及,需要注意的是,秦继承了殷周以来传统的奴隶称呼,但还没有出现汉代以后的奴婢这种法律名称。由此也可以看出秦律具有过渡性的一面。那么,与这种奴隶相对的身份是什么?秦律中有规定隶臣妾解放条件的条文:

> 百姓有母及同牲(生)为隶妾,非适(谪)罪?(也)而欲为冗边五岁,(偿)毋赏兴日,以免一人为庶人,许之。……(《司空律》,218—219简,第91页)

> 欲归爵二级以免亲父母为隶臣妾者一人,及隶臣斩首为公士,谒归公士而免故妻隶妾一人者,许之,免以为庶人。……(《军爵律》,222—223简,第93页)

由此可知,隶臣妾解放后"为庶人",故在人奴、人臣、人妾、臣妾、隶臣妾之上的身份是庶人。

秦代会以军功授爵,上述史料也可以看到在民众中有公士、上造等爵位。不过,这些爵位还没有像汉代的民爵那样普及,无爵位的人仍占大多数,这些人被称为"士五(伍)"。即士伍是对无爵的平民的称呼,而公士以上是对有爵者的称呼①。秦代的名事里或名事邑里,相当于汉代的名县爵里,人的头衔中一定会带上自己所属的里与爵位,如《封诊式》中经常出现"某里公士甲""某里士五乙"。因此在秦简中可以频繁地见到这种爵名(包含无爵的士伍),但不应将这种爵与身份混同。可以通过是否拥有爵位来判断是否为庶人,但士伍基本为庶人。《封诊式》中"告臣"条的开头说道:

> 爰书。某里士五(伍)甲缚诣男子丙,告曰:丙,甲臣,骄悍,不田作,不听甲令。诣卖公,斩(渐)以为城旦,受价钱。(617—618 简,第 259 页)

同书"封守"条有查封"某里士伍甲"财产的例子,提到其财产中包括"臣某,妾小女子某"(590 简,第 249 页)。由此可知,庶人中包含了小奴隶主。庶人这一身份与汉代相同,或许包含了无官位的小奴隶主与因家族劳动从事小规模经营的农民。

在残存的秦简中还有一支出现"庶人"名称的简,是《法律答问》中的一条:

> 将司人而亡,能自捕及亲所知为捕,除毋罪。已刑者处

---

① 以往认为汉代的士伍指被剥夺了爵位的人,这种解释一时很有影响,如片仓穰的《汉代的士伍》、富谷至的《秦汉时期的庶人与士伍·觉书》都作如此解释。然而,宫川尚志在《六朝史研究 政治·社会篇》中认为士伍是"无民爵的平民"(第 200 页),好并隆司的《汉代下层庶人的存在形态》肯定了这一说法,并认为汉代少数的无爵者属于贱民。在近年发掘的云梦睡虎地秦简中可以看到许多秦代士伍的例子;刘海年的《秦汉"士伍"的身份与阶级地位》、陈抗生的《"睡简"杂辨》、高敏的《秦简中几种称谓的涵义试析》等文认为秦汉时期的士伍是无爵的一般庶民,否定了夺爵者说、刑徒说、贱民说。不过,秦进才在《秦汉士伍异同考》中主张秦代的士伍确实属于无爵的庶民,但汉代有爵者逐渐增多,士伍则是少数被剥夺了爵位的人。那么,今后需要探讨的点还有很多,不过将秦代的士伍解释为无爵的一般庶民较为妥当。

> 隐官。●何罪得处隐官。●群盗赦为庶人,将盗戒囚刑罪以上,亡,以故罪论,斩左趾为城旦,后自捕所亡,是谓处隐官。●它罪比群盗者皆如此。(495—496简,第205页)

全文的内容不难理解,犯群盗罪若获赦免,是为庶人。即庶人不仅是与臣妾相对的身份,也是与犯罪者、刑徒相对的身份。秦律中,奴隶与刑徒的界限尚不分明(参照下章),但和汉代的情况一样,刑徒与庶人是相对的。

如本章开头所述,据尾形氏所言,汉代的身份制被称为庶民奴婢制(庶奴制),因为在汉代还是免奴婢"为庶人"。如《汉书》卷四《文帝纪》后元四年(前160)五月条中载到:

> 赦天下,免官奴婢为庶人。

此外,在《后汉书》卷五《孝安帝纪》永初四年(110)二月乙亥诏中提到①:

> 其没入官为奴婢者,免为庶人。

又如《后汉书》卷一上《光武帝纪》建武五年(29)五月丙子诏中提到赦免刑徒:

> 见徒免为庶人。

清代钱大昕指出"凡律言庶人者,对奴婢及有罪者而言"(《廿二史考异》卷一〇)。但是,从新出土的云梦秦简中,可以发现这种身份制在秦代已经形成了,汉代继承了这一制度。不过,秦律中奴

---

① 这种事例不胜枚举,在尾形勇的《良贱制的发展及其性质》第354页,以及《中国古代的"家"与国家》第331页中都列举了与"免奴婢为……"这一史料相关的记载。其中,列举了两汉时期"为庶人(庶民)"15例、"为民"2例;而在三国时期出现了"为良人(良民)"的例子。

隶的名称采用人奴、人臣、人妾、臣妾等传统的用语,而汉律中则使用了奴婢这一词语作为法律上的用语。①

汉代的庶人不仅是与奴婢、刑徒相对的身份,也是与官人、士人相对的身份。例如,《史记》卷一〇一《袁盎列传》载:

> 孝景帝即位,晁错为御史大夫,使吏案袁盎受吴王财物,抵罪。诏赦以为庶人。

此外,《史记》卷一〇九《李将军列传》中也提到:

> 汉下广吏,吏当广失亡多,为虏所生得,当斩,赎为庶人。……汉法,博望侯留迟后期,当死,赎为庶人。

这种例子不胜枚举。上述两条史料,前者是皇帝的诏赦,后者是自赎死罪,记录了他们被剥夺官吏身份"为庶人"的事例。由上可知,汉代存在所谓官—庶—奴的身份体系。

秦代的情况又如何呢?秦代很少见到贬为庶人的事例,不过在《史记》卷三七《卫康叔世家》中有如下的一则事例:

> 君角九年,秦并天下,立为始皇帝。二十一年,二世废君角为庶人,卫绝祀。

在《史记》卷一五《六国年表》中,也有"废卫君角为庶人"的记载。在小国卫,君主的称号改为君,秦统一天下后仍存在,二世皇帝即位后,废嫡为庶人。虽然是特例,但由庶人这一名称,也可以推测

---

① 如第一章所述,可以确定奴与婢都是西周以来使用的词语。如《汉书》卷一下《高帝纪》五年(前202)五月诏中"民以饥饿自卖为人奴婢者,皆免为庶人"的记载,可知奴婢作为固定的正式称呼应该是从汉初开始的。但是,《汉书》这种编纂的书可能在后来统一了用语。不过,在1983、1984年之际江陵张家山汉墓发掘出土的汉代简牍中有"奴婢律"(张家山汉墓竹简整理小组《江陵张家山汉简概述》)。其内容尚未发表,但推测是汉初至景帝之间的墓葬,律文还包含了吕后元年(前187)以后的内容。如此来看,奴婢作为法律用语,应该是在秦律向汉律转移的过程中出现的。

其地位与汉代相同。① 即秦代就开始出现所谓官—庶—奴(臣妾)的身份体系。

可以将这种官—庶—奴的身份体系与前章所述春秋时期的身份体系进行对比。春秋时期,士以上的身份与庶人、工商之间存在不可逾越的界限。庶人、工商与人臣、隶圉之间也存在明确的身份差别。秦汉时期官与庶、庶与奴之间存在明确界限的身份制,是继承了前代身份制的遗制。另一方面,随着中央集权国家的成立,秦汉时代与春秋以前之间产生了巨大的差别。天子(王)、诸侯(公)、卿、大夫、士的身份阶层制逐渐消失,皇帝以下的百官地位上虽然有上下的差别,但他们的升降并无身份上的差别。而且,因为官吏是从庶人中产生的,官与庶之间也不像前代那般有着截然的身份差别。问题是工、商等的地位,他们在汉代基本上类似于庶人。但是,他们并非与庶人全然一体化,商人最初被称为七科谪,身份属于庶人的下层,基本上被剥夺了任官的资格。所谓的七科谪,即指"吏有罪一,亡命二,赘壻三,贾人四,故有市籍五,父母有市籍六,大父母有市籍七"这七类人(魏国张晏说)。此外,医、巫、百工等也被如此对待。详情参照第四章的论述。

好并隆司也指出,纳财为官也是有资格限制的(参照《汉代下

---

① 《新唐书》卷七二中《宰相世系表》载,"王氏出自姬姓。周灵王太子晋以直谏废为庶人",这是比较早的"为庶人"的例子。但是,这是后世的文献,即使记载的是正确的,但西周与秦汉时期的社会体制不同,很难确定西周末的这一事例究竟有着何种含义。《史记》卷七三《白起列传》提到:"免武安君为士伍,迁之阴密",是秦代被剥夺爵位的事例。关于夺爵,在《史记》卷六《秦始皇本纪》九年条,嫪毐被灭族时有"及其舍人,轻者为鬼薪。及夺爵、迁蜀四千余家,家房陵"的记载,不论是白起还是此时的情况,都可以看到在夺爵的同时还要迁地,对其警戒。富谷至认为官吏"为庶人",有时仅仅是停俸禄,并不剥夺其爵位(《秦汉时期的庶人与士伍·觉书》)。但究竟如何,尚存疑问。

层庶人的存在形态》)。《汉书》卷五《景帝纪》后元二年(前142)五月诏中提到：

> 今赀算十以上乃得宦,廉士算不必众。有市籍不得宦,无赀又不得宦。朕甚愍之。赀算四得宦,亡令廉士久失职,食夫长利。

所谓"赀算十"通常指拥有十金财产的中家①。照此说法,在汉代,中家以上的人们才拥有任官的资格。这一时期以后虽然有所减轻,但是不足赀算四的人还是被剥夺了任官的资格②。

但是,不能将七科谪与不足赀算四的人们等同于奴婢。奴婢被视为财产,如果没有被解放的话其身份是要被子孙世袭的。与此相对,上述人们的身份则并非固定的。财产当然会有变动,如果是商人,到第三代可能还属于七科谪,但从第四代开始就成为

---

① 此时赀算的含义,可以引用《汉书》颜师古注"服虔曰,赀万钱,算百二十七也"的说法和"应劭曰:……十算,十万也"的说法。平中苓次在《居延汉简与汉代的财产税》中,据前者认为赀算十指拥有财产十万钱,十算等于要负担一千二百七十钱的税;学界对平中氏认为算与税制相连的说法有许多批判(参照山田胜芳《汉代的算与役》,重近启树《秦汉时期赋制的发展》);好并氏也直接根据应劭的说法,将赀算十解释为十万钱即十金,赀算四解释为四金。说到赀算十金,西田保的《汉代中家的财产》以来,即使西田氏更改了自身的说法(《汉代中家的含义》),但赀算十也被看作是所谓汉代中家的标准财产额。渡边信一郎在《古代中国小农经营的形成》中,认为汉代的社会阶层划分中将此作为划分中家与贫家的基准;好并氏认为赀算四以下是他所说的下层庶人。最近,大枥敦弘在《汉代"中家之产"相关考察》中认为,汉代的财产额有实际的财产额与应对税法等国家必要措施的特殊评价额两种表示方法,《景帝纪》中官吏录用资格应该采用的是后者。在税法上采取特殊的评价额可以相应地减轻负担,不过官吏录用资格采取这种评价额,反而变得更为严格。
② 李解民《民和黔首》认为战国时期服从国家及私人的"徒役",即所谓的监门逆旅、抱关击柝、厮舆徒童、庶子、弟子等人,他们是除奴隶外的最下层人民,这些无爵的平民,也可以算入下节所述的秦始皇时期的"黔首"。裘锡圭在《战国时代社会性质试探》中,将这些"徒役"纳入父权家长制的奴隶制范畴。好并氏认为监门、门卒、伍伯、铃下、生口、苍头、臧获、徒隶、佣人、佣奴等是下层庶人,相当于不足赀产四金及无爵的人。

一般的庶人。当然,他们属于广义上的庶人。因此,在汉代所谓官—庶—奴的身份体系中,最严格的身份差别应该是在奴婢与其以外的身份之间。秦汉时期,官人与庶人之间流动频繁。汉代虽然有一部分人被剥夺了任官资格,但作为皇帝统治下一元化的身份民,这并不妨碍他们的下一代成为良人或良民。

四、先秦、秦汉时期良贱观念的变迁

前节论述了汉从秦代继承了庶人的身份,在《史记》卷六《秦始皇本纪》二十六年(前221)条中,有秦统一天下后,确立皇帝名号,分天下为三十六郡的记载:

> 更名民曰黔首。

此时,庶人的名称是否暂时中断了呢?恐怕并非如此。与官—庶—奴这种包含身份差别的词语相比,名或者黔首这样的用语,在新建立的皇帝一尊的体制下,换句话说即一君万民的体制下,等同于对万民的称呼。中国的杨一民认为,秦代的黔首一语在汉代演变为齐民(《战国秦汉时期爵制和编户民称谓的演变》),这一看法姑且不论正确与否[①],表明了使用这些用语的重要背景。黔首这一词语原意是展现黑发或戴黑头巾,表明了与掌握绝对权力的皇帝之间存在差距,与之相比,齐民一词则表示在差距之下,与

[①] 秦始皇二十六年强制命令,统一使用黔首一语,而汉代则没有施行过这样的名号统一,与称呼一般人民的民、齐民、百姓、良民等词语并行使用。关于秦代的黔首,除本文所列杨一民的研究外,还有张传玺的《"更名民曰黔首"的历史考察》、苏诚鉴的《"天下之民不乐为秦民"——试探秦皇"更名民曰黔首"的历史渊源》、李解民《民和黔首——兼评秦始皇"更名民曰黔首"》等。虽然有些许意见上的分歧,但都论述了秦始皇统一政治下采用这一名称的过程及意义。不过,李氏将黔首的范围限制于士伍,即无爵的平民,参照汉代的民爵,排除下级有爵者恐怕有问题。

皇帝相对的所有民众都是平等的含义。

不过,即使所有的民众都是平等的,也有一部分人不属于黔首或齐民。他们就是前节所述的在身份上与庶民存在严格差别的奴婢与有罪者。相比奴婢和有罪者,在皇帝统治下的一般民众被称为良人、良民。良人、良民这一用语,促进了汉代官、庶一元化;三国时期以后,逐渐取代庶民,成为法律身份用语;以前,它被相当广泛地作为汉代的一般用语来使用。这一身份普及的前提是,在接下来的时代出现了法律身份。

以下,列举在汉代使用良人、良民的例子。首先,在《汉书》卷七一《于定国传》记载的元帝诏书中提到:

> 恶吏负贼,妄意良民,至亡辜死。

"良民"这一词语是与"贼"相对的。另外,在《汉书》卷六四上《吾丘寿王传》寿王的上书中,记载了反对禁止持有弓矢的事件:

> 臣恐邪人挟之,而吏不能止,良民以自备,而抵法禁。是擅贼威,而夺民救也。

"良民"一词是相对于"贼"或者"邪人"而言的。此外,《史记》卷一一九《循吏列传》序中提到:

> 太史公曰:法令所以导民也,刑罚所以禁奸也。文武不备,良民惧。

可以看到"良民"一词是相对于奸人、邪人、恶人而言的;从文章的语境来看,《循吏列传》的原文或许有缺漏的部分。在 1978 年,江苏省连云港市花果山出土的西汉末的简牍中也有

>]□良民□盗贼

这样的记载(李洪甫《江苏连云港市花果山出土的汉代简牍》)①。遗憾的是前后文残缺不可读。但参照同时出土的其他简牍,可以推测盗贼是与良民相对的。这完全是同一时代的史料。《汉书·于定国传》的颜师古注认为良民一语可以与"善人"互换;从以上的例子也可以看出,与贼、盗贼、邪人相对的良民,带有善人的含义。

善人与良民有着同样的含义,在史书中还可以见到直接使用"善人"一词的例子,《晋书》卷三〇《刑法志》引《魏律序略》:

> 囚徒诬告人反,罪及亲属,异于善人,所以累之使省刑息诬也。

《文选》收入了司马迁的《报任少卿书》,其中,李善在注解"臧获"一词时,引用了孙吴韦昭的说法:

> 善人以婢为妻生子,曰获,奴以善人为妻生子,曰臧②。

上条史料中"善人"是相对于"囚徒"而言的,而这条史料是相对于"奴婢"而言的。三国时期使用"善人"这一词语,可能和这一时期避免使用指代一定身份的良人、良民等词语有关。这与汉代的"良民"一词有着相同的用法,可以替代良人、良民等词语。

---

① 李洪甫认为,这件简牍是西汉哀帝元寿二年(前1)的。
② 关于奴婢的别称臧获的语源有着众多的说法,韦昭说不过为其中之一。在《文选》李善注和《汉书》卷六二《司马迁传》的颜师古注中,也列举了其他说法。据扬雄的《方言》,"荆、杨、海、岱、淮、齐之间,骂奴曰臧,骂婢曰获。齐之北鄙、燕之北郊,凡民男而壻婢,谓之臧,女而妇奴,谓之获"。值得注意的是,在燕、齐等北方之地,臧、获与韦昭的说法相反。此外,晋灼"败敌所被虏获为奴隶者"的说法,以及《初学记》卷一九奴婢条所引《风俗通》佚文"臧者,被臧罪没入为官奴婢,获者,逃亡获得为奴婢也"的说法,都是从臧、获二字的字义上来说明的。在上述好并隆司的论文中,总结了汉代其他奴婢的别称。但是,他认为臧获是比奴婢地位还低的下层庶人。

以上的例子中,良民、善人等词语是与盗贼、囚徒、邪人、奴婢等对比使用的。对于这一时期建立的专制权力而言,需要用语言将善良的人与不善之人区分开来①。

如果是那样的话,那么,《史记》卷一二〇《汲黯列传》中汲黯的话也值得参考:

> 浑邪率数万之众来降,虚府库赏赐,发良民侍养,譬若奉骄子。

此句言外之意,是将夷狄与良民对比。如果上述善良的人民是受到专制君主的直接统治的话,那么,将直接统治之外的夷狄与他们进行对比也是理所当然的。从良民这一角度来看,夷狄与奴婢地位是相同的,而"虏"一词则同时具有这两者的含义(西嶋定生《中国古代奴婢制的再考察》)。总之,如果上述用语在汉代便普及的话,那么,在下一个阶段良人、良民等词语成为法律用语也就不足为奇。

此外,良或者良人这类词语,在汉代以前,即在还没有确立广泛、强有力的君主权力的先秦时代就已经开始使用。不过,这些词语不像后世那般指代广义上的民众,仅用于指代极少部分的上层阶层和优秀人才等。在第一节已经论述,宫崎市定将先秦都市国家的市民称为良人、良家,认为在《左传》的战争记事中,那种类似于古代西欧的"完全武装兵"(Equites, Hoplites)的人被称为"良"(《中国上古时期是封建制还是都市国家》)。而且,他认为这种"良"指所有拥有完全市民权的人,并非仅仅指其中特别富裕的

---

① 尾形勇在《良贱制的发展及其性质》中,认为汉代良民是相对于罪人、盗贼而言的,还列举了本稿以外的例子,见第354—356页。

阶层。但是,我并不赞同这一看法①。

《左传》《国语》中经常出现"国之良"的用语。如《国语》卷一一《晋语五》中,臼季在推荐晋国罪人冀芮之子冀缺任职时说道:

> 国之良也,减其前恶。

换言之,就是此时不应考虑父亲过去犯过罪,但是很难想象这一措施会对全体国民实行。在《左传》成公十六年(前575)条中,晋人在与楚国交战之际说道:

> 楚之良,在其中军王族而已。

由此可以明确,这里的"良"仅指楚国的一部分精锐部队。同样是关于楚国的,《左传》昭公二十七年(前515)条载到:"三族,国之良也。"这里指的是楚国的贵族郤氏、阳氏、晋陈氏。此外,在《左传》文公六年(前621)条中有如下的记载:

> 秦伯任好卒。以子车氏之三子奄息、仲行、鍼虎为殉。皆秦之良也。国人哀之,为之赋黄鸟。君子曰:秦穆之不为盟主也宜哉。死而弃民。先王违世,犹诒之法。而况夺之善人乎。云云。

秦伯任好就是有名的秦穆公。这一年穆公死,子车氏的三子奄息等殉死。《左传》的作者认为奄息等是"秦之良",便借"君子"之口来批评这一事件:像这般夺走"善人"的生命,秦穆公没有成为霸主也是理所当然的。这里,国人所赋的《黄鸟》一诗,被收入《诗经·秦风》:

---

① 宫崎氏认为,先秦时期的都市国家称呼市民为良人、良家;这一含义没有一贯始终,是因为先秦时期的都市国家,不像希腊民主国家一般,全体市民拥有平等的权力。在中国这种不同的国家形态下,类似市民性质的当属汉代的齐民、良民。

> 交交黄鸟,止于棘。
>
> 谁从穆公,子车奄息。
>
> 维此奄息,百夫之特。
>
> 临其穴,惴惴其慄。
>
> 彼苍者天,歼我良人。
>
> 如可赎兮,人百其身。

这首诗后两章分别歌颂仲行、鍼虎,"临其穴"以下是叠句,这些殉死之人都被当作"良人"。《毛传》中解释道,"良即善"。《左传》《国语》中称为"良"的人,在《诗经》中都被称为"良人";与汉代相同,有善人的含义;其范围亦如汉代,不是指一般的民众,而是指一部分特别优秀的人①。

《诗经》中还能见到与上述用法不同的良人的例子,即《唐风·绸缪》:

> 绸缪束薪,三星在天。
>
> 今夕何夕,见此良人。
>
> 子兮子兮,如此良人何。

《毛传》中称"良人即美室",这里的"良人"被解释为在男性看来比较美丽的女性。不过,《孟子·离娄篇》记载的逸事开头提到:

> 齐人有一妻一妾而处室者。其良人出,则必餍酒肉而后

---

① 除本文所引"国之良"的例子,还有《左传》文公四年条的"晋人归孔达于卫。以为卫之良也。故免之"、同书宣公十二年条的"郑之良"、"定公八年"条称鲁"而先皆季氏之良也"、《国语》卷十五《晋语九》中的"范、中行之良臣"等。此外,在《诗经·大雅》的《桑柔》诗中也有"维此良人,弗求弗迪。维彼忍心,是顾是复。民之贪乱,宁为荼毒",感叹君主不求也不进良人,只顾恶人。郑玄笺注称"良,善也",所以良人还是有善人的含义。

>　反。其妻问所与饮食者,则尽富贵也。

实际上,妻子知道良人在墓场乞讨之后,向妾感叹道:

>　良人者,所仰望而终身也,今若此。

这里的"良人"是妻子的丈夫。这一词原本还是"善良的人"的意思,后来被用作夫妇间的相互称呼。从《诗经·绸缪》中也能看出这点,后来说到"良人"就专指丈夫。

在《国语》卷六《齐语》中,记载了管仲定下的国制:

>　管子于是制国。五家为轨,轨为之长。十轨为里,里有司。四里为连,连为之长。十连为乡,乡有良人焉。以为军令。五家为轨,故五人为伍,轨长帅之。十轨为里,故五十人为小戎,里有司帅之。四里为连,故二百人为卒,连长帅之。十连为乡,故二千人为旅,乡良人帅之。五乡一帅,故万人为一军,五乡之帅帅之。

当时的国家由国与鄙构成。管仲在国与鄙分别制定了组织民众的制度,上述史料讲述了在国中施行的制度。首先,每家民众根据一定数量组成所谓乡—连—里—轨的阶层组织。这是日常的行政组织(即行政村),每家出一人为兵,组成军—旅—卒—小戎—伍的层级军队,这样便使行政组织与军制相互关联起来。可以看到,"良人"作为乡的领导者、负责人的同时,也是战时旅(两千人)或者军(一万人)的指挥官。这里的良人有两种解释:后汉贾逵注称"良人即乡士";孙吴韦昭注则称"良人即乡大夫"。贾逵注为市民说提供了很好的证据,但就本文来看,良人应指乡长,所以我更赞同韦昭的注。贾逵的说法可能是根据汉代良人的含义逆推的。这里出现的乡良人,应该是由善人、好人等语义发展而

第二章 中国良贱身份制的形成过程

来的,逐渐演变为乡里负责人的职位名称。此外,《管子·九问篇》中载:

> 问:乡之良家,其所牧养者几何人矣。

由此可知,乡的良家需要供养他人。与此相关的是:

> 问:邑之贫人,债而食者几何家矣。
> 问:乡之贫人,何族之别也。

由此推测,乡的良家应该是与这种贫人相对的乡的上层阶级。

《吕氏春秋·序意篇》提到:

> 维秦八年,岁在涒滩,秋,甲子朔,朔之日,良人请问十二纪。

这是秦始皇统一之前的事①,这里在宫廷发问的"良人"应该是有着特定地位的人。后汉高诱注称"良人即君子",但我总感觉说明不够充分。近人陈齐猷赞同高诱注的说法,认为"良人"一语原本是男子的尊称,适用于各方面,如指妻子的丈夫,或称呼乡人的乡大夫(《吕氏春秋校释》,第651页注2)。将这种说法对照上引《诗经》的例子,或许可以这样认为:在某一时期,"良人"作为称呼妻子或者女性的恋人的含义消失,而逐渐拥有了这层含义。据陈氏所引的章炳麟的说法,秦汉时期天子的侍从称为"郎"②,郎原本也有良人的含义,上述《吕氏春秋》中的

---

① 高诱认为"维秦八年"是秦始皇即位八年,但始皇八年是壬戌而非申岁。孙星衍认为,庄襄王灭周二年后始皇即位,至始皇六年庚申岁为八年,"秦八年"即始皇六年。"秦八年"应是源于秦代周天子而立这一观念的纪年方式。还有其他的说法,近年陈奇猷《吕氏春秋校释》第650页注2赞同孙氏的说法。

② 宫崎市定在《九品官人法研究》(第81页)中,认为先秦时期的良指一种特权阶级,郎与良相通,而且,公卿的卿也是良的一种,卿字的中间是良,也是地方自治体乡的代表者。

"良人"便是如此。那么,妻子称呼丈夫时,可以唤其为"良人",或者称"郎""郎君"。

由上述内容可知,先秦时期的良、良人、良家等词语用于指一部分优秀的人、上层阶级,或者是夫妇间的称呼。但是,从战国末到秦代,与汉代相同,良人与善人是与盗贼、奸邪相对的。约成书于前3世纪的《韩非子》中就出现了用良民(良人)、善人指代一般人民的用例。

> 夫惜草茅者,耗禾穗。惠盗贼者,伤良民。今缓刑罚,行宽惠,是利奸邪,害善人也。此非所以为治也。(《难篇二》)

> 重一奸之罪,而止境内之邪,此所以为治也。重罚者盗贼也,而悼惧者良民也。欲治者,奚疑于重刑。(《六反篇》)

战国末期以后,随着君主权力的强化、皇帝权力的形成,"良人"一语从最初的指代特定的一部分人变为后来的指代一般人民。在皇帝权力尚未形成之时,还没有产生将人民全体视为良的观念;随着皇帝权力的形成,逐渐出现了善良的人民的观念。①

从以上列举的事例中,可以看到先秦时期是采用"良人"一词,而秦汉时期则采用"良民"一语。"良民"一语,应该是代表良的范

---

① 《商君书·去强篇》中有"国以善民治奸民者,必乱,至削。国以奸民治善民者,必治,至强";同书《说民篇》中提到:"用善则民亲其亲,任奸则民亲其制。合而复者善也,别而规者奸也。章善则过匿,任奸则罪诛。过匿则民胜法,罪诛则法胜民。民胜法,国乱,法胜民,兵强。故曰,以良民治,必乱至削,以奸民治,必治至强。"这是对儒家鼓励采用善民、良民的批判,主张采取相反的措施,当然这是以良民观念实现一定程度的普及为前提的。良民观念的普及,或许和儒家有关。不论如何,《商君书》的这段文字,是先秦时期良的观念发展为良民观念的产物。本文引用的《韩非子》中的记载,也是良民观念确立时期的产物。

围扩大为皇帝的"民",即一般民众①。不过,在汉代,"良人"和"良民"也有着相同的用法。如《汉书》卷四一《钟离意传》中提道:

> 吏杀良人,继踵不绝。

此外,在同书卷七八《宦者·单超传》中载:

> 多取良人美女,以为姬妾。

一般来说,《史记》《汉书》多用良民,而在《后汉书》则多用良人。在三国时期的魏国,良人是作为身份用语使用的,这与《后汉书》中的良人应该有关联。

《后汉书》卷七七《酷吏·董宣传》中提到:

> 纵奴杀良人。

汉代,良民、良人之语是相对盗贼(犯罪者)、邪人等而言的;前面已经论述了犯罪者与奴婢地位相同,所以奴婢与良民、良人对比使用也就不足为奇了。但是,良民、良人还不是法律身份上的用语。《汉书》卷七二《贡禹传》中载:

> 诸官奴婢十万余人,戏游亡事。税良民以给之,岁费五六巨万。宜免为庶人廪食,令代关东戍卒,乘北边亭塞候望。

这里的奴婢是相对良人而言的,但与此同时,奴婢解放后,是"为庶人",良民与庶人是分开使用的。良民、良人法律上的身份是"庶人"。

---

① 从玉井是博的《唐代贱民制度及其由来》以来,唐太宗李世民是否避讳使用良人、贱人等语便是一个有争论的问题。滨口重国的《唐王朝的贱人制度》开卷便提到从史料中判断唐太宗是否避讳使用贱人这一词语不是一件容易的事,于是选择遵从唐朝人的用法,使用"贱人"一词。但如上面所述的良人、良民用语的由来,可知最先是使用良人,后随着皇帝统治下的民的扩大,逐渐使用良民。而且,虽然产生了良民这一词语,但依然会使用良人。贱人是对于上述的良人而言的,其起源与后世唐太宗的避讳无关。但是,太宗以后的唐代,因避讳而将良民、贱民统一为良人、贱人是不言自明的。

在汉代，一部分庶人被称为良家、良家子、良家女。上节末说到，一部分庶人属于七科谪等被差别对待的人，依我之见，良家即除去七科谪等下层庶人的那部分庶人。但也有不同的看法，认为良家指上层的一部分有家世门第之人。这个问题将在本书第五章详细讨论。不论如何，先秦时期的良家即指庶人的一部分。这种遗制能够保留下来，是因为在庶人中存在受差别对待的被贱视的人。这一时期良、良人、良民的范围逐渐扩大，由此也产生了作为统一法律身份的良民身份。

五、汉代的奴婢观与贱的观念

上节讨论了良人的语义、用例及其法律身份的确立过程。良人、良民的用语，作为皇帝权力统治下的"善良的人民"而被广泛普及。在良人、良民相对位置的是犯罪者和奴婢，后者对于权力而言是"不善良"的人。上节也叙述到，这些犯罪者和奴婢也是和庶民身份对立的。开头也提到，奴婢身份是随着奴隶制的发展出现的，由此产生的奴隶主与奴隶的关系并非直接演变为庶人（秦汉代）、良人（三国以后）与奴隶之间的身份关系。庶人、良人身份不仅包含了奴隶主，还含有众多小经营者，相当于服从于皇帝权力的人民，这些庶人、良人是作为中国国家的身份而存在的。[①]

[①] 中国奴隶制的发展是有限的，因此民间奴隶主只不过是中国国家主要构成成员庶人、良人中的一部分。中国的国家即皇帝本身是最大的奴隶主。当然，也有学者认为拥有皇帝权力，即视为奴隶主权力。这与父权家长制的家族国家论的情况相同（参照尾形勇《中国古代的"家"与国家》序章），但并不足以说明在非奴隶主也绝非奴隶的人民全体之上，发展出作为公权力的皇帝权力。很早就有人指出，中国皇帝权力拥有公共的职能，在皇帝权力之下有人民共同体，皇帝权力代行共同体的职能。拥有良人身份的人作为这种共同体的成员之一，接受公权力的支配，奴婢被排除在共同体成员之外，因此无法享受公权力下的权力，也无法与良人身份一同构成国家身份。是否能将共同体作为媒介来考虑，这一问题论证起来非常困难。这将是今后的课题。

与之对应的是奴婢身份,他们不单单因为是奴隶主的奴隶而拥有这样的身份,而是被当作同犯罪者一般"不善良"的人,可见这种身份性质之规定背后也有中国国家的因素。

这种奴婢身份的明朗化,应该是在汉代,时人认为奴婢就是古代罪人的子孙,或者说本身就是罪人。如前章所述,奴婢实际的起源应该是异民族的俘虏和贡纳者;到战国以后的秦汉时期,随着各地奴隶市场开放,人身买卖公然盛行,奴隶和罪人也逐渐紧密地联系在一起。《周礼·秋官》司厉条中记载,"其奴,男子入于罪隶,女子入于舂、槁",这里再一次引用前章所引的《周礼》郑玄注:

> 郑司农云:谓坐为盗贼而为奴者,输于罪隶、舂人、槁人之官也。由是观之,今之为奴婢,古之罪人也。

古时候的"盗贼",与前节所列举的和良民相对的两三个例子相同,一般都指犯罪者。郑司农将《周礼》正文中的"奴"解释为因犯罪而沦为奴隶的人是因为这种情况下,奴属于罪隶之官,而其他的异民族出身的奴则各自属于蛮隶、闽隶、夷隶、貉隶等。郑玄接受了这一看法,并将罪隶的奴扩大为一般的奴婢,认为"今之为奴婢,古之罪人也",但严格来说,这一解释是有问题的。不管是从《说文解字》奴字条的"奴婢皆古之罪人也",还是从《初学记》卷一九奴婢条等所引《风俗通义》的佚文"古制,本无奴婢,即犯事者或原之"等都可以看出,奴婢起源于罪人的看法是从汉代开始盛行的。

《三国志》卷一二《魏书·毛玠传》记载了有人向曹操告密毛玠的事情:

> 出见黥面反者。其妻子没为官奴婢。玠言曰:使天不雨

者,盖此也。

曹操一怒之下将毛玠投入监狱,大理卿钟繇调查时,诘问毛玠道:

> 自古圣帝明王,罪及妻子。书云:左不共左,右不共右,予则孥戮女①。司寇之职,男子入于罪隶,女子入于舂、槁。汉律,罪人妻子没为奴婢,黥面。汉法所行黥墨之刑,存于古典。今真奴婢祖先有罪,虽历百世,犹有黥面供官,一以宽良民之命,二以宥并罪之辜②。此何以负于神明之意,而当致旱?

这里也可以看到奴婢的祖先是罪人的思想,而且需要注意的是奴婢被置于与"良民"相对的位置。但是,钟繇的理论也并非没有问题。他说道,汉法中的黥墨之刑,在古典中就存在了,但在他所引的《尚书》《周礼》中并无施墨的记载③。他实际上是想说明汉法中罪人的妻子眷族没官的由来,但他引用的是《尚书》《周礼》中的犯罪者本人为奴隶的例子,应该并不是汉代以后施行的罪人妻子没官的例子。

关于钟繇的理论,在前章就已经论述到,很早以前就有以犯罪者为奴隶这一手段。在汉代之前的秦代,被称为隶臣妾的官奴隶多数就是出自犯罪者。除此之外,秦汉的刑徒是无期的,与奴隶的性质类似。直到汉文帝十三年(前167)改革设立刑期之后,

---

① 如前章所述,关于"孥戮"的孥有两种说法,一种是妻子说,一种是奴隶说。戮是杀戮的意思。这里如果将"孥戮"解释为"杀妻子的话",就与钟繇的理论联系不上。钟繇的理论很简单,就是将"孥戮"解释为"没妻子为奴婢"。
② 原文中的"并罪"很难解释为合并罪,如后引《史记》卷一〇《孝文本纪》元年十二月条中的"除收帑相坐律令",应劭注"帑,子也。秦法,一人有罪,并坐其家室",今鹰真、井波律子翻译的《三国志》中将其译为"连坐"是正确的。
③ 但是,西周时期实际上并非没有墨刑。参照第一章第51页注②。

奴隶与刑徒才逐渐分离(参照第三章)。但是,必须与汉代通行的罪人的妻子眷族没官的刑法进行区分。

在上古原本没有将犯罪者的家族没为官奴婢的制度(参照第一章第四节),这是要到秦国商鞅的第一次变法(前359)以后才开始明确实施的(E. G. Pulleyblank, "The Origins and Nature of Chattel Slavery in China")。但是在《史记》卷六八《商君列传》中载:

> 事末利,及怠而贫者,举以为收孥。

前面已经多次提到,"孥"有两种说法:一是"奴"的通假字,二是妻子的意思。《索隐》注解为"则纠举而收录其妻子,没为官奴婢",采用的是妻子说。如果是这样,那对犯罪者本人的刑罚又是什么呢?一般犯重大的罪,都是犯罪者本人被处以死刑,而家族没官;但上文提到的因追逐末利致穷的情况,诛杀本人显得刑罚过于严重,所以上文记载的"收孥"应该是对本人的刑罚。因此上文应该解释为检举犯罪者本人,没为官奴婢。

但是,同样是在商鞅的第一次变法时,开始实行连坐制:

> 令民为什伍,而相牧司①连坐。

这里虽然不是说家族的连坐,但是什伍都要连坐,极有可能家族也要连坐(西田太一郎《中国刑法史研究》,第184页)。实际上,从云梦秦简《法律答问》的若干条文中,也可以知道战国时期秦国存在连坐制。

> 何谓室人。可谓同居。同居,独户母之谓也。●室人者,一室,尽当坐罪人之谓也。(571简,第238页)

---

① 也有人认为"相牧司"是"相收司"之误,但此处还是遵从《索隐》"牧司为相纠发也。一家有罪而九家连举发,若不纠举,则十家连坐"的说法。

从秦简中的其他例子也能明确看出这里的"室"是家的意思。由此可知,秦律中是规定了家人连坐的。律文中提到:

> 夫有罪,妻先告,不收。妻媵臣妾、衣器当收不当。不当收。(540简,第224页)

这条律文表明,妻子如果不告发丈夫的罪,就要连坐,妻子自身没为官奴婢。由此可知,存在因连坐而没官的制度。

这种连坐没官的制度被汉代继承,在文帝朝初期一度被废止。《汉书》卷四《文帝纪》元年(前179)十二月条中载:

> 尽除收帑相坐律令。

《史记》卷一〇《孝文本纪》记载了文帝与廷臣的言论。《史记》中记为"收帑诸相坐律令",与此规定相关的条文应有数条,不过这里"诸"字的位置是否恰当还有疑问,所以采用了《汉书》中的说法。对于此句,应劭注"帑,子也。秦法,一人有罪,并其家室。今除此律",颜师古认为"帑读与奴同,假借字也"。"收帑"是继《商君列传》"收孥"之后的用语,所以颜师古的说法应该更准确。而且,《史记》记载的文帝之言"使毋罪之父母妻子同产坐之,及为收帑",帑与父母、妻子、同产是不重复的,所以帑应该与奴同。无论如何,收帑相坐律令的废止应该不是一时之事。在文帝十三年,齐太仓令淳于公被处肉刑,其女媞萦自愿为官婢代父受过,文帝正是因为此事而废除了肉刑,但这种情况下,并不清楚缘坐没官的制度是否复兴。不过,景帝三年(前154)发生吴楚七国之乱。或者以此为时间节点,缘坐没官制度似乎又复兴了。在《汉书》卷六《武帝纪》建元元年(前140)五月条中载到:

> 赦吴楚七国帑输在官者。

可知,这一法律在有汉一代都有施行。上引《三国志·毛玠传》中的"罪人妻子没为奴婢,黥面",或许是以省略的形式引用的"汉律"。《吕氏春秋》卷二一《开春篇》中的高诱注中也提到"律,坐父兄没入为奴"。最近,富谷至主张文帝时期废止的缘坐制在汉代并未复兴(《连坐制及其周边》),但上述"汉律""律"的存在,说明这一主张值得怀疑。不过,缘坐之法适用于何种罪,以及其实施状况如何还是需要探讨的问题。我认为,正是这一法律的实施,提供了相当一部分的官奴婢。这种状况推动了奴婢即罪人的子孙这一想法的普及。

但是,汉代存在认为奴婢(与来源完全无关,即私奴婢亦包含在内)就是罪、奴婢即是罪人的观念。《汉书》卷四九《晁错传》中记载了晁错《徙民实边策》中的一节:

> 先为室屋,具田器,乃募罪人及免徒复作①令居之。不

---

① 关于原文的"免徒复作"有众多的说法。《汉旧仪》卷下中提到"男为戍罚作,女为复作,皆一岁(到三月)"(一种说法将文断句在"一岁",还有一种说法认为是从"一岁到三月"),《汉书》卷八《宣帝纪》开头也提到"使女徒复作淮阳赵征卿、渭城胡组更乳养",这种将复作解释为对女性的一岁刑(或一岁到三月刑)的说法比较有说服力。但是,本文中晁错上言的"免徒复作",包括了男子在内,或者说就是以男子为主的。在《汉书》卷二四上《食货志》中载到:"徒复作,得输粟于县官,以除罪。"这是景帝时期的事,前代接受晁错建议开始实行纳粟授爵、纳粟免罪的政策,这里的"徒复作"和《晁错传》中的用语应该是同义,还是以男子为主。程树德《九朝律考》第83页,就已经指出了这一点。《盐铁论·水旱第三十六》中贤良之言"县官,以徒复作,缮治道桥诸废,民便之",从劳动的内容也可能看出应该是男子所做的事。此外,上文的"徒复作",从"女徒复作"的例子来看,不是"徒"与"复作",应该是一个词语。关于复作的含义,《晁错传》颜师古注中提到"臣赞曰:募有罪者及罪人遇赦复作竟其日月者,今皆除其罚,令居之也"。《宣帝纪》中的注解更为具体,提到"孟康曰:复音服,谓驰刑徒也。有赦令诏书,去其钳釱赭衣。更犯事,不从徒加,与民为例,故当复为官作,满其本罪年月日,律名为复作也"。据孟康所言,"复"是"驰刑徒"的意思,再犯的话则"复为官作",有这两层含义。复或许是"遇赦""驰刑徒"的意思。因此在本文中解释为"驰劳役(即作)"。

> 足，募以丁奴婢赎罪及输奴婢欲以拜爵者。

这里，要募丁奴婢移居边境，而且，移居者也会因此解放其奴婢的身份。"赎罪"的说法表明奴婢本来就是罪人。

关于奴婢即罪人，可以列举汉代有关罪的观念来进行佐证，也就是先前已经言及的七科谪。后章也将论述到，所谓的七科谪就是七种有罪的人。其中四种是商人或者原来是商人。其余的是犯罪的吏、亡命、赘婿，先不说吏与亡命，但在近代人看来，怎么也不会将商人和赘婿视为罪人。不过这两种身份者在汉代被当作一种罪人，说明其身份很低下。在第一章稍微提到，赘婿是一种类似于债务关系的形态，即违反了重父系的中国习俗。商人有罪，是因为中国古代是一个重农的社会，商业打乱了这一秩序，因而被嫌弃，商人也受到蔑视和差别对待。当然，包括奴婢在内，对于中国古代的国家而言，他们都被视为不利于国家统治秩序的人，也因此产生了他们即有罪之人的观念。这种罪人观念，应该是在很早以前就已经形成了。

奴婢不仅源于罪人，还有许多其他的来源。但从罪人的角度来看，罪人与奴婢有着密不可分的关联。众所周知，中国刑罚最古老的形态是肉刑。关于肉刑，滋贺秀三认为是通过损毁身体来达到"社会性的废人化"，即受刑者因缺少作为人类的完整的姿态，而被剥夺了作为人的权力，也被排除于共同体之外（《关于中国上古时期刑罚的一个考察》）。因为身体的损毁是不可能恢复的，受刑者原则上已经被拒绝回归社会，即从刑罚上来看，是终身或者无期的。这与被剥夺人权的奴隶无异。而且，受刑者也要被驱使劳役，所以与奴隶难以分别。显而易见，他们等同于背负着反社会的罪名。

古典中常有中国早期的刑人即肉刑者被视为非人类的记载。例如《春秋公羊传》襄公二十九年(前544)条载：

> 阍杀吴子余祭。阍者何？门人也、刑人也。刑人则曷为谓之阍？刑人非其人也。君子不近刑人，近刑人则轻死之道也。

从当时的刑罚体系来看，原文中的"刑人"当然指受肉刑之人。"刑"的这种用法，为基本不施行肉刑以外的刑罚的战国时代所承续，云梦秦简的"刑罪"(简装本第205页)和"刑为城旦"(同书，第139、151页)中的"刑"都指的是肉刑。可以说，上述《公羊传》中的说法沿用本来的含义，即受肉刑而损毁身体的人并非人类。此外，在《春秋谷梁传》昭公二十年(前522)条中提到：

> 盗杀卫公之兄辄。盗，贼也。

这里的"盗"不是盗窃者，而是指暗杀者。这种被称为盗的暗杀者被视为"贼"。在《盐铁论》卷一〇《周秦第五十七》的御史之言中明确提到了其含义：

> 春秋罪人无名号，谓之云盗。所以贱刑人，而绝之人伦也。

在《春秋》的编者看来，犯罪者是不记名号而被称为盗的。这种罪人、刑人被视为"贱"，且不被当作人来看待。也就是同上述《公羊传》的说法一样，认为"刑人非其人也"。此外，在同篇御史后的文学之言中也表明了这一点：

> 今杀人者生，剽攻穷盗者富。故良民内懈怠，辍耕而陨心。古者君子不近刑人。刑人非人也。

这明确体现了上述《公羊传》中的思想，不管是御史之言，还是文学之言,这里的刑人已经不是指受肉刑者,而是指一般的犯罪者或受刑者。值得注意的是,《谷梁传》与御史之言中将犯罪者视为"贱",文学之言将其置于与"良民"相对的位置的说法,应该是后世良、贱对比的原型。

但是,在汉代,还没有形成良人、良民和贱民等固定身份用语。虽然有贱人、贱民的用语,不过一般是作为贵贱的贱来使用的,其指代的人也并不固定。① 但是,好并隆司强调,奴婢被称为贱人,下层庶人被称为贱民,贱人和贱民是相近的关系。我并不是要否定奴婢与下层庶人之间相近的关系,但是从本章的课题即身份制的形成过程来看,能否将汉代的贱人、贱民视为身份用语,仍存有疑问。例如以下的若干事例。

《汉书》卷二七中之上《五行志》中载:

> 冠者尊服,奴者贱人。贺无故好作非常之冠,暴尊象也。以冠奴者,当自至尊坠至贱也。

这里的确将奴称为贱人,但这是谴责昌邑王贺将特别的冠给奴婢戴,是将冠与奴对比,一方为尊,一方为贱。所以,这里的贱是相对于尊而言的,并不意味着奴属于贱人这种固定身份。再者,《汉书》卷四九《晁错传》中记载了晁错的上言:

> 秦始乱之时,吏之所先侵者,贫人贱民也。至其中节所侵者,富人吏家也。及其末涂所侵者,宗室大臣也。

这里"贫人贱民"很自然地读成贫人和贱民,与其说是贫人即贱民的意思,也可以解释为将贫人称为贱民。但是,还是需要注意,这

---

① 在西嶋定生《中国古代国家与东亚世界》(第136—137页)和尾形勇《良贱制的发展及其性质》(第357页注9)中指出了汉与魏晋时期与"贱"相对的用语。

里也是将贫人贱民与富人吏家（及宗室大臣）对比使用。再者，《管子》卷一五《任法篇》中的相关记载也值得引起重视：

> 富人用金玉，事主而来焉。……贱人以服约卑敬悲色，告愬其主。

这里将富人与贱人进行对比，其中的贱人不是奴婢，应该与上述的"贫人贱民"有着同样的含义。这些无疑都是指代贱人、贱民的用语。

此外，《汉书》卷九六上《西域传》罽宾国条记载了杜钦之言：

> 奉献者皆行贾贱人，欲通货市卖，以献为名。

这里的"贱人"，指西域的商人。商人在中国国内属于七科谪，严格来说，拥有市籍的商人不包含西域的商队。好并氏认为上文将原指奴婢的贱人称呼的范围，扩大至同样受到差别对待的商人。但是，仅从上述贱人、贱民的使用例子来看，这一看法是有问题的。[①] 而且，还有与他的说法相反的"贱人"的用例，《汉书》卷八五《谷永传》中记录了谷永的上言：

> 白气起东方，贱人将兴之表也。

这是王莽兴起的预言，"贱人"指的是王莽。谷永受王莽的伯父大将军王凤之托而说的这番话，并非要贬低王莽、称呼其为贱人。这里的"贱人"，是与围绕帝室的贵人相对的用语，说明王莽是这些贵人以外的人。王莽的家世是元帝的外戚，早年

[①] 在越智重明的《汉时期的贱民、贱人、士伍、商人》中也有与好并氏近似的说法，认为贱民与贱人有区别。但其根据《汉书·西域传》中"行贾贱人"的用法，就认为"本来应是贱民的含义，却错误地使用了贱人一语"，这一看法令人难以理解。由此看来，一开始就将贱民与贱人区别开来，恐怕也有问题。

丧父,比较贫穷,这一上言应该是在他仕官以前发生的事。即便是如此,贱人的用语,是指家世,而并不是奴婢等的专称①。

从以上汉代的用例来看,贱人与贱民之间并非有区别,只是贱与贵、尊、富等相对使用,其指代的范围不是固定的。上文也可以看到罪人、刑人被当作非人类而受贱视的用例,这种情况下的贱与相对使用的贱的用法不同。遗憾的是,如良人这一用语一般,目前也不清楚这类贱的用语是如何转变为后世的贱人这种固定身份用语的。但是,更重要的是,汉代将罪人、奴婢置于良人、良民的对立面,换句话说,即他们因为有罪而被剥夺了作为人的权利。在下一个时代,良人、良民逐渐演变成指一定的身份,因此,称呼与这一身份对立的身份时会采用古典中指非人身份的"贱"这一用语也不足为奇。

六、魏晋南北朝时期良奴、良贱制的确立

在前面引的《汉书·贡禹传》《后汉书·董宣传》中,良民、良人是与奴婢对比使用的。这是西汉末到东汉初的事情。到东汉末,在《后汉书》卷三四《梁冀传》有这样一则事例:

> 冀又起别第于城西,以纳奸亡。或取良人,悉为奴婢,至数千人,名曰自卖人。

---

① 好并氏对《金石录》卷一七(《隶释》卷二五也有引用)中《汉藁长蔡湛颂》碑阴的解说,意味深长,里面提到"右汉蔡湛碑阴。载出钱人名。有故吏、贱民、议民、故三老、故处士、养民。其称故吏、养民之类,他汉碑多有之。唯议民、贱民,独见于此碑。然莫详其义"。碑文正面记录在《隶释》卷五,而碑阴并无记载,所以不清楚详细的情况。但是,可以看到"贱民"作为头衔使用。但是,作为固定的名称在何人身上如何使用尚不明确。

这里的"良人为奴婢"基本与后面的良奴制的用法相似。在我的旧作中,也引用了其他事例来佐证东汉末、三国时期是"庶人"一词变为"良人"一词的关键时期。尾形勇认为,这一时期(东汉末、三国)还没有形成身份上的良民(《良贱制的发展及其性质》,第356页注2)。其中的一例,即上述《梁冀传》中将"良人"置于"奴婢"相对的位置,不过又将其与"奸亡"对比,多少有些疑问。《梁冀传》从"纳奸亡"处断句,"良人"之语从"或"以下开始,因此"良人"还是对于"奴婢"而言的。梁冀称这些奴婢为"自卖人",是想隐瞒掠卖良人的事实。前章第五节论述到,汉代盗律中有人身"劫略"与"和买卖"的区别。和买卖也是犯罪,不过民众是因贫困而卖身,所以不管是从一般舆论还是政府看来,都是可以宽恕的事。

还有一则东汉末曹操时期的例子,《三国志》卷一二《魏书·毛玠传》中记录了大理卿钟繇之言:

> 今真奴婢祖先有罪,虽历百世,犹有黥面供官,一以宽良民之命,二以宥并罪之辜。

这里的奴婢也是相对于良人而言的,言外之意就是良民受惩罚的话便为奴婢。如此,在东汉末良民与奴婢作为各自的身份用语而使用。但是,良人、良民要成为法律上的身份用语,必须制定一个与汉代不同的新法律,所以我修改了前说,应该说魏律制定的三国时期是身份用语转变的关键时期。如尾形氏所说,在此之前,即秦汉时期使用的良民,还不是法律用语,但正是这种使用方法,为下一时代将之作为法律用语做好了准备。

有两则证明三国时期良民身份确立的史料。一是《三国志》

卷四《魏书·齐王芳纪》景初三年(239)正月丁亥诏：

> 官奴婢六十已上,免为庶人。

二是同纪正始七年(246)八月戊申诏：

> 属到市观,见所斥卖官奴婢,年皆七十,或癃疾残病,所谓天民之穷者也。且官以其力竭,而复鬻之,进退无谓。其悉遣为良民。若有不能自存者,郡县振给之。

这里良民、良人代替了以前的庶人一词,这些用语应该是根据新法律(应该是齐王的前代明帝时期确立的法律)确定的正式用语。在其后的《晋书》卷六《元帝纪》太兴四年(321)五月庚申诏中也提到：

> 昔汉二祖及魏武,皆免良人。武帝时,凉州覆败,诸为奴婢亦皆复籍。此累代成规也。其免中州良人遭难为扬州诸郡僮客者,以备征役。

而且,在同书卷一一七《姚兴载记》中也有：

> 班命郡国,百姓因荒,自卖为奴婢者,悉免为良人。

由此推测,良人一词作为法律用语固定下来。

正如尾形氏所述,即使进入三国时期,也存在除良人、良民之外,与奴婢对比使用的例子。他列举的就是本章前面所引的《文选》李善注引孙吴韦昭注"奴以善人为妻生子,曰臧"的例子。除此之外,在《三国志》卷四五《蜀书·邓张宗杨传》中有裴松之注引《蜀纪》蜀将军傅佥的记载：

> 佥息著慕,后没入奚官,免为庶人。

这应该是西晋以后的事。即便是确定了新的法律用语,但在官方文书以外的地方,还是使用古代的用法。这种事例,应该是前代的遗制。①

然而,尾形氏认为良、奴身份制应该是在北魏施行均田制以后确立的。新身份制的制定的确与均田制有关。我在旧作中也论述到魏晋时期良、奴身份制的成立背景,在汉帝国崩溃的危机时期,有必要确保良民的身份;②为确保良民的身份,国家有必要采取具体措施,以保证他们生活的基础即农耕地。但是,这种必要的措施应该是西晋时期的占田、课田制。从与土地制度的关系来看,也可以知道良奴制是在魏晋时期确立的。尾形氏提供的证据是《魏书》卷八《世宗纪》延昌二年(513)闰二月癸卯条的记载:

　　定奴良之制,以景明为断。

但是,这条记事,如《魏书》卷六五《李平传》中的记载:

　　前来良贱之讼,多有积年不决。平奏,不问真伪,一以景

---

① 《北齐书》卷六《孝昭帝纪》皇建元年(560)八月乙酉诏中提到"其官奴婢年六十已上,免为庶人"。这一时期,良人、良民的用语已经固定下来,这明显是非常特殊的用法。当然,这并不能佐证尾形氏的说法。
② 后面一部分引用了徐干《中论》的佚文:"昔之圣王,制为礼法,贵有常尊,贱有等差,君子小人,各司分职。故下无僭上之愆,而人役财力能相供足也。往昔海内富民及工商之家,资财巨万,役使奴婢,多者以百数,少者以十数。斯岂先王制之意哉。……夫奴婢虽贱,俱含五常,本帝王良民,而使编户小人为己役。哀穷失所,犹无告诉,岂不枉哉。今自斗食佐吏以上,至诸侯王,皆治民人者也,宜畜奴婢。农工商及给趋走使令者,皆劳力耕作,治于人者也,宜不得畜。"这篇文章感叹的是"君子"与"小人",即士人与农工商的庶人构成的社会逐渐开始解体。据徐干所言,其原因是"海内富民及工商之家"大量使役奴婢。照今日常用的话说,就是随着豪族地主势力的扩大,小农逐渐没落沦为奴婢,实际上是体现庶奴制的社会构成的崩溃。徐干对于这一现象,认为"奴婢虽贱,俱含五常,本帝王良民",同情奴婢,而且提议应该仅限王侯、官吏拥有奴婢,要禁止庶人拥有奴婢,体现了贵族的特权意识。这里提出要明确士、庶间的差别,反映了这一时期门阀贵族制逐渐确立。但是,希望通过奴婢的所有来体现士、庶间的差别的想法,是不现实也是难以实现的。不过,值得注意的是奴婢"本帝王良民"的意识,本来应是帝王之下的良民却面临解体没落的危机,良奴制强调的就是这种"帝王良民"的意识。

明年前为限。于是争讼止息。

这是为了解决围绕良、贱身份的诉讼而确定的规定。那是因为，随着均田制的施行，有必要确定均田制对象的身份究竟是良民还是奴婢，然而在此之前的五胡十六国时期，有很多良民因没落或被俘虏而沦为奴婢，所以此时产生了许多诉讼，有必要解决这一问题。或许，世宗宣武帝即位的景明以后，才开始解决这些争讼。无论如何，从这件事也可以看出，良奴、良贱的身份制应该是在此前就已经确立的。此外，对于《世宗纪》的原文"定奴良之制"，尾形氏将其解释为"制定奴良之制"，但应该解释为"制定良奴之制等"比较准确。

以下，列举二三条可以佐证在延昌二年以前良奴身份制就已经确立的史料。首先，是《魏书》卷七上《高祖纪》中记载的均田制颁布之前太和九年（458）八月庚申诏：

> 今自太和六年已来，买定冀幽相四州饥民良口者，尽还所亲。

这里的"良口"，与唐开元二十五年田令中的应给园宅地条"良口三口以下给一亩，每三口加一亩"中的"良口"相似，指的是良人、良民。在《魏书》卷一一〇《食货志》记载的太和十六年令规定的均田法①中提到，分配露田、桑田、麻田②之时，

---

① 关于《魏书·食货志》所载的均田法规十五条颁布的时间，松本善海在《北魏时期均田、三长制制定的诸问题》中认为均田制是太和九年（485）颁布的法令，而堀敏一的《均田制的研究》（第145—146页）则认为是太和十六年（492）的令文。
② 日本史学家伊藤循在《日本古代的身份与土地所有制》中认为中国与口分、永业田相关的国家身份只有"百姓"，正如列举的史料所明确的，就是良民、良口与奴婢（隋唐时期加上部曲），虽然不清楚日本班田制的情况，但原则上不应以日本的情况来推测中国的情况。日本的中国研究学者一般都认同这样的说法。

>奴婢依良。
>
>奴各依良。

此外,还有一则可以佐证在延昌二年以前良奴身份制就已经确立的例子,即《魏书》卷六五《邢峦传》中提到邢峦任使持节安西将军梁秦二州刺史时,在梁州(汉中)多有

>掠良人为奴婢

这样的行为。据吴廷燮的《元魏方镇年表》(收入《二十五史补编》第四册),邢峦任梁州刺史应该是正始元年(504)到正始三年(506)之间。

在建安七子之一的徐干的《中论》(收入《群书治要》卷四六)佚文中也提到:

>夫奴婢虽贱,俱含五常,本帝王良民,而使编户小人为己役。

徐干是东汉末曹操时期的人,在魏建国以前便去世了。这里的奴婢也是相对良民而言的,而且还述及"奴婢为贱",由此也可以看出贱民身份已经确立。在此之前,还有"贵有常尊,贱有等差"(参照第111页注②)之语,"奴婢为贱"可以解释为传统意义上贵贱的贱,但将其解释为与良民相对的贱民这一固定的身份还为时过早。

但从前引《魏书·李平传》中"良贱争讼"的记载,也可以明显看出当时就已经确立了良民与贱民对立的身份意识。据这份李平的上奏,可知提出解决"良贱争讼"的策略是在延昌二年(513)。同样是在李平上奏中提到,翌年在北魏宫廷中围绕人身买卖引发了争论,《魏书》卷一一一《刑法志》中有详细的记录(参照竹浪隆

良《北魏时期的人身买卖和身份制度统治——以延昌三年(514)的人身买卖议论为中心》)。这件事说的是冀州阜城的百姓费羊皮为举办母亲葬礼,而将七岁女儿出卖给同城人张回,而张回隐瞒了她良民的身份将其转卖给其他县的人。这时所出的诏敕谓:

> 今羊皮卖女,告回称良,张回利贱,知良公买。诚于律俱乖。

此外,还有参加争论的三公郎中崔鸿之言:

> 至如买者,知是良人,决便真卖,不语前人得之由绪。前人谓真奴婢,更或转卖,因此流漂,罔知所在。家人追赎,求访无处,永沉贱隶,无复良期。

特别是从前面的诏敕来看,可以推测与良相对的贱一词已经作为法律制度上的身份用语使用了。

其次,在《宋书》卷四二《王弘传》中记载了南朝宋对同伍犯法的争论,其中,殿中郎谢元议论道:

> 奴不押符,是无名也。民之赀财,是私贱也。

这里虽然没有提到"良民"一词,但后述的"私贱"应该是与良民相对的贱民。据考证,这番争论发生在元嘉三年(426)(增村宏《〈宋书·王弘传〉中同伍犯法的探讨》),这里使用的"贱"要比《魏书·李平传》中的"良贱争讼"要早。实际上,上述原文如何解读还是个问题,在谢元之前的尚书王淮的议论中也提到"士人在伍,谓之押符",所以开头的"奴不押符"应该是"奴不编入邻保组织的伍"的意思。"符"是登记组成伍的人名的文书,"押符"即登记入符,就是编入伍(增村宏《晋、南朝的符伍制》)。下面所述的"无名",与符伍相对,应是说奴婢没有名籍、名数。可以参照《晋书》卷七三《庾冰传》中"无名"的用法：

> 隐实户口，料出无名万余人，以充军实。

上述谢元议论的下句与"私贱"有关，说"以私贱无名之人，予公家有实之任，公私混淆，名实非允"，"名"作为名实的"名"来使用，这是从最初的"无名"延伸出来的次要用法。符伍以民众的户为单位，是由一定的户数编成的，奴婢没有独立的名籍或户籍，他们是附在主人的户籍之下的，所以无法成为组成符伍的单位。这里通过户籍的登记，显示了作为皇帝统治下的"公家"之一员的良民与私贱的奴婢之间的根本区别。

此外，上引谢元议论的后半句提到的"民之赀财"明显是连接前半句的，以奴为主语。由此说明，奴婢是作为民的资财被纳入贱当中的。上节介绍了从先秦到汉代以刑人非人且贱视之的用例，但是，贱指代的范围还不是固定的。到这个时期，就已经明确了贱指的是被当作资财的非人身份。《唐律疏议》中也提到：

> 奴婢贱人，律比畜产。（卷六《名例》四七条）
>
> 奴婢既同资财，即合由主处分。（卷一四《户婚》四三条）

这里表现出同样的意识。良人、良民对贱人、贱民这种身份意识，是随着奴婢作为资财意识的明确化而逐渐确立的①。

---

① 汉代，奴婢也被作为财产对待。中日两国的学者对汉代的奴婢是否登入户籍还存在争议，《汉书》卷六三《武五子传》中山阳太守张敞受诏报告昌邑王贺的家族、财产时提到"名籍及奴婢财物簿"，明确记载奴婢被登记在财物簿中。著名的《居延汉简》的《礼忠简》中，也提到将小奴、大婢与田宅、车牛一并登记的一种赀簿。但是，在《后汉书》卷五五《刘宽传》中有这样一则故事：刘宽坐客让奴去买酒，奴喝醉回来，刘宽骂他为"畜产"，后又担心奴自杀而派人去看他。由此可知，视奴婢为畜产的观念，在当时还没有成为一般的通行观念。

但是最后也附带一提,在汉代,王莽禁止奴婢买卖,光武帝再次禁止擅杀奴婢之时,皆引用了《孝经》中的孔子之言,即"天地之性,以人为贵"(《汉书》卷九九中《王莽传》、《后汉书》卷一下《光武帝纪》),这些并非否定奴婢制度本身。到魏晋南北朝时期,《晋书》卷九五《艺术传》中记载了东晋幸灵之言:

> 天地之于人物一也,咸欲不失其情性。奈何制服人以为奴婢乎。诸君若欲享多福以保性命,可悉免遣之。

他主张要解放奴婢。由此可知,这一时期虽然确立了奴婢类同货财、畜产的意识,但也存在与之相反的思想。①

---

① 然而,幸灵凭借其不可思议的灵力获得了众多的信徒,渐趋富裕,使他可自畜车马和奴婢,但他的灵力也逐渐衰微。

第二篇
秦汉时期诸种身份

第三章 云梦秦简所见的奴隶身份

一、问题之所在

籾山明在《秦代的隶属身份及其起源》一文中,依据云梦睡虎地秦墓出土竹简所见的秦律,认为"更加值得重视的是,据主人、臣妾有关的法律条文规定,将本来属于私人身份的'臣妾'作为国家身份的一环,置于庶人身份之下。……从这一点来看,《秦简》中的臣妾,可以视作后世'贱'身份的一个先例"(第21页)。中国奴隶制的发展也是世界史普遍意义上的现象之一,很早就有学者指出,奴隶制作为中国国家特有的法律身份,是以良民、贱民的形式表现出来的。云梦秦简的发现,使我们了解到许多有关中国法律起源的内容。可以明确的是,正如籾山氏所言,存在先于良贱身份的国家身份。当然,云梦的秦律仅是战国时期秦国一国的法律,战国时期的其他诸国也应该形成了同样的法律,但是,目前要比较详细地了解中国早期的法律,只有秦律可以参考。

本书第二章论述了良贱身份制的形成过程,基本尚未言及云梦秦简所见的国家身份。关于接下来要论述的隶臣妾的性质,已经有许多相关的讨论,也存在许多争议,我深刻地感到如果要论述自己的看法,需要颇费纸张。因此,本章试图重新阐明这一点。

首先,将讨论籾山氏指出的私家奴隶的国家身份一面;其次,将论述官奴婢中争议最大的隶臣妾问题。在中国,奴隶主间相互的斗争使君主成为最大的奴隶主;在以君主为顶点的国家中,许多小奴隶主及奴隶主以外的主人通过家族劳动形成了统治从事小经营的人民的公权力;由此制定的国家法律,特别将国家直接统治的奴隶主及普通人民与隶属于奴隶主的奴隶区别开来,实行差别对待。因此,通过对私家奴隶主及奴隶法律身份的考察,可以了解这类国家身份的性质。其次,隶臣妾究竟是官奴婢的一般名称,还是官奴婢的一部分,仍是一个问题。他们主要来源于刑罚,主要从事各种国家劳动,至少从这一点来看,与后世作为君主家产、多数带有奢侈性质的官奴婢有着明显的不同。了解这一时期中国的国家及法律性质对解决这一问题至关重要。

中国学界对云梦秦简所呈现的奴隶制有许多研究。其中,对私家奴隶的来源、劳动范围、社会构成体中的地位等问题都有许多探讨;[1]但对上述籾山氏指出的,即本章要讨论的国家身份问题,基本没有涉及。籾山氏指出了重要的一点,"臣妾虽然没有控告主人的权力,但这是从国家身份的角度来理解的。公权力规定了主人可以随意使用暴力,就是其极端的表现"(前引籾山氏论文,第 21 页);不过,籾山氏并未对此进行详细的论述。他的论文,主要探讨了隶臣妾的刑罚性质及春秋以前与战国以后隶属身份的差别,他认为因战国时期的社会变动,而产生了与贱有关的

---

[1] 高敏《从出土〈秦律〉看秦的奴隶制残余》、宋敏《云梦秦简——奴隶制社会的新证》、裘锡圭《战国时代社会性质试探》、唐赞功《云梦秦简官私奴隶问题试探》、吴树平《云梦秦简所反映的秦代社会阶级状况》、于豪亮《秦简中的奴隶》、高恒《秦简中的私人奴婢问题》、蔡葵《试论秦汉时期的生产奴隶》、朱绍侯《秦汉土地制度与阶级关系》第六章。

新的身份。我认为战国时期的货币经济具有划时代的影响,这一点的确值得重视;但是,下层身份的隶属性质,并不如他所言存在截然不同的差别。这与本章要讨论的隶臣妾的地位有着重要的关联;关于奴隶制的综合性的考察,请参照第一、二章。

关于隶臣妾的多数观点,大体而言可分为以下五类。第一,是纯粹的刑徒说,分为有期刑徒说和无期刑徒说。① 第二,既是刑徒又是奴隶说,或者是降为奴隶身份的刑徒说。这一说法认为不仅是隶臣妾,其他的城旦舂等也属于无期刑。籾山氏和富谷至氏将隶臣妾的刑罚称为"身份刑""名誉刑",主张要区别于其他的劳役刑,但是也承认城旦舂等都是无期刑,认为是"残存没官者脐带的刑罚"(见前引籾山氏论文,第 30 页)②。与之相对,第三是纯粹的奴隶说,主张隶臣妾是无期的官奴隶,其他是有期的刑徒。这一说法强调隶臣妾的来源多样,不仅仅限于刑罚。③ 第四,既是刑徒又是官奴隶说,认为隶臣妾分为刑徒隶臣妾和官奴隶隶臣

---

① 林剑鸣《"隶臣妾"辨》《"隶臣妾"并非奴隶》《三辨"隶臣妾"》,若江贤三《秦汉时期的劳役刑——以隶臣妾的刑期为中心》,王占通、栗劲《"隶臣妾"是带有奴隶残余属性的刑徒》,栗劲《秦律通论》,A. F. P. Hulsewe,*Remnant of Ch'in Law*,pp. 15—17、28。其中,王占通、栗劲的论文主张无期刑徒说。张传玺《略论秦代隶臣妾的身份问题》关注未被收监的特殊服役方式。此外,还有陈玉璟的《〈秦律〉中"隶臣妾"性质再论》,提出了一岁刑说。
② 高恒《秦律中"隶臣妾"问题的探讨——兼批四人帮的法家"爱人民"的谬论》《秦律中的刑徒及其刑期问题》,吴树平上页注①的论文,苏诚鉴《秦"隶臣妾"为官奴隶说——兼论我国历史上"岁刑"制的起源》,富谷至《秦汉时期的劳役刑》,籾山明上述论文,徐鸿修《从古代罪人收奴刑的变迁看"隶臣妾"、"城旦舂"的身分》,张金光《关于秦刑徒的几个问题》。
③ 高敏《关于〈秦律〉中的"隶臣妾"问题质疑》及上页注①论文,黄展岳《云梦秦律简论》,李裕民《从云梦秦简看秦代的奴隶制》,宋敏上页注①论文,宫长为、宋敏《"隶臣妾"是秦的官奴婢》,高敏、刘汉东《秦简"隶臣妾"确为奴隶说——兼与林剑鸣先生商榷》。林剑鸣在《秦史稿》第 214 页,采用了与林氏上述论文不同的隶臣妾官奴隶说。

妾两种①。第五,至今为止仅是一家之言,即在终身奴隶之上加上有期徒刑说②。照此看来,要解决隶臣妾的问题,必须参照以上诸说讨论其性质问题,同时有必要探讨其在中国法制史上的地位。

二、私家奴隶与秦国家

云梦秦简中所见私家奴隶的名称有臣、妾,人奴、人臣、人妾,人民、人、臣徒等。人民以下的称呼见于《日书》(占卜之书)(李学勤《睡虎地秦简〈日书〉与楚、秦社会》),臣、妾,人奴、人臣、人妾是在法律文书中使用的词汇,应该是法律上的名称。很久以前,使用的是臣妾系统的用语,还没有出现汉代以后使用的奴婢。③ 很多学者认为隶这一名称也代指奴隶,但后面也将论及,还存在隶臣妾的隶。私家奴隶主要来源于君主的赠与、买卖、债务等,与后世的私奴婢是在同样的条件下产生的。他们的劳动涉及各个领域,涵盖从家内杂用到各种生产部门的劳动。上文已经论述这些问题,这一节主要讨论的是私家奴隶制在国法上的地位问题。

不言而喻,私家奴隶制指民间的奴隶主与奴隶的关系。如前所述,奴隶在这种情况下,是赠与、买卖的对象,或者是债务的人

---

① 杨剑虹《"隶臣妾"简论》,施伟青《"隶臣妾"的身份复议》,李力《亦谈"隶臣妾"与秦代的刑罚制度》,刘海年《关于中国岁刑的起源——兼谈秦刑徒的刑期和隶臣妾的身份》。刘海年在《秦律刑罚考析》中提出刑徒隶臣妾属于有期刑。
② 钱大群《谈"隶臣妾"与秦代的刑罚制度》《再谈隶臣妾与秦代的刑罚制度——兼复〈亦谈"隶臣妾"与秦代的刑罚制度〉》。
③ 臣、妾是卜辞以来使用最频繁的奴隶的名称。上述《日书》中也有这一用语,《汉书》卷四〇《张良传》载郦食其之语云"陛下诚复立六国后,此皆争戴陛下德义,愿为臣妾",在秦代这一用语还不是法律用语,仅在日常使用。奴、婢也是金文以来开始使用的,但奴婢在法律上频繁的使用则是从汉代开始的。

质，与财产无异。上述《日书》中也屡次将奴隶与马牛、六畜、畜牲、禾粟、货币等并列记载；秦律中，将"一臣若一妾"与"一马若一牛"等同（《司空律》，207简，第85页）；还可以看到"臣妾、衣器"属于妻子的陪嫁品（《法律答问》，540、541简，第224页）。原本，奴隶主对这类奴隶应该拥有绝对的控制权。但是，若在这层关系上加入了公权力，即奴隶主也要受公权力统治，而奴隶主与奴隶之间因公权力的介入，奴隶主的权力变得并非绝对、排他的。当然，使用公权力的国家，会努力维护奴隶主的阶级统治①，问题是如何制约奴隶主的权力（主人权），可以容忍的限度又是多少？这一程度随着国家性质、时代状况的不同而不同。可以尝试以此为中心，来考虑秦简中所见秦律的情况。但是，必须事先说明，关于私家奴隶的文书，比隶臣妾等相关材料还要稀少。

首先，是奴隶与一般人的关系，《法律答问》中仅存一条关于盗窃的史料。

> 或捕告人奴妾盗百一十钱，问主购之且公购之。公购之也。（511简，第211页）

简装本《睡虎地秦墓竹简》注解称，这条说的是如果出现奴隶盗窃他人财物的情况，逮捕到奴隶的人的奖金应该是由奴隶的主人出还是政府出的问题。原文的购字还有赔偿的意思，也可以解释为被害者的赔偿由谁出的问题，但若"公购之"的话，还是应该解释成奖金。由此推测，当时已经确立了公权力并掌握了裁判权，奴隶与一般人之间发生的案件都应由国家判决。上述问题也表明公权力的确立并非那样久远。

---

① 关于秦代的国家性质，有秦代是奴隶制国家说、封建制国家说、皇帝对小农的个别人身统治体制说等，奴隶主的地位也因此有所不同。

其次,关于奴隶主与奴隶的关系,奴隶主是不能擅自杀害自己的奴隶或对其处以重刑的,而是必须由官府决断。《封诊式·告臣》中载:

> 某里士伍甲缚诣男子丙,告曰:丙,甲臣,骄悍,不田作,不听甲令。谒卖公,渐以为城旦,受价钱。(617—618简,第259页)

某里的士伍即平民甲向官府(指县廷)提出要对自己的奴隶处以刑罚,在这种情况下,官府向他征购了这个奴隶。此外,《封诊式·黥妾》中提到:

> 某里公士甲缚诣大女子丙,告曰:某里五大夫乙家吏。丙,乙妾也。乙使甲曰:丙悍,谒黥劓丙。(622—623简,第260页)

女奴隶的主人拥有五大夫的爵位,向县廷提出要对任命为家吏的女奴隶处以刑罚。从下述《史记》卷九四《田儋传》中的记载中也可以看出,很早以前对奴隶处以刑罚就需要向官府提出申请。

> 陈涉之初起王楚也,使周市略定魏地,北至狄,狄城守。田儋详为缚其奴,从少年,之廷,欲谒杀奴。见狄令,因击杀令。

这条史料记载田儋利用杀奴隶需要向县廷提出申请的法令来接近县令,由此成功击杀县令的事件。

那么,在《秦简》中虽无明文记载奴隶主如果未经官府决断而处分奴隶应该如何处理,但是,在《汉书》卷五三《景十三王传》中记录了一篇大鸿胪王禹的奏文:

> (缪王)元,前以刃贼杀奴婢,子男杀谒者,为刺史所举

奏,罪名明白。病先令,令能为乐奴婢从死,迫胁自杀者凡十六人,暴虐不道。故春秋之议,诛君之子不宜立。元虽未伏诛,不宜立嗣。

《汉书》卷一四《诸侯王表》记载,宣帝五凤二年(前56),此奏获批准,缪王被除国。奏文中将元的行为称为"诛君"并称其"暴虐无道",因此,杀害如此众多的奴婢是要以不道罪处死的①。虽然杀害大量的人属于特殊的情况,但是,同在宣帝时期,京兆尹赵广汉怀疑政敌魏丞相的夫人杀害奴婢,也认为其构成犯罪(《汉书》卷七六《赵广汉传》)。从《后汉书》卷一下《光武帝纪》建武十一年(35)条的两条诏书中也可以清楚地认识到杀奴构成犯罪。

春二月己卯,诏曰:天地之性人为贵,其杀奴婢,不得减罪。

癸亥,诏曰:敢炙灼奴婢,论如律。免所炙灼者为庶人。

从后条诏令可知,律法规定了杀害奴婢的刑罚。唐代以后,杀害奴婢的刑罚减轻了许多。但是,在《唐律疏议》卷二二《斗讼律》第二十条中也有记载:

诸奴婢有罪,其主不请官司而杀者,杖一百。无罪而杀者,徒一年。

由此可知,这也是构成犯罪的。可以推测从秦律以来就有了这种

---

① 如大庭脩《汉律中的"不道"概念》所言,汉代不道包含的范围很广,元的"暴虐"不属于大庭氏所列举的范围。不过,从内容上来看相当于唐代十恶中的不道,也可以将其列入汉代不道的范畴。

刑罚。① 但是，秦律规定，处以肉刑必须申请，而汉代废除肉刑以后，除了杀害他人及致他人死以外都不被问罪了②。

有的中国学者认为，制约奴隶主对奴隶的自由处分权，是因为当时已经进入封建社会，这与奴隶制社会不同，多少会对奴隶加以保护（高恒《秦律中"隶臣妾"问题的探讨》、高敏《从出土〈秦律〉看秦的奴隶制残余》）。但是，这种对奴隶主的规定与是否奴隶制社会无关，应该是随着公权力统治的确立而产生的。先前，仁井田陞氏继承了中田薰氏的说法，认为中国奴隶的特征是"半人半物"性质；滨口重国氏对此进行了批判，认为中国的奴隶本来与财产无异，但纳入王法后，产生了带有"人的性质"的一面（《唐代法律上奴婢半人半物说的探讨》，《唐王朝的贱人制度》第一章第三、四节）。关于滨口氏将私奴婢的底端都纳入礼法体系的观点，尾形勇氏提出了反驳，认为是否纳入礼法秩序是区分良与奴（贱）的关键（《良贱制的发展及其性质》，第348页）。不过，纳入王法即国家统治后，奴隶主的权力受到制约，奴隶也的确受到了一定保护。

当然，法律中也有保护奴隶主的规定，即若奴隶加害奴隶主，法律肯定会对奴隶进行严厉惩罚。在《法律答问》中有两条：

> 臣强与主奸，何论。比殴主。（445简，第183页）
> 臣妾牧杀主。●何谓牧。●欲贼杀主，未杀而得，为牧。

---

① 李大生的《"汉代奴隶社会"说质疑》认为，在秦代，即使奴隶主杀害奴隶，官府也不予追究，而在汉代，因董仲舒强调"天地之性，人为贵"，所以出台了禁止杀害奴隶的法令。其关于对秦代的判断，是根据本节稍后引用的非公室告、家罪条而下的，这一点与中国的许多学者是共通的。但是，唐赞功在《云梦秦简官私奴隶问题试探》中，列举了秦代不允许奴隶主任意杀害奴隶的理由。正如本文所论述的那样，这些学者的看法是有道理的。
② 肉刑废止后，往往给奴婢施墨。在《三国志》卷一二《魏书·毛玠传》中有"汉律，罪人妻子没为奴婢，黥面"，《魏书》卷七七《高谦之传》中，也有其家"世无髡黥奴婢"的记载。一般来说，多为髡黥的奴婢。

(446简,第184页)

或许有人会觉得强奸与殴打同刑是不可思议的事情,法律规定臣妾殴打主人将被处以最高的刑罚。《唐律》中规定强奸者处斩(《杂律》二六条),至于殴打之刑还有若干疑问,或绞或斩(《斗讼律》二二条)①。后一条答问中问牧杀的"牧"的含义,解释称谋杀未遂,到"臣妾牧杀主"是法律的原文,其后是量刑的规定。接下来这一条也是《法律答问》中的,规定如果奴隶盗主人牛逃亡国外,应该如何处置。

人臣甲谋遣人妾乙盗主牛,卖,把钱偕邦亡,出徼,得。谓各何也。当城旦黥之,各畀主。(375简,第152页)

这种情况下,奴隶被处以黥城旦的刑罚,但是与普通人不同的是,处以刑罚的奴隶需要交还给主人。但是,城旦是劳役刑,而且又是无期刑,那么,又怎么才能交还给主人?虽然城旦刑中应有换刑等的特例,但具体细节尚不清楚。

综观上述,可知在奴隶犯罪时,奴隶主的主人权会受到公权力的限制,公权力是不允许主人擅杀或擅刑奴隶的。换言之,奴隶主自救的时代已经过去,进入了全部交由公权力处理的阶段。② 国家不仅规定了普通人之间、普通人与奴隶之间的关系,也规定了奴隶

---

① 在《唐律疏议》卷二二《斗诉律》第二二条中有"诸部曲、奴婢,过失杀主者绞,伤及詈者流。即殴主之期亲及外祖父母者绞,已伤者皆斩。詈者徒二年,过失杀者,减殴罪二等。伤者又减一等",但是,没有直接规定殴主的刑罚。戴炎辉《唐律各论》第194页,认为相当于"举轻明重"(《名例律》第五〇条);戴氏《唐律通论》第85页、仁井田陞《中国家父长权力的构造》(《中国法制史研究 奴隶农奴法·家族村落法》)第352页,认为殴主当绞;而滨口重国上述书第47页、尾形勇上述论文第338页,认为当斩。
② 在秦律中并没有自救的遗制,如《法律答问》中就提到:"贼入甲室,贼伤甲,甲号寇。其四邻、典、老皆出不存,不闻号寇。问当论不当。[四邻]审不存,不当论。典、老虽不存,当论。"(468简,第193页)

主与奴隶之间的关系,这说明中国的国家维持着以君主为首的身份秩序。以下关于奴隶之间的犯罪的规定也是如此。

> 人奴擅杀子,城旦黥之,畀主。(443 简,第 183 页)
>
> 人奴妾笞子,子以肤死。黥颜须,畀主。(444 简,第 183 页)

前者是故意的,而后者是过失致死,法律中规定普通人"擅杀子,黥为城旦舂"(439 简,第 181 页),奴隶擅杀子量刑也相同;与后世的唐代一样,奴隶的家族秩序也以普通人的家族秩序为基准。尾形勇认为"良民必须遵守国家秩序的基础即'父权家长制的家族秩序',即使是'贱民'也要达到像良民那般强制性要求"(上述论文,第 349 页)。如果奴隶原本是物的话,那他本身是否有必要维持家族秩序就值得怀疑。或许正因奴隶是物、是主人的财产,才没有擅自杀害自己子女的权力。这应该才是根本性的原因(杨建虹《"隶臣妾"简论》,第 92 页)。

不论是上述擅杀子的情况,还是前述偷盗主人牛的情况,犯罪的奴隶都需要"畀主"。这无疑是为保护奴隶的主人权,保障主人对奴隶的奴役而采取的措施。不过,这里的"主"指的是什么,其囊括的范围又如何呢?在《法律答问》中有以下记载:

> 人奴妾盗其主之父母,为盗主,且不为。同居者为盗主,不同居不为盗主。(390—391 简,第 159 页)

由此可知,同居的范围即主。换言之,奴隶具有同居家族共产的性质。① 但是,无法由此充分说明同居与奴隶之间的关系。下面

---

① 关于秦代的奴隶是否属于同居家族的共产,据本文前述的"人奴妾盗其主之父母"条,及后述公室告、非公室告"子盗父母"条所记,无法进行明确的判断。

第三章　云梦秦简所见的奴隶身份

是两条关于连坐的规定：

> 盗及诸它罪，同居所当坐。何谓同居。●户为同居，坐隶，隶不坐户谓也。（392简，第160页）

> 何谓室人。可谓同居。同居，独户母之谓也。●室人者，一室尽当坐罪人之谓也。（571简，第238页）

后条中"独户母"的含义很难理解，佐竹靖彦认为，"母"同"贯"，所谓同居即同一户贯或户籍（《秦国的家族与商鞅的分异令》），前条的"户为同居"也是如此。① 不过，隶犯罪，户（同居）要连坐；相反，户犯罪，隶则不需要连坐。"隶"究竟指奴隶，还是指比奴隶范围更广的隶属者，②仍存有疑问，不过至少可以肯定，奴隶是包含在其中的，这里仅就奴隶的问题进行探讨。奴隶犯罪，户（同居）要连坐，是因为他们作为奴隶的主人，负有监督的责任，由此也反映出公权力对主人权的制约。另一方面，同居的主人犯罪，奴隶不需要连坐，是因为他们是财物，国家不承认他们具有成为户成员的资格（朱绍侯《秦汉土地制度与阶级关系》，第161—162页）。

---

① 据佐竹氏"户母等于户贯"的说法，与"同居"相关的两个定义在含义上是一致的。Hulsewé氏指出"这很好解决，据《佩文韵府》，户贯一语最初出现在五世纪"（Hulsewé, op. cit. p. 179）。关于"独户母"的含义，简装本的注认为是"一户中同母之人"。在马先醒《秦简杂考》中，据此认为"同居"有广狭二义，如果同居是独户母的情况，则表示同居的条件不仅是同户，而且是血族。此外，太田幸男《睡虎地秦墓竹简所见"室""户""同居"》中，将独户母解读成"户从母中独立出来"，认为从父母中独立户籍视为正丁，而与父母同"室"（家屋）则为"同居"。太田氏认为"户"是以正丁一人的标准编成的，"户为同居"即（在同居者中）独自成"户"者为"同居"。据此说法，"同居"的条件不是血族，而是正丁，这样"同居"的范围就更狭窄了。

② 如简装本的注释，中国的许多学者将这里的"隶"解释为奴隶。此外，隶属于官府的被称为"府隶"（161简，第67页）、"耐卜隶、耐史隶"（564简，第234页）等，这里也有许多人将其等同于作为官奴隶的隶臣妾。隶字的用法稍后叙述（第138页注①），奴隶的限定暂时存疑。

127

这种除去奴隶等拥有连带责任的人被称为室人①,要与同居区分开来。

上述同居家族相当于奴隶的主人,虽然奴隶属于同居者的共同财产,但这并不意味着同居者之间是平等的,实际上俨然存在年长者的权力。还是在《法律答问》中,有以下两条:

> 公室告(何)也。非公室告何也。贼杀伤、盗它人为公室。子盗父母,父母擅杀、刑、髡子及奴妾,不为公室告。(473 简,第 195 页)

> 子告父母,臣妾告主,非公室告,勿听。●何谓非公室告。●主擅杀、刑、髡其子、臣妾,是谓非公室告,勿听。而行告,告者罪。告者罪已行,它人又袭其告之,亦不当听(474—477 简,第 196 页)

如第二条所述,法律禁止子告父母或者奴隶告主,这被称为非公室告。此外,据前条"子盗父母",可知即便是盗,父母一方的诉讼也不被受理。② 父母对子女、主人对奴隶,如果擅自杀害、处以肉刑或剃发都属于非公室告。这些应该都是国法禁止的行为,即便如此,子和奴隶一方也不能起诉,如果控告,会受到惩罚。可以说

---

① 关于室人,广义而言有认为是作为连坐范围的三族(佐竹靖彦《秦国的家族与商鞅的分异令》),狭义来说有认为是除奴隶之外的同居小家族(松崎常子《睡虎地秦简所见秦代的家族与国家》)。这里因为不是直接讨论家族制度,故不细说。但是,关于将室人等同于连坐范围这一点,在古贺登《汉长安城与阡陌、县乡亭里制度》第 299 页中也有一致的看法。与此相对的是,富谷至在《连坐制及其周边》中认为"正式连坐(缘坐)的对象是'同居'"。而且,富谷至认为这里的同居是共籍之人,虽然奴婢不登记在户籍中,但室人包含奴婢在内。不仅是我,多数学者都赞同将同居解释为共同户籍之人,至于中日两国学者的争论点,则在于户籍中是否要登记奴婢。另外,朱绍侯与富谷至有同样的看法,我也认为这种可能性很大,但不能完全断定。据现存的史料还不能断定室人包含奴婢在内。
② 《法律答问》载,"父盗子,不为盗"(389 简,第 159 页),父亲一方不论罪。

非常重视父母对奴隶的主人权和对子女的亲权。从文中将主人与父母、奴隶与子女并列记载可知，主人权和亲权有一体化的倾向。但是，此时并没有记载说明权力集中于家父一人①。不过，从下述"家罪"的有关规定中，也可以看出家父的重要性：

> 家人之论，父时家罪也。父死而甫告之，勿听。何谓家罪。家罪者，父杀伤人及奴妾，父死而告之，勿治。（476 简，第 197 页）

> 何谓家罪。●父子同居，杀伤父臣妾、畜产及盗之，父已死，或告，勿听。是谓家罪。（478 简，第 197—198 页）

这一段比较难理解，按简装本注释的说法，家罪就是一人犯罪，家人要连坐。在这种情况下，父亲犯罪（前条事例）或子女犯罪（后条事例），在父亲在世时可以告发他，但在父亲死后是不允许告发的。换言之，若要论及家人的家罪，是根据父亲的生死来决定其有无的。② 由此显示，家父对家有管理权，或者说正是在这种管理权之下，家才得以成立。③

由上可知，奴隶的主人权与亲权、家父权同样受到重视。刚才论述到奴隶主处罚奴隶，必须向官府提出申请，在秦律中，父母处罚子女也是要向官府提出申请的。《封诊式》中题为"迁子""告子"的两条，有如下的记载：

---

① 堀敏一在《中国的律令制与农民统治》中论述，从非公室告的例子可以看出父权家长制的发展，现依本文进行订正。
② 在简装本中，家罪的两条引用之间，有这样的记载："葆子以上，未狱而死若已葬，而誧（甫）告之，亦不当听治，勿收，皆如家罪"（477 简，第 197 页），葆子这一特权阶层犯罪的情况，还是以生死为基准。
③ 松崎常子上述的论文（第 130 页注①）中提到重要的一点，"法律通过父亲行于家族内、亲族内"，通过非公室告、家罪，可知"父以外含第三者在内的告'勿听'"。据此可知，在父亲生前，是不允许第三者告发的，因而也无法防止父亲与主人的擅杀。

> 某里士伍甲告曰：谒鋈亲子同里士伍丙足，迁蜀边县，令终身毋得去迁所，敢告。(626—627简，第261页)
>
> 某里士伍甲告曰：甲亲子同里士伍丙不孝，谒杀，敢告。(630简，第263页)

由此可知，奴隶的主人权与亲权被同等对待。上述第二条中提到，父母想处死不孝的子女需要提出申请，如果随意处死的话，要受黥城旦之刑。从"擅杀、刑、髡其后子，谳之"(442简，第182页)的记载也可以看出，父母不可以对子女施加肉刑或剃发。由此类推，奴隶主擅自杀害奴隶或对奴隶处以肉刑，也是要受到处罚的。国家通过公权力来制约主人权和亲权，然而还有一点值得关注：在《封诊式》的申告中，甚至还规定了主人或父母施加的刑罚的具体内容。当然，接受申告的县在调查时，允许在公权力范围内同意主人或父母的请求。刚才提到法律规定受处罚的奴隶需要交还给主人，秦律相比后世来说，更广泛地承认主人和父母的裁夺。从中也可以看出公权力并没有完全掌握刑罚的决定权和施行权。

以上讨论了国家与奴隶主、奴隶之间的关系，以及家父和父母与子女之间的关系。在秦简中还有一条意味深长的记载：

> 免老告人以为不孝，谒杀。当三环之不。不当环，亟执勿失。(472简，第195页)

所谓免老，指达到免服国家劳役年龄的老人。免老告发不孝之人，希望对他们处以死刑，这也有点超越家父长权、亲权的意味。恐怕共同体内长老的权力便是以这种形式（免老或告的形式）在国法之内运作的。罪不过三，是公权力确立以前就有的古老习惯。现在是不允许了，但是从这种凡事论是非的做法，也可以看出这一规定由来已久。法律承认父母与长老对不孝的行为的裁定;但是,奴隶的主人权和家父、父母的权力受到长老权力的制约。问题是,主人权、亲权之上长老的权力和国家的权力存在竞争关系,在竞争中,国家的权力不断强化,最终对奴隶主、家父实行统一的统治。由此看来,秦律尚且属于过渡时期的法律。这已经超出本课题的研究范围,姑且不论,不过秦律中妻子的地位比后世高,也与处于过渡期有关。① 如此,家父长权也作为强化国家权力的后盾,逐渐走向完善。

三、隶臣妾

本节将对隶臣妾进行探讨。关于隶臣妾已经有了诸多的议论,其中也列举了许多史料,现仅引用行文所必须的最低限度的史料。

首先,可以确定的是隶臣妾是刑罚的名称,指处以刑罚的刑徒。《法律答问》中有如下记载:

> 士伍甲盗,以得时直臧,臧直过六百六十。吏弗直,其狱鞫乃直臧,臧直百一十,以论耐(为隶臣)。问甲及吏何论。甲当黥为城旦。吏为失刑罪,或端为,为不直。(403—404简,第165页)

> 士伍甲盗,以得时直臧,臧直百一十。吏弗直,狱鞫乃直臧,臧直过六百六十,黥甲为城旦。问甲及吏何论。甲当耐

---

① 先前讨论到主人杀害奴婢罪,唐代比秦汉时期的要轻。父母杀子罪也是一样的。此外,丈夫殴伤妻子,在秦律中与普通人同等量刑,而唐律中则比普通人减二等。综合来看,唐代的家父长权有所增强。

谓隶臣。吏为失刑罪(405简,第166页)

对比二者,可知赃物价值过六百六十钱的刑罚是黥城旦,过一百一十钱是耐隶臣,城旦和隶臣是同类的刑罚。《法律答问》中还载道:

> 当耐司寇而以耐隶臣诬人,何论。当耐为隶臣。一当耐谓侯(候)〔而以耐司寇〕罪诬人,何论。当耐为司寇。(487简,第202页)

这条是诬告反坐的规定,由此可知隶臣、司寇、候都是同类的刑罚。①

上文中的隶臣妾大部分是以刑罚名出现的,《秦律杂抄》中有两条刑罚名以外的记载:

> 战死事不屈,论其后。又后察不死,夺后爵,除伍人。不死者归,以为隶臣。(365简,第146页)

> 寇降,以为隶臣。(366简,第146页)

前者说是战死,实际上或许指在战场上逃亡,被敌人俘虏后又被释放归还的人。这些人成为隶臣,也可以说是一种刑罚。后者指的是投敌者,在早期中国,奴隶的来源除刑罚外,还有俘虏和投降者。这里的隶臣妾应该是这一系统的。寇是侵犯国境之人,当然也是刑罚的对象(王占通、粟劲《"隶臣妾"是带有奴隶残余属性的

---

① 这里仅仅是列举了秦代隶臣妾与其他刑罚有一连串关系的两三个例子。秦代主要的劳役刑除此之外还有鬼薪白粲,可以明确的是他们与汉代的钳城旦舂、完城旦舂、鬼薪白粲、隶臣妾、司寇、作如司寇、戍罚作、复作体系至少在名称上有关联。关于秦代刑罚的整体性研究可以参照堀毅《秦汉刑名考》、刘海年《秦律刑罚考析》、汤蔓媛《从睡虎地秦简看秦代的刑罚类别》;关于汉代的刑罚,可以参考滨口重国的《汉代的强制劳役刑及其他》。

刑徒》），不论是否侵犯国境，从王朝的立场上来看，只要是战争敌对的对手就都被称为寇或者贼。此外，《属邦律》中有一条这样的记载：

> 道官相输隶臣妾、收人，必署其已稟年日月，受衣未受，有妻毋有。受者以律续食衣之。（《属邦》，268简，第110页）

这虽未直接表明来源，但因为是属邦道官送来的，文中的"隶臣妾"应该指由少数民族或外民族供送给中央服劳役之人，或许也包括前述的从战场上归还或投敌之人。隶臣妾与"收人"的关系有很多种说法，仅凭本文的例子还无法下定论。不过，包括前述的《杂抄》在内，都只列出了隶臣妾的名称，却并不清楚为何没有出现其他种类的刑徒名。但是，可以肯定的是，隶臣妾有着与其他刑徒、刑罚不同的特质。

以下，列举一些反映隶臣妾劳役的主要史料。

1. 隶臣田者，以二月月稟二石半石，到九月尽而止其半石。……（《仓》，118简，第49页）

2. 将牧公马牛，马〔牛〕死者，亟谒死所县。……其小隶臣疾死者，告其□□之。其非疾死者，以其诊书告官论之。……（《（厩苑）》，83—84简，第33页）

3. 免隶臣妾、隶臣妾垣，及为它事与垣等者，食男子旦半夕参，女子参。（《仓》，126简，第53页）

4. 隶臣有巧，可以为工者，勿以为人仆、养。（《均（工）》，180简，第76页）

5. 隶妾及女子，用箴为缉绣它物，女子一人当男子一人。（《工人程》，177简，第74页）

6. 行传书、受书，必书其起及到日月夙暮，以辄相报也。

书有亡者,亟告官。隶臣妾老弱及不可诚仁者勿令。……(《行书》,251简,第104页)

7. 告子 爱书①,某里士伍甲告,甲亲子同里士五丙不孝,谒杀,敢告。即令令史己往执。令史己爱书,与牢隶臣某执丙,得某室。(《封诊式》,630—631简,第263页)

1是农业,耕种官府所有的公田,2是畜牧官有的马牛,3是修筑土墙,到此是纯粹的体力劳动。4、5是在官方工房中需要技术的劳动,这些人被称为"工隶臣"(参照角谷定俊《秦代青铜工业的一个考察》)。4中这类有技术的人相当于仆、养,所以隶臣是在被称为仆、养等的官吏个人身边服务的职务。6、7也是在政府机关服务的,6负责公文书的传达,7被称为"牢隶臣",负责法律的执行。有一点值得注意,隶臣妾的劳役涉及官府相关的各个领域。

在发现云梦秦简的半个世纪之前,滨口重国就已经阐明了汉代的隶臣妾"如城旦、鬼薪刑一般是特定的刑役,基本上是从事官府中的杂役"(《汉代的强制劳役刑及其他》)。滨口氏是根据隶臣妾的语义来推断的,并没有列举关于汉代隶臣妾从事实际劳动的史料。纳入汉代劳役刑体系的隶臣妾,是否保持原来的劳动形态目前还不清楚。但是,正如滨口氏推测的那般,秦代的隶臣妾明显区别于其他劳役刑,是用于官府的杂役的。的确,如本节开头所示,在秦代,隶臣妾与其他的城旦舂、鬼薪白粲、司寇、候等是同类的刑罚。但是,秦代与汉代不同,这些刑罚之间不存在刑期长短的不同。那么,如何确

---

① 关于秦汉时期的"爱书",有人认为是与审判相关的调查书,实际上类似于下级官吏书写后提交上级的行政报告书。参照籾山明《秦代审判制度复原》。

定刑罚之间的区别和轻重呢？应该是由劳动的种类、形态决定的。恐怕在秦代，原则上是根据各自刑名的语义让其从事相应的劳动。高恒等学者也指出了这一点(《秦律中的刑徒及其刑期问题》)。① 因此，隶臣妾的劳动也与滨口氏据其名称推测的内容相同。此外，在秦简残存的部分中，上述诸刑中出现次数最多的还是城旦舂和隶臣妾。即便是残存部分的内容偏向二者，那也依旧太多了。因为需要很多这两种刑罚者的劳动，所以为了能有更多的刑徒分配到这些地方，会规定刑罚的内容。

那么，与这一劳动内容对应的隶臣妾这一词语，有着怎样的含义，又是怎样产生的呢？《国语》卷八《晋语二》中记载了晋人为将流亡的太子夷吾带回晋国，说服秦穆公之语："晋国其谁？非君之群隶臣也。"但是，这里的隶臣是家臣、臣下的意思。据现在所知，带有刑徒或者奴隶含义的隶臣妾，是战国时期新出现的法律用语，也是公权力规定的法律身份，目前并没有否定富谷至、籾山明两者观点的史料上的根据(富谷至《秦汉时期的劳役刑》、籾山明上述论文)。虽然有少许含义上的不同，但不能忽视从春秋时期就开始使用隶臣这一词语的事实。也就是说，不管是隶还是臣、妾，很早就开始使用，兼有臣下和奴隶的含义。所以，结合两者的隶臣，也兼有臣下、奴隶这两层含义。正如第一章所述，臣、妾原指在主人身边侍奉的家内奴隶性的隶属者，随着君主权力的发展，成为为君主工作的官僚，另一方面也会用于土地耕作，由此成为奴隶的一般名称。而且，如前节所述，这种用于指代奴隶的一般名称也被秦律采用。不过，目前的确很难确定隶的本来含

---

① 但是，高恒氏也强调过，这是秦代刑罚的原则问题，实际上每个城旦也从事相当多样的劳动。参照张金光《关于秦刑徒的几个问题》表二。

义,但是如前所述,在春秋时期隶明显有两层含义①,意为奴隶时,被称为隶、皂隶、隶圉,指隶属于官府、在官府等地方从事劳役的人们。我在第二章也提到,战国以后的隶臣妾是春秋时期身份制的后身,这种身份制没有随着春秋战国时期的社会变动而消亡,而是演变成新的身份。由此推测,隶臣妾的性质还是属于为官府服杂役的下层身份,战国时期因政府机关的扩大,需要更多的受刑罚之人。

关于隶臣妾最大的问题是,他们是否拥有家庭、经济独立和劳动的闲暇时间(高恒《秦律中"隶臣妾"问题的探讨》;A. F. P. Hulsewé, "The Ch'in Documents Discovered in Hupei in 1975";籾山明《秦代的隶属身份及其起源》)。与这相关的史料,主要是衣食支给的规定。

> 1. 隶臣妾其从事公,隶臣月禾二石,隶妾一石半,其不从事,勿禀。小城旦、隶臣作者,月禾一石半石,未能作者,月禾一石。小(隶)妾、春作者,月禾一石二斗半斗,未能作者,月禾一石。婴儿之毋母者各半石,虽有母而与其母冗居公者,亦禀之,禾月半石。(《仓》,116—118 简,第 49 页)
>
> 2. 禀衣者,隶臣、府隶之母妻者及城旦,冬人百一十钱,夏五十五钱。其小者冬七十七钱,夏四十四钱。春冬人五十五钱,夏四十四钱。其小者冬卅四钱,夏卅三钱。隶臣妾之

---

① 林剑鸣的《"隶臣妾"辨》中,谈到隶字的变迁,隶字原本与鬲字相同,春秋以前意指奴隶,而到战国以后逐渐有群辈、一般、卑下的含义,并不指代奴隶。但是如第二章所述,《左传》襄公二十一年条"臣为隶新"、昭公六年条"下臣,君之隶也"等与襄公二十三年条"斐豹隶也,著于丹书"不同,前者指臣下,后者指奴隶,在春秋时期,隶与臣字相同,都有这两层含义。在《国语》卷三《周语下》中"子孙为隶,下夷于民"、同书卷五《鲁语下》中"卞有罪而子征之,子之隶也"的韦昭注解释称"隶,役也"。如果隶字的原意有隶属,使役的含义,那么拥有臣下和奴隶两层含义也就不足为奇了。高敏、刘汉东的《秦简"隶臣妾"确为奴隶说——兼与林剑鸣先生商榷》中,逐一对林说进行了批判,认为隶有奴隶与隶属的含义,隶臣妾指隶属于官府的奴隶。或许是那样的,如上述"户为同居,坐隶,隶不坐户谓也"(392 简,第 160 页)中的"隶"字,也代指私家的隶属者。

老及小不能自衣者,如春衣。●亡、不仁其主及官者,衣如隶臣妾。(《金布》,161—163简,第67—68页)

3. 隶臣妾、城旦舂之司寇,居赀赎债系城旦舂者,勿债衣食。其与城旦舂作者,衣食之如城旦舂。隶臣有妻,妻更及有外妻者,债衣。(《司空》,208—209简,第87页)

第一条是食粮支给规定,据规定可知从婴儿到小隶臣妾都是官给,成为壮丁(身长六尺五寸以上)后,只有从事公事会供给粮食,不从事的不供给粮食。高敏解释称,这一规定是为防止奴隶消极怠工(《从出土〈秦律〉看秦的奴隶制残余》、唐赞功《云梦秦简官私奴隶问题试探》),但林剑鸣对此进行了批判(《三辨"隶臣妾"》)。我也认为既然律文中写明,实际上也有隶臣妾不从事公事的情况。其中之一,便是第三条所述的让他从事相当于城旦舂的劳役,从别处支给衣食。对照下述的衣食支给的规定,可知也有可能从家中供给粮食。隶臣妾的特殊形式是更隶妾。

更隶妾即有急事,总冗,以律禀食。不急勿总。(《仓》,121简,第50—51页)

据简装本的注释,更是轮番更代的意思,更隶妾就是有一部分时间在官府服役。在这种形态下,不从事公事期间当然要自给衣食。① 上述食粮支给规定中值得注意的是,小隶臣妾是与小城旦

---

① 宋敏在《云梦秦简——奴隶制社会的新证》中,推测存在与更隶妾相似的更隶臣,并认为会征发私奴婢服役。这一说法十分有趣,本文所引的条文是《仓律》中的食粮支给规定,如果存在更隶臣的话,那么应该一并规定。从《秦律·工人程》"冗隶妾二人当一人,更隶妾四人当工(一)人,小隶臣妾可使者五人当一人"(176简,第74页)可知,存在与更隶妾相对的冗隶妾。将冗隶妾的冗与上引的"(婴儿)与其母冗居公者"的例子和冗员、冗官、冗职等语对照,可知冗隶妾指没有固定职务的隶妾。值得注意的是,在上述《工人程》中有小隶臣妾的说法,但并没有冗隶臣妾、更隶臣妾的说法。

春一同规定的,至于开头部分壮丁是否从事公事的问题,只是针对隶臣妾而言的。关于城旦舂:

> 城旦舂衣赤衣,冒赤氈,枸椟欙杕之。……舂城旦出繇者,毋敢之市及留舍阓外。当行市中者,回,勿行。……(《司空》,214—215 简,第 89—90 页)

可知,要穿赤色的囚人服、戴囚人帽,还要戴首枷、足枷,而且被隔离起来劳动。从上述第三条也可以想象,会给他们平时的衣食。由此也可明确隶臣妾与其他的刑徒是区别对待的。

上述第二条衣料支给规定记录了冬夏衣料的费用。但是,这里的费用,究竟是官府负担衣料的标准金额,还是实际上刑徒负担的费用,还不确定。① 关于食粮,有以下条文:

> 系城旦舂,公食当偿者,石卅钱。(《司空》,210 简,第88页)

简装本注释认为,上述衣料费是由刑徒负担的,但是,全年都劳动的刑徒是否有能力出这份金钱还是一个问题。而且,注释称这些费用作为官府债务累积下来,刑人必须增加劳动量来偿还,但是总感觉不现实。不过,只有隶臣妾是例外。据第三条可知,隶臣妾有妻子,如果妻子是非番者或者被称为外妻的自由人,是需要为服役的丈夫提供衣服的。秦代的隶臣妾有这样的妻子,所以不同于唐代的奴婢,强制同色为婚。由这种外妻的存在,也可以知道隶臣妾原本是自由人,是因为刑罚而被降低了身份。但是,如果仅仅是那样的话就与其他的刑徒相同,并没有只有隶臣的衣服

---

① 杨巨中在《从云梦秦简看秦的生产关系》中,认为前者即揭示了标准的衣料价格。但以简装本编者为代表,多数人都认为刑徒需要负担衣料费。

需要依靠妻子的理由。或许多数隶臣妾都是出身于刑徒,不仅如此,也不像其他刑徒一般被隔离,考虑到其工作性质,是有机会和外妻接触的。而且这应该是公认的,所以才会让他们衣服自给。

有学者将隶臣妾视为奴隶,其中,有人认为隶臣妾是买卖、赠予、借贷的对象。但是,他的论据有问题。

1. 隶臣将城旦,亡之,完为城旦,收其外妻、子。子小未可别,令从母为收。●何谓从母为收。人固卖,子小不可别,弗卖子母谓也。(486 简,第 201 页)

2. 有投书,勿发,见辄燔之。能捕者购臣妾二人,系投书者鞠审谳之。(423 简,第 174 页)

3. 妾未使而衣食公,百姓有欲假者,假之,令就衣食焉,吏辄被事之。(《仓律》,115 简,第 48 页)

第一条表明隶臣犯错,其妻子会没官,而且没官为奴隶的话有可能被出卖。第二条表明作为政府的奖励,有可能被赐予"臣妾"。第三条是规定"妾"受政府的衣食但并无使役时,可以借贷给百姓,使百姓负担其衣食。如果是"隶妾"的话,受官府衣食而不使役,就与上述的支给规定相矛盾,所以有人认为这里的妾是"小隶妾"①,但原简妾字上并无缺字。以上三简中的奴隶都是官奴隶,并不能作为隶臣妾的证据。隶臣妾奴隶说认为隶臣妾是官奴隶的总称,但这一点尚不明确。

---

① 简装本的注释中有这一说法,李裕民的《从云梦秦简看秦代的奴隶制》,宋敏上述论文(第 139 页注①),宫长为、宋敏"隶臣妾"是秦的官奴婢》,高敏、刘汉东上述论文(第 138 页注①),A. F. P. Hulsewé, "The Ch'in Documents Discovered in Hupei in 1975"等多赞同这一说法;但是太田幸男《湖北睡虎地出土秦律中的仓律》、施伟青《"隶臣妾"的身份复议》中提出了疑问,认为应该是一般的官婢。不论如何,至少对属于官奴隶的隶臣妾,按规定在不从事公事时是不支给粮食的。因此,出现了前者的说法。这一问题与是否能将全部官奴隶视为隶臣妾有着密切的关联。

上述第一条是说明城旦舂是无期刑最有力的证据。因为家人是终身奴隶,而本人的完城旦刑却有刑期,很不可思议(徐鸿修《从古代罪人收奴刑的变迁看"隶臣妾""城旦舂"的身份》、张金光《关于秦刑徒的几个问题》)。关于秦律刑罚有刑期的证据,在《法律答问》中有如下记载:

> 当耐为隶臣,以司寇诬人,何论。当耐为隶臣,又系城旦六岁。(488 简,第 202 页)

上文中的"系城旦六岁",应该是耐隶臣的附加刑。同句其他的两例都是附加刑(参照粭山明上述论文)。隶臣妾当然是无期刑,而且从以下《法律答问》的记载中,也可以看出这一身份是世袭的。

> 女子为隶臣妻,有子焉。今隶臣死,女子北其子,以为非隶臣子也。问女子论何也。或黥颜頯为隶妾,或曰完。完之当也。(544 简,第 225 页)

这段话表明,因隶臣死后,其子必须后继,隶臣的妻子也就是母亲欲带子逃走,所以想分籍。① 上述粮食支给规定中,作为支给对象的婴儿与小隶臣妾也是以这种世袭为前提的。也有人认为这是家族没官的例子,但是,因为小城旦舂和小隶臣妾一样,需要支付粮食,而且城旦舂也是奴隶的名称,所以如果不将没官者与隶臣妾、城旦舂加以区分的话,这一说法是不成立的。因此,城旦舂也有世袭的可能性。②

法律规定隶臣妾在一定条件下可获得解放。一般而言,存在

---

① 苏诚鉴的《秦"隶臣妾"为官奴隶说——兼论我国历史上"岁刑"制的起源》中,认为上条的"以为非隶臣子"并非世袭。但是,考虑到与下述的食粮支给规定的关联,本文认为应当是世袭。
② 堀毅在《唐律溯源考》中提到,城旦舂的罪会传三代。

解放规定,就说明隶臣妾是终身的身份,但是若江贤三以这些为主要史料,希望论证隶臣妾是有期刑(《秦汉时期的劳役刑——以隶臣妾的刑期为中心》),所以最后有必要对这一点进行探讨。首先,列举关于解放规定的史料。

  1. 隶臣欲以人丁龄者二人赎之,许之。其老当免老,小高五尺以下,及隶妾欲以丁龄者一人赎,许之。赎者皆以男子,以其赎为隶臣。(《仓》,128—129 简,第 53—54 页)

  2. 百姓有母及同生为隶妾,非谪罪也,而欲冗边五岁,毋偿与日,以免一人为庶人,许之。●或赎迁,欲入钱者,日八钱。(《司空》,218—219 简,第 91 页)

  3. 欲归爵二级,以免亲父母为隶臣妾者一人,及隶臣斩首为公士,谒归公士而免故妻隶妾一人者,许之,免以为庶人。工隶臣斩首及人为斩首以免者,皆令为工。其不完者,以为隐官工。(《军爵》,222—223 简,第 93 页)

第一条不知为何会列在《仓律》中①,丁男二人为隶臣可以解放一人,丁男一人为隶臣可以解放免老的隶臣,或身长五尺以下的小隶臣,或隶妾一人。一般认为隶臣妾有罪,所以会采取这样的换算方式,但我认为这应该是解放隶臣妾的一般规定。与之相对,第二条阐述母亲及姐妹(原文的"同生"在简装本中为"同产",即兄弟姐妹的意思)为隶妾解放的情况,第三条阐述亲父母、故妻为隶臣妾解放的情况。若江氏之研究存在的问题之一是,在没有考虑这一点的情况下对各条史料进行了比较,并由此得出隶臣妾是有刑期的结论,他认为第一条显示出替身者是终身的身份,与第

---

① 在太田幸男上述论文(第 141 页注①)中也提出了这一疑问,仔细思考可以发现,或许是通过"赎"来增加从隶属者仓库中获得的粮食供给。

二条中在边境服劳役五年相矛盾。此外,他根据第二条中"日八钱"推测隶妾可以用金钱赎免。但是,这是迁蜀刑的赎免规定,不能轻率地将其等同于隶臣妾。

其次,若江氏根据第三条,提出爵二级与隶臣妾具有同等价值。但是,他的说法存在五个问题。第一个问题,同样是在第三条,隶臣因斩首有功可以解放自身或受爵公士升两级,或可返还公士爵位一级以解放故妻。此外,第二个问题,根据第一条,隶臣与隶妾的价值应该不能等同。总而言之,这里爵两级是以隶臣妾刑期的计算为出发点的。以此为出发点,参照《商君书·境内篇》"能得甲首一者,赏爵一级"的记载可知,一甲为爵一级,二甲为爵两级。若江氏所说的一甲、二甲,在秦简中则是赀一盾、赀一甲、赀二甲等的罚金刑。这是源自惩罚需要出盾或铠甲,一甲相当于敌人的首级即"甲首一"的含义。这是第三个问题。再者,据堀毅研究,赀一盾相当于五千钱,赀一甲相当于四盾二万钱(《秦汉刑名考》),而若江氏则认为一甲是二盾,二甲是四盾二万钱。在此,并不讨论他们的观点正确与否。不过,由此可知若江氏希望将这二万钱换算成年数。他参照《汉书·食货志》李悝所言"一夫五口,治田百亩",计算农民的年间总收入为四千五百钱。如果大致看成五千钱,爵二级、二万钱的隶臣妾就是四年刑。但是,农民的收入怎么会成为罚金刑与劳役刑的标准呢?这是第四个问题。最后,四年刑的计算与引文第二条"冗边五岁"的记载有偏差,这种偏差可能包含了五年期间免除的兵役。但是,引文中明确记载了这五年"毋偿与日"。这是第五个问题。

我认为隶臣妾多数源自刑罚,其役务是由春秋时期的皂隶、隶圉发展而来。虽然并不清楚春秋时期的皂隶、隶圉是否由刑罚产生,但中国自古以来就有对犯罪者施加刑罚使其成为奴隶的手段。《周礼·秋官》司厉条载"其奴,男子入于罪隶,女子入于舂、槀",郑司农注"谓坐为盗贼而为奴者,输于罪隶、舂人、槀人之官也"①。中国古代的刑罚是肉刑,从许多古代经典中都可以看到受刖刑之人为门番的习惯,也出土了类似形状的青铜器。据滋贺秀三研究,肉刑使人无法具有完整的人的形态,是剥夺了他作为人的权利并将他流放于社会之外的刑罚,最终通过使役转换为劳役刑(《关于中国上古时期刑罚的一个考察》)。初期的劳役刑是无期刑,受刑者当然有可能沦为奴隶。随着劳役刑的年限从无期变为有期,最终产生了刑期。在刑罚发展史中探讨秦律的地位,秦律主要是劳役刑、肉刑并行,基本上都是无期刑。其中隶臣妾是特别为官府杂务服务而出现的奴隶身份,此时刑罚和奴隶还是未分化的状态。这种处于过渡性阶段的秦律为汉初所继承,在有名的文帝十三年(前167)改革后,肉刑被废止了,正如高恒所言,完成了无期刑到有期刑的转变(《秦律中"隶臣妾"问题的探讨》,此外,还有徐鸿修、张金光上述论文)。正因此,刑罚与奴隶才开始完全分离。

---

① 正如第一章论述的,中国早期的奴隶,除刑罚奴隶(罪犯奴隶)外,还有外族的俘虏,或外族贡纳而来之人;在《周礼》上,除罪隶外,还有蛮隶、闽隶、夷隶、貉隶。从理论上来讲,郑玄依据罪隶条推定汉代的奴婢为古代的罪人是不正确的,在第二章也论述到,在汉代这种观念是通用的。要讨论隶臣妾的形态,刑罚与奴隶之间的关系必须引起重视。

第四章　汉代的七科谪身份及其起源
——商人身份及其他

一、问题之所在

在第二章中,已经对本章将要论述的七科谪问题有所涉及。前文提到:在汉代庶人中存在一部分被差别对待的人,因此很难形成一体的良民身份;其中一部分下层身份的代表就是七科谪。

在《史记》卷一二三《大宛列传》(《汉书》卷六一《李广利传》中也有相同记载①)与《汉书》卷六《武帝纪》天汉四年(前97)正月条中对七科谪一词有如下记载:

> 发七科谪,及载糒给贰师。转车人徒相连属至敦煌。(《大宛列传》)

> 发天下七科谪及勇敢士,遣贰师将军李广利将六万骑、步兵七万骑出朔方。(《武帝纪》)

前者是太初三年(前102)李广利第二次远征大宛时候的事,后者

---

① 关于《史记·大宛列传》与《汉书·李广利传》间的关系,从清末崔适以来,就认为后者才是原文,《大宛列传》是《史记》根据后者对所缺部分的补充,近年何四维(A. E. P. Hulsewé)氏也论及这一问题。但是,榎一雄《〈史记·大宛列传〉与〈汉书〉张骞、李广利传间的关系》还是认为应该以《史记》为本。

是天汉四年(前97)李广利出击匈奴时候的事,都提到了"发天下七科谪",这两条史料的注,引用了魏国张晏对七科谪的解释:

> 吏有罪一,亡命二,赘婿三,贾人四,故有市籍五,父母有市籍六,大父母有市籍七,凡七科也。

关于七科谪的记载只有这么多,但是在《汉书》卷四九《晁错传》有相关的记载。晁错在谈及边防与劝农这"当世急务二事"时,有如下论述:

> 臣闻秦时北攻胡貉,筑塞河上,南攻杨粤,置戍卒焉。……秦之戍卒不能(耐)其水土,戍者死于边,输者偾于道。秦民见行,如往弃市,因以谪发之,名曰"谪戍"。先发吏有谪及赘婿、贾人,后以尝有市籍者,又后以大父母、父母尝有市籍者,后入闾,取其左。

这是秦时,在一般的正规兵之外,对类似汉代七科谪的群体征发兵役,如果兵源还不够的话,就征发有名的"闾左"。由此可知,七科谪性质的刑罚不是在汉武帝时代,而是从秦代开始就已经存在。

但是,观晁错的上言,秦代的谪戍无汉代七科谪中的亡命,而增加了不见于汉代的闾左。关于此点,近年渡部武在《秦汉时期的谪戍和谪民》(第 203 页以下)中认为亡命是汉武帝时期增加的;朱绍侯在《秦汉土地制度与阶级关系》中论述道,秦代虽然增加了闾左,但是闾左的地位要比其他的谪戍户高。这些问题涉及七科谪、谪戍的构成。

七科谪中的七科是七种类别的意思,那谪又有何含义呢?《说文解字》中解释谪"罚也",在《汉书》数处颜师古注中,也将其解释为"罪"。但是,七科谪这一群体,特别是赘婿、和商人相关联的人与罪人是相矛盾的。渡部氏遵从《左传》杜预注"谪,谴也"的说法,认为谪是谴责的意思,谪民指的是存在某些应该被谴责之处的人们。何四维也将"谪民"解释为"reprobated persons",也具有相同的含义(A. F. P. Hulsewé, *Remnants of Han Law*, Vol. 1, p. 131)。朱绍侯将其称为"谪发户",但并不清楚为何会使用这一词语。《列子》中所见的"谪发"一词,如渡部氏所引,似为"责其过"的含义,朱氏或许是指征发流往边境的谪户。云梦秦简中有"谪罪"一词,注释者解释为"流罪"。"谪"应该也有这样的意涵。

关于七科谪,先前已经提及镰田重雄、西嶋定生、片仓穰的研究,他们论述的着眼点是"良家",我将在下章论述。但是,西嶋定生在《中国古代帝国的形成与结构》(第246页)中,对七科谪是贱民的观点(梁玩喆《爵所见的汉代庶人考——以医、商贾为中心》、渡部前述论文)进行了批判。如前面章节所述,汉代"贱民"一词本身并不指特定的身份,不足以证明在仕官与民爵授予时受差别对待的七科谪就被称为"贱民"。三国以后,奴婢等特定身份的人逐渐被称为"贱民",但无限定地使用这一词语的话容易招致误解。此外,赘壻的身份也容易产生误解。渡部氏对仁井田陞将其解释为"债奴"的观点进行了批判。越智重明在《七科谪》中质疑我所述赘壻是债务奴隶特殊形态的观点(堀敏一《身份制与中国古代社会》),他认为这些人不是奴婢身份,试图论证当时不存在与债务相关的奴隶。但是,我也认为包含赘壻在内的七科谪是庶人身份,而不是奴隶身份。渡部氏与越智氏都认为赘壻是异姓的养子,因无法承继家业而受到谴责,但并没有解决他们是否具有债务奴隶性质的问题。

在七科谪中,贾人以下的四科都与商人有关,但如今对商人必须造的市籍还有许多不清楚的地方。美川修一和渡部氏都认为旧市籍所有者是谪民,现在的有市籍者不包含在谪民之内(美川修一《汉代的市籍》)。那么,七科谪第四类的"贾人"仅限于没有市籍的商人,存在这种可能吗?不论如何,罗根泽认为中国的抑商政策是从战国末的荀子开始的(《管子探源》附录二),渡部氏与越智氏都引用了这一观点,认为贱视商人与秦的商鞅变法(实际上比荀子要早)有关联。而且,越智氏认为在汉武帝时期的均输法下商人是无用的,所以有可能因暂时性的政策而影响民众的身份。但是,我认为有必要从中国社会、国家的内部结构来探讨商人的地位问题。

二、谪民的范围与含义

如前节引晁错上书所言,在秦代会征发相当于汉代七科谪范围的群体,称之为谪戍。在其他史料中都能见到秦始皇时期、秦末群雄时代、汉武帝时期,谪、谪民、谪卒被征发或迁往边境的记载。这在渡部氏的专论中都有列举。其中,《史记》卷六《秦始皇本纪》三十三年(前214)条载到:

> 西北斥逐匈奴。自榆中并河以东,属之阴山,以为三十四县……徙谪,实之初县。

《索隐》对此的注指出"徙有罪而谪之,以实初县……故汉七科谪亦因于秦"。参照先前晁错的说法,可以推测被称为谪、谪民的人们也包含在汉代的七科谪范围之内。又《汉书》卷六《武帝纪》太初元年(前104)八月条载:

> 遣贰师将军李广利发天下谪民西征大宛。

在太初元年与三年曾两次远征大宛,本章开头列举的《史记·大宛列传》中远征大宛时征发七科谪的记载,被系于第二次远征之时。若上述《汉书》记载无误的话,征发谪民应该是在第二次远征大宛时期,渡部氏认为或许是《汉书》将与《史记·大宛列传》相同史实的时间,误载为第一次远征的太初元年。那么,上述的谪民就是七科谪。

此外,《史记·大宛列传》中提到征发七科谪时,要将粮食运往敦煌,这在敦煌出土木简中的"敦煌谪卒"处也有相关的记载(E. Chavannes, *Les Documents Chinois*, No. 493):

- □隧缺敬代適卒郭□今遣署录□□①

据王国维考证,这支简书于武帝以后(《流沙坠简考释》屯戍丛残考释)。如此,在武帝以后仍存在将谪戍、谪卒送往边境的制度。

如上所述,从秦代到汉武帝以后,称征发的类似汉代七科之人为谪戍、谪卒、谪民,不过晁错所列举的谪戍中,不含张晏所列七科中的亡命。渡部氏认为,亡命是汉武帝时期增加的。《史记·秦始皇本纪》三十三年条载:

> 发诸尝逋亡人、赘婿、贾人略取陆梁地,为桂林、象郡、南海,以适遣戍。

如大庭脩(《汉代的徙迁刑》)所言,这里的"逋亡人"大体相当于

---

① 王国维列举了敦煌简"□适士吏张博,闰月丁未持致籍诣尹府"的记载,据此,陈直在《汉书新证》中,将"谪士吏"解释为管理谪戍之卒的官吏(第 37 页)。但是,王国维本人对此就提出了疑问,如果"□适士吏"相当于沙畹(Chavannes) No. 681"却谪士吏当谷队长亭次走行"中的"却适士吏"即"却敌士吏"的话(不过,沙畹的释文根据大庭脩的《敦煌汉简释文私考》进行了补订),就应该与谪戍、谪卒没有关系。

"亡命"①。渡部氏注意到,《秦始皇本纪》中有"尝"字,但在《史记》卷一五《六国年表》中记为"诸逋亡",无"尝"字;"尝逋亡"与"逋亡"之间有着"很大的差别",前者是逃离本籍后定居的人,后者是否为亡命则不清楚。而且,他认为既然晁错并未言及亡命,那么在秦代"亡命"就不包含在谪民之内,始皇三十三年的情况应以《秦始皇本纪》中的记载为准。但是,如果晁错没有言及的话,"尝逋亡人"也当是如此,而且是与"赘婿、贾人"一并征发的。那么,"尝逋亡"与"逋亡"是否真的有如此大的差别?无论是秦代还是汉代,在政府捉拿、征发逋亡人或亡命时期,他们都应该是"尝"为逋亡人的亡命者,只不过简单地记为"逋亡"或"亡命"。即便是晁错没有言及,但与赘婿、贾人一并征发的逋亡人即亡命也属于秦代的谪民范围。

其次,谪戍中还包含了晁错言及的在汉代没有的间左。《史记》卷四八《陈涉世家》中载:

> 二世元年七月,发间左适戍渔阳,九百人。

在《汉书》卷三一《陈胜传》中,或许认为不适当,便删去了"适"字。但是,在《史记》的褚少孙补充部分与《汉书》同传赞引贾谊的《过秦论》中,都将他们称为"适戍之众",可知间左也应属于谪戍。不

---

① 从文字上来看,"逋"和"亡"具有相同的含义;但是,《秦律》中两者有所区别。《云梦秦简·封诊式》中记载了调查逃亡民众一事,提到"亡及逋事,各及何日"(594简,第250页)。此外,《法律答问》中载:"可(何)谓逋事及乏繇(徭)。律所谓者,当繇(徭)吏、典已令之,即亡弗会,为逋事。已阅,及敦(屯)车食,若行到繇所,乃亡,皆为之繇(徭)。"(534简,221页)《史记》卷一二二《酷吏·义纵传》中载到,汉代"县无逋事"。这里指没有发生未纳租税或未服徭役的情况。因此秦汉时期,"逋"是直接与纳税服役相关联的词语,"亡"一词指的是逃亡的行为。逋亡不仅限于逃避税役逃亡他乡的人们,相较于亡命,其所指代的范围更广。以上关于"逋"和"亡"间差别的看法,受到了堀毅氏的启发。

过,如后述所言,謫、谪、适等词语含有罪的意味,谪民指被贱视之人,而"闾左"则是指居住在闾门(里门)左侧的一般民众。有一种说法认为,闾左居住着有免役特权的人,但在这里,连他们都要被征发;另有一种说法认为,闾右居住的是富民,闾左居住的是贫民(以上,《史记·陈涉世家》索隐);还有一种说法认为,秦代因为兵力不足,需要征发全部民众,但是,秦在征发了其中占半数的闾左之民,还未及征发闾右之际便灭亡了(《汉书·食货志》应劭注)。如此,若闾左是贫民的话,贫还不能说是罪;从语义来看,闾左不应当包含在谪戍之内。正如商鞅"事末利及怠而贫者,举以为收孥"(《史记》卷六八《商君列传》)所言,秦过去并非没有视贫为罪的看法,只要将一般庶人与谪民区分开来,即便闾左是贫民,单纯的贫民也不能纳入谪戍的范围。近年,中国学者王好立认为,闾左不单是居住在闾里左侧之人的简称,还泛指一般民众,他们被纳入谪戍,是因为他们以与谪戍相同的方式被征发(《"闾左"辨疑》①)。不管闾左是贫民,还是单指一般民众,如应劭所言要征发闾左的说法,都还有探讨的余地。但是,无论如何他们应该本来并不属于谪戍的范围。只不过是因为秦末谪戍征发,致使他们立刻戍守边境,所以才被纳入谪戍之众的范围。

晁错所言"吏有谪"这一部分,张晏记作"吏有罪"。如前节所述,谪戍、谪民、七科谪等词中的"谪",有罪或罚等多重含义。先前引用的案例有《史记·秦始皇本纪》三十三年条索隐中载"徙有罪而

---

① 关于闾左,还可参照卢南乔《"闾左"辨疑》、田人隆《"闾左"试探》等。卢氏将晁错上言中所缺的七科谪民中的"亡命"视为"闾左",田氏则认为闾左是区别于一般民众(黔首)的特殊贫民。王好立在论文中对田氏的观点进行了批判。此外,日本学者对闾左还有特别的看法,如池田雄一《汉代的里与自然村》中认为,闾左即与豪右相对的闾的左道者,他们附属于被称为闾里侠义的豪右,作为其私兵存在,流毒于地方政治。

谪之",《索隐》对《史记》卷九七《郦生列传》中"适卒"的注"通俗文云：罚罪云谪";上述颜师古对《汉书·武帝纪》太初元年八月条"谪民"的注"庶人之有罪谪者也",还有颜师古对《汉书·陈胜传》中"适戍之众"的注"谓罪罚而行也"。不过,渡部氏不赞同这一解释,他根据《左传》恒公十八年条与成公十七年条杜预注的说法,认为应该解释为谴责。为此,试列举恒公十八年(前694)条的情况：

> 公会齐侯于泺,遂及文姜如齐,齐侯通焉。公谪之。

"谪"应训作"责"之意。在同样记载春秋时期历史的《国语》卷二《周语中》襄王二十四年(前628)条载：

> 秦师将袭郑,过周北门。左右皆免胄而下拜,超乘者三百乘。王孙满观之,言于王曰：秦师必有谪。

孙吴时期的韦昭注："谪,犹咎也。"这说明"秦国的军队必将受到上天的惩罚"。与此相对,《国语》卷三《周语下》简王十一年(前575)的卿士单襄公言：

> 故国将无咎,其君在会,步言视听,必皆无谪,则可以知德矣。

韦昭注："谪,谴责也,言日日绝其宜。"据此可知,这里的谪更近似于谴责;带有罪含义的"咎"字,基本上与"谪"是同义词。因为咎与责罚有着紧密的联系①。

---

① 此外,《国语》卷六《齐语》中载"正月之朝,五属大夫复事。桓公择是寡功者而谪之",韦昭注"谪,谴责也"。在同书《齐语》中还载"管子对曰：制重罪赎以犀甲一戟,轻罪以鞼盾一戟,小罪谪以金分",这里的"谪"应该是罚的意思。谪在日本有两种训读的方法。渡部氏认为作为谪民的七种均为罪人。我看到近年镰田氏对桓公十八年条的语句解释为"责罪"(新释汉文大系《春秋左氏传》一),杨伯峻注称"责也,怒也,罪也"(《春秋左氏传》一)。罚罪与谴责两种解释是否有差异仍存疑。

渡部氏认为,谪在汉代基本上仅有谪戍的意思;但实际上还有其他的用法,如有谴责的含义,也有罪与罚的含义。《汉书》卷四《文帝纪》二年(前178)正月丁亥诏:

> 民谪作县官及贷种食未入,入未备者,皆赦之。

《汉书》卷五九《张安世传》载:

> 郎淫官婢,婢兄自言,安世曰:"奴以恚怒,诬污衣冠。"告署適奴。

《后汉书》卷四《和帝纪》永元六年(94)七月条载:

> 诏中都官徒各除半刑,谪其未竟,五月已下皆免遣。

这些明确都是罪与罚的意思。在同书《和帝纪》永元七年四月辛亥朔条载,因有日食下诏曰:

> 元首不明,化流无良,政失于民,谪见于天。

李贤注:"谪,谴责也。"认为是因为天子有罪而受到谴责。这里也可以看出咎与责罚的关系①。

---

① 如后述所言,后汉时期已经不存在七科谪身份;但在此之后"谪"字也常被作为罪、罚和谴责的用语。《后汉书》卷五八《虞诩传》中"是时长吏两千石,听百姓谪罚者输赎,号为义钱",《晋书》卷六六《刘弘传》中"兵年过六十,羸疾无襦。弘愍之,乃谪罚主者",这里的"谪罚"是因罪被刑罚的含义。《后汉书》卷五四《杨震传》中"弘农太守移良承樊丰等旨,遣吏于陕县留停震丧,露棺道侧,谪震诸子代邮行书,道路皆为陨涕"。同书卷五七《乐巴传》中,"复谪为永昌太守",同书卷八一《独行·李充传》中的"谪署县都亭长",兼具谴责与罚的意味。哈拉和卓九一号墓出土的北凉时期的文书中载"右五人左阅马逋,有谪白苏"(《吐鲁番出土文书》一,第151页),他们是因罪被送去谪戍;但是,在阿斯塔那五二四号墓出土的高昌国永平元年(549)、永平二年(550)名为"祀部班示为知祀人上名及谪罚事"的文书中,载"人谪酒一斛,罚杖六十""犯者谪羊一口"等(《吐鲁番出土文书》二,第40—47页),这里的"谪"相当于罚金。唐贞观二十三年(649)《傅阿欢夏田契》中,载"傅、范边不得田时,一□谪银钱三文入传"(《吐鲁番出土文书》五,第76页),不过在其他文书中记为"一□罚"。

另外，在《孟子·滕文公章句下》中，记载了"罪"一词：

> 孔子曰：知我者其惟春秋乎。罪我者其惟春秋乎。

《史记》卷四七《孔子世家》或许据此载：

> 孔子曰：后世知丘者以春秋，而罪丘者亦以春秋。

此处可以解释为"诽谤""责难""非难"。

以上是从文字的用法来探讨这一问题。此外，还可以从古时对于"罪"本身的观念来考虑。众所周知，原始人对于罪的理解与现代人不同，必须考虑到古代人或多或少都受原始观念的影响。如果过分用今天的含义去解释罪或罪人的话，或许无法理解七科谪，这一点将在稍后要讨论的七科谪的起源部分详细阐述。正如前面章节所见，在《汉书·晁错传》的徙民实边策中提到：

> 不足，募以丁奴婢赎罪及……

值得注意的是，奴婢被视为有罪之人。尾形勇已经指出，在汉代奴婢等同于罪人（《良贱制的发展及其性质》）；本书中也提到，不仅是奴婢，当时身份上被差别对待的人，在一般人看来都是有罪之人。要言之，从这里提到的奴婢的例子以及上面列举的文字用法的两三个例子来看，与社会的现状或者通常情况相反的行为与状态就被视为罪，被社会的一般成员排除在外的人即为罪人。

三、七科谪诸身份的地位

那么，被纳入七科谪的各类人又有着怎样的特征呢？

首先，是七科谪中的"吏有罪"，《汉书》卷六《武帝纪》元狩三年（前120）条载：

> 发谪吏穿昆明池。

这里的"谪吏"便属于这类性质。颜师古注"谪吏,吏有罪者,罚使役"。《汉书》卷二四下《食货志》记载了类似的事情,"故吏皆谪令伐棘上林,作昆明池",颜师古注解释道:"谪,责罚也,以其久为奸利。"那么,在同书《武帝纪》元狩五年(前118)条的记载

> 徙天下奸猾吏民于边

也与谪吏、谪民有关①。如一般的谪戍、谪卒的词语所示,谪民多数被送去守卫边境,但正如前述谪吏的例子所示,他们也并不是全部如此②。

《史记·秦始皇本纪》三十四年(前213)条中,记载了谪吏的具体内容:

> 谪治狱吏不直者③,筑长城及南越地。

此外,《汉书》卷七二《贡禹传》中禹言:

> 孝文皇帝时,贵廉洁,贱贪污,贾人、赘婿及吏坐赃者皆禁锢不得为吏。

用法之人的营私与受贿是影响官吏地位最重要的罪;除此之外没有史料表明犯何罪会成为谪吏的对象。不论如何,如果成为谪吏,不仅要被课以一定的劳动,还要被禁锢,剥夺为吏的资格。这

---

① 渡部氏认为元狩五年(前118年)的记事不是谪民的事例。因为武帝时期,最早征发谪民应为元封四年(前107年)。但正如正文所指出的,若承认在元狩三年(前120年)就征发了"谪吏"的话,其理由则无法成立。
② 从正文中对谪字含义的说明及第152页注①中所见的例子,可以明确看出,谪一般指罪、罚,而极少指徙往边境的流罪。
③ 云梦秦简的《法律答问》中,"甲有罪,吏知而端重若轻之,论何也。为不直"(406简,第166页),相当于"吏不直"。陈玉璟在《秦汉"徒"为奴隶说质疑》中认为是受贿赂而曲解法律。

一点与以下要论述的贾人与赘婿有共通性。

第二,关于七科谪中的"亡命",先前已经论述了秦代的例子,《汉书·武帝纪》元封六年(前109)三月条记载了汉代以后的情况:

> 益州、昆明反,赦京师亡命令从军,遣拔胡将军郭昌将以击之。

在《史记》卷一〇三《万石君列传》中,记载了较之更早的情况:

> 元封四年中,关东流民二百万口,无名数者四十万。公卿议欲请徙流民于边以谪之。

虽然皇帝否决此议,但在官僚们看来,流民应该都属于谪民的范围。有学者认为亡命即亡名,意味着失去名数之人(王毓铨《"民数"与汉代封建政权》,《莱芜集》第56页注2);从文字上来看,上述的四十万人就是亡命,但考虑到流民离开置放名数的本籍地、脱离了国家编户掌控的实态,他们实际上与亡命无异。从上述元封六年条"赦亡命"的语句来看,这些人都被视为罪人。《后汉书》卷二《明帝纪》永平八年(65)十月丙子诏:

> 亡命者令赎罪各有差。

同书卷五《安帝纪》永初元年(107)九月丙戌诏:

> 死罪以下及亡命赎,各有差。

上文是后汉时期频繁发生的刑罚减轻之法的一部分,由此也可以明确地看出亡命就是罪人。

第三,关于七科谪中的"赘婿",仁井田陞(《汉魏六朝的质制度》)、镰田重雄(《汉代的后宫》)对此早有探讨,在本书的第一章第五节也已经有所涉及。所谓赘婿,指出不起聘礼的贫穷人,在女方家劳作以抵消聘礼的份额,这一惯例在战国时期十分盛行,齐国著名的淳于髡就是赘婿(《史记》卷一二六《滑稽列传》)。贾谊在《新书》卷三《时变》(或《汉书》卷四八《贾谊传》)中提到秦时的风俗"家富子壮则出分,家贫子壮则出赘",通常根据应劭注的说法,认为"出赘"指当赘婿。由此可见,赘婿是因"家贫"而产生的。在《史记·淳于髡传》的索隐与《汉书·贾谊传》的颜师古注中提到了赘婿名称的由来,他们认为"赘婿"对女方家来说如疣赘一般,是剩余之物;颜师古注中还有一种说法,认为赘含有质的意味,即以人身为质以抵聘礼。此外,如第一章所举的例子中提到,与赘婿类似的词语有赘子、赘妻。赘子、赘妻相当于卖子、卖妻一般的词语。因此,不管词语的本来意思如何,可以发现这些词语都含有质的意味。赘与债务之间也有着密不可分的联系。在第一章也已经指出,据云梦秦简的记载,秦律中禁止以人为质。这是因为人质容易沦落为债务奴隶,存在编户人民减少的危险。如果存在这一禁令的话,赘婿很有可能成为一种规避途径。

正如渡部氏、越智氏以及古贺登氏所指出的,赘婿是"入赘",因为是异姓养子,所以无法继承入赘家族的祭祀,这与中国的习俗是相反的(古贺登《汉长安城与阡陌、县乡亭里制度》,第431页①)。但是,为何要招无法继承祖先祭祀的婿呢?或许还是男方家族贫穷以致无法支付聘礼的缘故。而且,女方家也正好需要

---

① 唐户令中规定养子仅限于同宗的昭穆,唐代户婚律则禁止异姓养子。但是,实际上存在许多以异姓为主的伪父子关系。滋贺秀三在《中国家族法原理》中称其为"义子",赘婿也可以纳入义子的范畴进行理解。不过,承认异姓养子的继承权则是元代以后的事。那么,秦汉时期的情况如何呢?云梦秦简的《法律答问》中载:"士五甲毋子,其弟子以为后,与同居,而擅杀之,当弃市。"(441简,第181—182页)秦代与后世一样存在养子,或许被视为亲子对待,若擅杀的话,会处以极刑。另一方面,据《法律答问》"父盗子,不为盗。今仮父盗假子,何论,当为盗"(389简,第159页)的记载,虽然存在类似于上述养子的伪父子关系,但不被视为亲父子关系,赘婿应该也是如此。

劳动力。如果出现这样的情况,贫困的一方减少人口出赘,而女方则留其终身使役,基本上与债务奴隶的形态无异①。因此,赘婿受到贱视也是理所当然的。

此外,讨论一下七科谪中排在最后的"贾人",即商人或者说"有市籍者"。一方面,有许多轻贱商人身份的记事与议论,但另一方面也有不少商人具有相当势力的记载,因此这也成为困扰众多讨论者的问题之一。其中一个问题,即商人是不是贱人。前文中已经数次强调,汉代还没有形成如后世般良人、贱人的身份差别。与此相对,先秦以来常用贱一词,在贵贱之贱的意义上,下层庶人自然会被称作"贱"了。关于商人,在《汉书》卷九六上《西域传》罽宾国条中,记载了远渡而来中国的人们:

奉献者,皆行贾贱人。

这里将商人称为贱人。《汉书·贡禹传》中禹言:

贵孝弟,贱贾人。

当然,商人也不是奴婢。

一方面,汉代的商人与奴婢存在区别,也不是后世所谓的良民,而是庶人、庶民,在这层含义下"庶人"是正式的法制身份用语。那么,商人是不是庶人、庶民呢?《史记》卷一二九《货殖列传》中有商人是庶民的记载:

庶民农工商贾,率亦岁万息二千。

这段记载常被引用,意指"庶民即农工商贾"。但是,在先前的文献中,也有许多明确区分庶人与工商业者的记载。在第二章第二

---

① 仁井田陞《中国身份法史》中列举了许多与后世的赘婿相关的材料,他认为赘婿在妇家或者养父母家同居的期限,有终身性的,也有限定期限的。

节也有所涉及，如《左传》襄公九年(前564)条载：

> 其卿让与善，其大夫不失守，其士竞于教，其庶人力于农穑，商工皂隶，不知迁业。

还有先前尚未引用的《左传》襄公十四年(前559)条的记载：

> 自王以下，各有父兄子弟，以补察其政。史为书，瞽为诗，工诵箴谏，大夫规诲，士传言，庶人谤，商旅于市，百工献艺。

此外，《国语》卷一《周语上》中也提到：

> 庶人、工商，各守业以共其上。

《周礼·春官》大宗伯条载：

> 孤执皮帛，卿执羔，大夫执雁，士执雉，庶人执鹜，工商执鸡。

《管子·立政篇》也载：

> 士止于带缘，散民不敢服杂采，百工商贾不得服长鬈貂，刑余戮民不敢服绋，不敢畜连乘车。

上述引文中的"散民"相当于庶民。由此可见，传统的观念认为庶人即农民。在汉代的文献，如《汉书》卷五一《贾山传》贾山文中提到"庶人谤于道，商旅议于事"，这与上述《左传》襄公十四年条的记载一样，很难说是纯粹的汉代人的观念①。如上述"庶民农工

---

① 镰田重雄在《汉代的禁锢》中，据《汉书·贾山传》的记载，将庶人与商人加以区别，但这一条作为论据并不妥当。正如越智重明在《汉时期的贱民、贱人、士伍、商人》中所主张的那般，可以认为至少在汉代，商人是包含在庶人之中的。不过，他认为《贾山传》中的庶人是"没有身份制约的一般意义上的庶人"，这种利于结论的解释还是有欠妥当。

商贾"所示，至汉代已经很难遵守先秦以来的传统，或许是商人的势力扩大，导致了庶人、庶民观念的变化。

但是，商人实际上的身份还是与一般的庶人有所区别。如《汉书》卷一下《高帝纪》八年（前199）三月条所载：

> 贾人毋得衣锦绣绮縠絺纻罽，操兵，乘骑马。

从汉高祖开始，商人在衣服、车马上就有差别，而且禁止持有武器。中国古代的一般民众，如古典古代社会一般，既是农民，同时也是战士，这一点非常重要；禁止商人携带武器，也就相当于剥夺了其市民的权利，正是因为这个缘故，商人才被视为谪戍、谪卒。此外，《盐铁论》卷一《本议篇》中文学之言提到：

> 高帝禁商贾不得仕宦。

由此可见，在汉代开国之初，便禁止商人仕官①。另外，在《史记》卷三〇《平准书》中也提到：

> 天下已平，高祖乃令贾人不得衣丝乘车，重租税以困辱之。孝惠、高后时，为天下初定，复弛商贾之律，然市井之子孙亦不得仕宦为吏。

由上可见，会对商人课以重税，但是无法获知具体的内容。这里将上述的限制称为"商贾律"。此律很快松弛，唯有禁止仕官一条还存续。其中还提到"市井之子孙"禁止仕官，可见会波及子孙，这相当于七科谪中第六、第七的父母、大父母有市籍。在《后汉书》卷

---

① 《汉书》卷五《景帝纪》中，后元二年（前142年）五月诏载"今訾算十以上乃得宦，廉士算不必众。有市籍不得宦，无訾又不得宦"（本书第二章第三节引用了诏书全文）。可见至少在这一年之前就已经禁止有市籍者仕官。而且，据本文引用《史记·平准书》的记载，孝惠、高后时期虽然商贾之律有所松弛，但市井的子孙仍被禁止仕官，可以佐证《盐铁论》中的记事大体准确。

二八上《桓谭传》中桓谭的上书中,也有此类禁止仕官的记载:

> 先帝禁人二业,锢商贾不得宦为吏。

上文提到的《汉书·贡禹传》中也提到,商人与其他从属于七科的人们一样,也处于被"禁锢"的地位。

上述《后汉书·桓谭传》中提到的"先帝",李贤注解释为西汉高祖。《后汉书》卷三九《刘般传》记载了后汉明帝时期的事,"是时下令禁民二业"。此外,在《后汉书》卷八〇上《文苑列传·黄香传》中提到"田令,商者不农",可见田令规定禁止从事二业。不过,没有证据表明是否在高祖时期就已经存在这类禁令。但在《史记·平准书》《汉书·食货志》中,有武帝算缗时期的记载:

> 贾人有市籍者,及其家属,皆无得籍名田①,以便农。

可以清楚地看到,商人是禁止拥有土地的。这一时期从事商业的人需要申告财产,并课以缗钱。上述史料前文有"虽无市籍"的记载,可见不管有无市籍都需要课缗钱。这种情况下,有市籍者主要是被禁止拥有土地。毋庸置疑,当时也有地主阶级从事商业活动,或许这就是所谓的"虽无市籍"的情况。这些人虽然从事商业活动,但并不存在如前所述的身份差别。《汉书·景帝纪》(上页注①所引)也有禁止商人仕官的记载,称"有市籍不得宦"。可见,商人不仅禁止拥有土地,还受到许多差别对待,一般被视为有市

---

① 《汉书·食货志》中没有《史记·平准书》中的"籍"字,加藤繁译注《史记·平准书》与《汉书·食货志》中,将"籍"字视为衍字(第43页)。平中苓次在《汉武帝的算缗钱》中载有"皆无得名田,以便农"的译文,认为他们"即便是拥有农地、兼营农业,也不允许以所有的农地为借口,籍为农家"。若根据这种解释,相当于承认了商人拥有土地,但是这不属于通常的解读方法,而且,在后文引用的《汉书·哀帝纪》绥和二年(前7)六月条记载的西汉末的限田政策中也提到"贾人皆不得名田,为吏",所以将其解释为禁止拥有土地更为妥当。

第四章 汉代的七科谪身份及其起源

籍者。

美川修一对市籍有专门的论述,而山田胜芳对其说法也有专门的批判(《中国古代的商人与市籍》),但是还有许多不解之处①。其中,美川氏注意到七科谪中第四"贾人"与第五以下"有市籍者"之间的差别,认为七科中"不包含现在有市籍者"。如此,第四的"贾人"即指无市籍的商人,但是这样解释是否合适呢?为何现在有市籍的商人可以免征发,而过去有市籍的商人却要被征发呢?通常来说,"贾人""有市籍者"都是指商人,可以理解为现在是商人、过去是商人、父母是商人或者祖父母是商人。不过,美川氏提出的语言表达之差别的意义、商人有无市籍等问题还没有解决。在我看来,第四"贾人"的用语,指的是政府有想要掌控现在正从事商业活动的人们(不管他们有无市籍)的意图。因为,在这些商人当中存在现在从事买卖却无市籍的人,政府一方认为必须赋予市籍,希望如掌控亡命一般掌控商人,将其视为谪民,或者需要谪戍。在《汉书》卷九〇《酷吏·尹赏传》中,记录了政府调查无市籍的商人的事例,载长安县的县令尹赏:

> 乃部户曹掾史,与乡吏、亭长、里正、父老、伍人,杂举长安中轻薄少年恶子,无市籍商贩作务,而鲜衣凶服被铠扞持

---

① 山田胜芳批判了美川修一的观点,并肯定了"市籍=营业登记簿"这一通常的看法,但关于这点还有许多无法理解的地方。但是,将有市籍者从登记市籍营业的整体中区别开来,惟有失去户籍的"市居住"者才作为有市籍者被差别对待的说法,没有得到证实。这一说法,是不管有禁止商人仕官的规定,要强行解释司马相如、桑弘羊、何显等是商人却仕官或者子孙中也有仕官这类看似矛盾的事实。影山刚在《中国古代的商业和商人》中引用了司马相如的例子,认为市籍的登录与脱离是自由的。不过,他只是揭示了"尝有市籍"者可以轻易地削除市籍,或者说身份差别仅延续到孙辈,但是没有解释商人与仕官之间的矛盾。纸屋正和在《西汉时期的商贾和缗钱令》中,也评判了山田氏的上述观点。不过如纸屋氏所言,市外居住的客商的确没有市籍,但从本章整体的旨趣来看,据此就认为他们本来不属于身份差别对象的说法仍存疑。

> 刀兵者，悉籍记之，得数百人。

与此相对，七科第五以下，指的是过去的事，或许是调查了户籍的注记或者政府的记录，也有可能是调查了过去的市籍，认为原本是有市籍者。

美川氏指出，原本市籍不仅仅指商人。这是指最初的时候。如《汉书·食货志》收录的王莽诏书中提到：

> 工匠医巫卜祝及它方技，商贩贾人，坐肆列、里区、谒舍，皆各自占所为于其所在之县官。

上文中可见除商人外，还有其他"坐肆列"的人①。"良家子"相关的史料也与此有着很大的关联，如《史记》卷一〇九《李将军列传》中载"广以良家子从军击胡"，《索隐》中提到了曹魏时人如淳的说法，所谓"良家子"即

> 非医、巫、商贾、百工也。

"良家子"才是与七科谪相对的概念，从清代周寿昌以来，就有人认为良家子指非七科谪范围内的人。但与此相对，还有一种说法是良家子指家境更富裕的人，不过还有探讨的余地。下章将论及这一问题，不过也可以看出医、巫、百工等与商人并列，属于类似七科谪身份的人。因此，这样的身份就不仅限于七类，或者说张晏七科的说法本身就存在问题。但是，受史料的限制，无法展开更进一步的探讨。

---

① 这里，除"坐肆列"外，还有"坐里区、谒舍"。可知王莽的政策不仅要控制市商，客商也要纳入控制范围。

四、七科谪的起源及后代的遗制

近年云梦睡虎地出土的秦简中有魏国的《户律》和《奔命律》。此前的史料无法将谪民、谪卒之存在上溯至秦始皇时期，但云梦简的魏律让人们相信其起源在更早的先秦时期：

> 廿五年闰再十二月丙午朔辛亥，告相邦，民或弃邑居壄，入人孤寡，徼人妇女，非邦之故也。自今以来，叚（假）门逆吕（旅），赘壻后父，勿令为户，勿鼠（与）田宇。三枼（叶）之后，欲士士之，乃署其籍曰：故某虑（闾）赘壻某叟之乃（仍）孙。"（魏《户律》，694—699简，第292—293页）。

这篇律中的日期"廿五年"指魏安釐王二十五年（前252）[①]，即这一时期颁布的王命被直接编入律文。简装本的《睡虎地秦墓竹简》中将文中的"假门逆旅"解释为贾门（即商贾）和客店（即旅馆）；吴荣曾认为古典中通常将监门与逆旅对比使用，因此将假门解释为监门，逆旅则是指破产的外来游民，都是指脱离生产的人们（《监门考》）。目前尚不清楚将假门解释为监门是否正确[②]，但如果采纳这一说法，可知逆旅中也包含商人、亡命等。简装本中将"赘壻后父"解释为成为有孩子的寡妇的赘壻的男子。但是，考虑到律文中将"入人孤寡"与"徼人妇女"并列，前者相当于后父，后者相当于赘壻，如古贺登氏那般将后父解释为入孤寡人家成为

[①] 季勋的《云梦睡虎地秦简概述》与《睡虎地秦墓竹简》简装本（第293页）等都采用这种说法。大庭脩在《云梦出土竹书秦律研究》中，将时间推定为武侯二十五年（前371），但是，这篇文章在收录于《秦汉法制史研究》时，没有采用这一说法。

[②] 据吴荣曾的说法，若"假门"即监门，所谓监门即里门、闾门的守卫，这些人是否有必要如后述那般除去户籍，关系到是否有理由将他们排除在里的成员之外。

继父,亦可成立(古贺登上述书,第480页)①。

据魏《户律》所言,假门、逆旅、赘婿、后父有以下特质:(一)无法形成户,即无法造一般的户籍;(二)不授予土地与房屋,换言之即无法拥有土地与房产;(三)不能仕官,而且这一情况会延续三代,即从大父母延续到孙一辈。(一)的情况与市籍有关,有别于一般的户籍;这三个特征,与稍后要讨论的七科谪身份完全一致。在三晋,特别是韩、魏地区,商人们都是上述的状态。这从《商君书·徕民篇》中的一节也可以得到佐证:

> 其寡萌贾息民,上无通名,下无田宅,而恃奸务末作以处。

孙诒让将"寡萌"解释为"宾萌"即客民,"贾息"解释为"贷息"即"以泉谷贷与贫民而取其息"(《札迻》卷五);朱师辙将"寡萌贾息"后的内容,解释为"小民无地可耕,多从事商贾,以求利息"(《商君书解诂》②)。不论如何,在韩、魏,外来的民众与商人、高利贷等非农业人口是没有户籍与田宅的。

魏律中提到如此对待上述身份之人的理由是"民或弃邑居壑……非邦之故也"。古代都市国家是以邑的聚落形式构建的,自营农民相当于战士共同体的基础,而商人、赘婿及其他游民的

---

① 关于"后父",《荀子·正论篇》中载"圣不在后子而在三公,则天下如归,犹复而振之矣"。云梦秦简的《法律答问》中也载有"擅杀、刑、髡其后子,谳之。●何谓后子。●官其男为爵后,及臣邦君长所置为后太子,皆为后子"(442简,第182页),可以参照"后子"意为嗣子的用法。

② 孙诒让将本文句读为"其寡萌贾息,民上无通名,下无田宅",将其解释为"其土著之民则皆'上无通名,下无田宅'",也有许多文本采用了这一句读。但是,高亨认为土著民众没有名籍与田地非常奇怪,他指出应该将"贾息民"连读,高氏认为"贾息"即"赁居",指租借房屋居住的人。请参照高亨的《商君书注译》第118、234页,以及《诸子新笺》第306页。

产生会导致这一基础的崩溃。因此,这一禁令就意味着不承认他们的市民权,将他们排除于市民之外。若这与七科谪的起源有关,那么谪民就是指剥夺了本来社会的成员权、被排除于社会之外的人。上文提到,谪的语义源于罪,涉及与罪有关的原始观念;如上所述,将一定的人排除于社会(或者说共同体)成员之外的做法属于刑罚原始形态的一种,将这些人违反现存秩序的行为视为有罪。七科谪中的谪也有这一层含义,正好与奴隶被剥夺了社会成员权以致非人化相似,被视为谪的人的一般人格受到限制,而且被视为下级身份加以对待。

魏国在《户律》颁布的同时,发布了针对掌控军队的将军的《奔命律》,其中提及:

> 廿五年闰再十二月丙午朔辛亥,告将军。叚(假)门逆吕(旅),赘壻后父,或率民不作,不治室屋,寡人弗欲。且杀之,不忍其宗族昆弟。今遣从军,将军勿恤视。享(烹)牛食士,赐之参饭,而勿鼠(予)肴。攻城用其不足,将军以埴豪(壕)。(魏《奔命律》,700—706简,第294页)

这与先前的《户律》相似,将排除在一般市民之外的人征入军队,但与一般的兵士区别对待,不给予美食,而且战争中也让其做最危险的事。《史记》卷六九《苏秦列传》,记载了苏秦劝说魏襄王的言论,其中提及了魏国军队的构成:

> 今窃闻,大王之卒,武士二十万,苍头二十万,奋击二十万,厮徒十万,车六百乘,骑五千匹。

同书卷七〇《张仪列传》中张仪游说韩王之言中也提到韩国的军队共三十万,"厮徒、负养在其中矣"。这些军队的名称还有许多不清楚之处,但至少可以看出,厮徒、负养是保管杂用、补给的军队,而苍头或许是奴隶性的军队。不论如何,可以清楚地看到在正规军之外还存在许多的兵士。"烹牛食士"指与兵士相对宴会的情况,希望由此实现主将与兵士的一体化,通常在战斗的前夜进行,一般也是在正规军中进行①。最初,田昌五认为这条律文的内容说明了作为兵士的谪戍、谪卒的起源(《秦国法家路线的凯歌——读云梦出土秦简札记》),简装本的注中也是如此注记。不过,谪民并不仅限于兵士,应该是一种身份,《户律》可以视为其起源。

将罪人征入军队,可以追溯到春秋时代。《左传》成公二年(前589)条记载了楚国的情况:

> 大户、已责、逮鳏、救乏、赦罪、悉师,王卒尽行。

问题是上文中的"赦罪"与"悉师"是否有关联,如果有关联,那么就是将罪人征入军队。虽然对文本的解读还存有疑问,但下文所列的《左传》昭公二十三年(前519)条的记载,明显是征发罪人:

> 吴子以罪人三千,先犯胡、沈与陈,三国争之。吴为三军,以系于后。

将罪人的军队放于前,容易牺牲,而后本军为继的做法,与魏《奔命律》的做法相似。不过,赘婿与商人受到那样的对待,则是战国

---

① 如《史记》卷七《项羽本纪》中记载,项羽入函谷关时,听闻刘邦欲在关中称王,十分愤怒,言"旦日飨士卒,为击破沛公军"。此外,《战国策》卷一二《齐策五》中载"士闻战,则输私财而富军卒,输饮食而待死士,令折辕而炊之,杀牛而觞士",《史记》卷八一《廉颇蔺相如传》所附《李牧传》中载"市租皆输入莫府,为士卒费,日击数牛飨士",《汉书》卷五〇《冯唐传》也载到"今臣窃闻,魏尚为云中守,军市租尽以给士卒,出私养钱,五日一杀牛,以飨宾客、军吏、舍人"。另外,《汉书》卷六九《赵充国传》中载"遂西至西部都尉府,日飨军士,士皆欲为用",《三国志》卷一七《魏书·张辽传》中也载到"于是辽夜募敢从之士,得八百人,椎牛飨将士,明日大战"。这一情况虽然并非逐一记载于诸史册,但应该属于通常的情况。

第四章 汉代的七科谪身份及其起源

时期出现了与原来邑的成员不同的群体的结果①。

此外,一般认为魏律由商鞅传入秦国,并被后来的秦汉帝国承继。不过,上述魏律的年代比较晚近,目前无法确认古时的魏律是否也有同样的禁令。《商君书·徕民篇》也只能佐证商人们基本上处于与原来相似的状态,而无法确认律文。但是,商鞅变法中虽然提出"事末利及怠而贫者举以为收孥"(《史记》卷六八《商君列传》)与"废逆旅"(《商君书·垦令篇》)的劝农抑商政策,商人也并未完全消失,从"以商之口数使商,令之厮舆徒重者必当名"的记载可知,商人与奴隶之类都是列入特殊的名籍被使役②。"当名"就是指据名籍征发徭役。最近,好并隆司利用上述魏律的记载,提出魏律与商鞅变法相对立的观点。他认为,商鞅利用分异法制造了赘婿与后父,并且提到"他们不是正式的编'户',不应该不给土地与房屋,也不存禁止仕官或者被惩罚服徭役、兵役"(《商鞅"分异法"与秦朝权力》)。但正如前文所论述的那般,综观秦代谪戍与汉代七科谪相关的史料,可以发现他的说法有很多问题。简而言之,这就是如何看待先秦国家与秦汉帝国之间的关系,即二者是连续性还是非连续性的问题。在我看来,应该承认两者之间有着很强的连续性,这可能与通常的说法相违背。

这一连续性存在的基础是,有虽然形式上变化,但仍存续的小农共同体。基于这一连续性考虑,魏律的身份制度也应该被秦汉承继,演变为七科谪身份。但另一方面,先秦国家到秦汉帝国

---

① 籾山明在对我的旧作《汉代的七科谪身份及其起源》的书评中,批判道"谪民的起源很难追溯到春秋时代"。或许是如此。不过,也可以见到与魏国的《奔命律》相似的,役使罪人这一类人赴各地的例子。
② 在《管子》中也可以看到,商人并非如韩、魏两国那般"无通名",而是登记在某一籍中。如《管子·霸形篇》载"定令于百吏。使税者百一钟,孤幼不刑,泽梁时纵,关机而不征,市书而不赋"。这或许就是市籍的起源。

毕竟有变化,商品经济等进一步发展,致使小农阶层分解,这一远古遗留的身份制度与秦汉社会之间的矛盾也愈发激烈。从这点来看,汉代的七科谪身份可以说是前代的遗制。因此,这一身份经过西汉前期的发展而渐趋消亡。只不过,消亡的具体过程未必明确。关于被置于七科谪中的商人,近年的梁玩喆认为武帝元狩四年(前119)取消了商人"不得仕官为吏律"(《爵所见的汉代庶人考》)。其根据是《史记·平准书》的记载:

> 使孔仅、东郭咸阳乘传,举行天下盐铁,作官府,除故盐铁家富者为吏。吏道益杂,不选,而贾人多矣。

由此观之,不管是律令还是制度本身都发生了变化。武帝正是在同一年实行算缗钱,而且也是在这一年颁布了"贾人有市籍者,及其家属,皆无得籍名田"的法令。值得深思的是解除了禁止商人仕官的规定,却下令禁止其拥有土地。西汉末哀帝时期,颁布了有名的限田策,《汉书》卷一一《哀帝纪》绥和二年(前7)六月条,记载了有司的条奏:

> 贾人皆不得名田,为吏。犯者以律论。

由上可见,禁止拥有土地与禁止仕官是一体的。那么,本章开头提到的含商人在内的七科谪的记事,是太初三年(前102)与天汉四年(前97)时期的事,都在元狩四年之后①。

西汉时期,对商人的各种身份差别对待得到延续,而且上述西汉末的提议也由限田策得到证实。但是,他们的提议并没有得

---

① 旧作将其后引用的《汉书》卷八六《何武传》"武弟显家有市籍,租常不入,县数负其课"中的"租"解释为田租;重近启树指出应该为市租,这一解读更为正确,故而我在新稿中删去了这部分内容。有市籍的人缴纳的的确是市租,但是本章并不旨在探讨市籍本身,故不再赘述。

到实行,可以说不仅限制一般吏民所有的土地不合情理,对商人的限田制度也已经逐渐不符合现实。所以,东汉以后逐渐没有谪民、谪戍的记载,只不过在后代散见一些类似的遗制。特别是对商人身份的差别观念仍存续。前节中也引用的《后汉书·刘般传》"是时下令禁民二业"是东汉明帝永平年间(58—75)的记载,同书《文苑列传·黄香传》中"田令,商者不农"的记载是延平元年(106)以后的事。因此,基本上经过东汉时期的发展,已经在田令中规定商人禁止经营农业。

以志田不动麿为代表,有许多论文论及了北朝时期对工商业者的身份规定(志田氏《中国商人身份的诸规定与奢侈禁令》,滨口重国《唐王朝的贱人制度》第五章第一、二节①)。《隋书》卷二《高祖纪》开皇十六年(596)六月甲午条中记载了禁止工商业者仕官的规定:

> 制工商不得进士。

仁井田陞《唐令拾遗》中开元七年(719)与开元二十五年(737)选举令规定:

> 诸官人、身及同居大功已上亲自执工商,家专其业,不得仕。

由上可见,隋唐时期都有明文规定。而且,片仓穰指出,上述唐令中"大功已上亲"正好与汉代七科谪中含父母、大父母在内的三代

---

① 在《后汉书》卷三二《樊宏传》、崔寔的《四民月令》以及《颜氏家训·治家篇》等中,可以见到西汉末至北朝末,豪族多方面自给的经济观念。虽然,这一观念在西汉末以后的时代发生了变化,但都是基于原本古代社会的性质。不论如何,即便是这样的观念非常盛行,也无法消灭商人为异端的看法。

的范围一致(《关于汉唐间良家的一个解释》)①。

　　七科的谪民多被作为谪戍、谪卒送去守卫边境,西汉武帝以后,不仅要征发七科的谪民,还要征发一般的刑徒。武帝时期"募天下死罪击朝鲜"(《汉书·武帝纪》元封二年四月条),宣帝时期"已发三辅、太常徒弛刑"(《汉书》卷六九《赵充国传》),让他们在西部边境屯田以防西羌,"将免刑罪人田渠犁"(《汉书》卷九六下《西域传》),以攻打车师国。东汉时期,虽然谪戍的征发全部停止了,但征发刑徒去边境变得更加频繁。如《后汉书》卷二《明帝纪》永平八年(65)十月丙子诏:

　　　　诏三公,募郡国、中都官死罪系囚,减罪一等,勿笞,诣度辽将军营,屯朔方、五原之边县。妻子自随,便占著边县。父母、同产欲相代者,恣听之。……凡徙者,赐弓弩、衣粮。

其后的时代屡次颁发这种形式的诏勅,将刑徒送去防卫边境也逐渐成为常制。而他们曾经作为谪戍的作用也随之发生了改变②。

　　在《云梦睡虎地秦简》中,有一条律文出现了"谪罪"的罪名,因对这一罪名的解释尚存有疑问,所以在上文中没有引用。最后,来探讨下这一问题。

---

① 作为禁止仕官对象的工商者,还是应该指有市籍之人。在《隋书》卷六六《李谔传》中载到,宰相苏威欲将"临道的店舍"登入市籍时,李谔以"逆旅"不同于"旗亭"为由提出反对意见,通过这段记载,可以窥见市籍的存在及其范围。《白氏六帖·事类集》卷二四"商贾、市籍"项载"有市籍不得宦,父母、大父母有市籍者亦不得官",或许没有参照汉代的记载,但是,从唐代也禁止工商业者三代之内仕官的规定来看,应该符合唐代的事实。此外,高桥继男的《唐代后期商人阶层的入仕问题》中也论述了唐代的情况。

② 本文引用的永平八年十月的诏书中也提到"亡命者令赎罪,各有差",东汉时期更加重视针对曾经纳入七科中的亡命的对策。《后汉书》卷四六《郭躬传》载,章帝时期也提出了要实行将亡命送往边境的政策。此外,劳榦的《汉代兵制及汉简中的兵制》虽然对汉代刑徒组成的戍兵有所论及,但并未进行详尽的分析。

> 百姓有母及同姓为隶妾,非谪罪也,而欲为冗边五岁,毋
> 赏兴日,以免一人为庶人,许之。●或赎迁,欲入钱者,日八
> 钱。(《司空律》,218—219 简,第 91 页)

从这一条文来看,●前文与后文的关系并不明确。这里仅对●前文作一解释。文中提到如果平民的母亲或姐妹为隶妾(官婢),如果本人不是因"谪罪"而在边境戍卫五年的话,作为补偿,允许放免一名隶妾。而且,只有本人并非"谪罪"的情况,才能获得允许放免的资格。简装本《睡虎地秦墓竹简》的注释者将"谪"解释为"流放"即流刑或者驱逐。其根据是《汉书·陈胜项籍传》的赞中引用贾谊《过秦论》中的一节:

> 鉏櫌棘矜,不敌于钩戟长铩,適戍之众,不亢于九国之师。

颜师古注"適读曰谪,谓罪罚而行也",从中看不出流刑的意味。如前列举的数例可知,谪有罪罚或者谴责的含义,而颜师古注为说明"適戍",偶尔会加"行"之语。如果"適罪"是流刑的话,那么与●后文的"迁"又有何区别呢?"迁"是移往蜀边境的刑,在秦简中其他部分中也有体现,这种刑也被汉代承继(参照久村因《西汉的迁蜀刑》、大庭脩《汉代的徙迁刑》)。

上述将"適罪"解释成流刑,恐怕是有问题的。在本章中屡次论述了秦汉时期"谪"的含义,此律中的"適罪"也不是例外。如上所述,律文中规定只有"非適罪"的"百姓"才有资格提出解放一族奴隶身份的请求。那么,完全可以将这里的"適罪"与七科谪中的谪视为同义,即这些"百姓"的身份与七科谪等并无差别。即便如此,也可以看到后世称"流谪""贬谪"中的"谪"多用于指流刑也是事实。这种使用方法是如何出现的呢?或者说这与将许多七科谪等谪民送往边境是否有关系?目前尚不清楚。上文中提到,东

汉时期经常将刑徒送往边境,在《后汉书》卷六《顺帝纪》汉安二年(143)十月辛丑条中记载道:

> 令郡国、中都官系囚殊死以下出赎缣,各有差。其不能入赎者,遣诣临羌县,居作二岁。

上文记载的是换刑的情况,与后世的流刑非常相似。谪民、谪戍与流谪、流罪间的关系将是今后探讨的课题。

第五章　汉代的良家

一、问题之所在

前章论述了汉代庶人下层的七科谪身份,在汉代,除奴婢与七科谪身份外,还存在一种被称为"良家"的身份。在《史记》卷一〇九《李将军列传》中,《索隐》引用三国魏如淳的说法①,称:

> 非医、巫、商贾、百工也。

至清代,王先谦在《汉书补注》中,注《汉书》卷五四《李广传》②称:

> 周寿昌曰:汉制,凡从军不在七科谪内者,谓之良家子。

近来,比较早探讨良家问题的镰田重雄基本遵从这一说法(《汉代的后宫》),西嶋定生也沿袭了这一说法(《中国古代帝国的形成与结构》,第246页)。中国学者贺昌群认为,良家子是不属于七科谪身份的人(《秦汉间个体小农的形成和发展》);最近,朱绍侯也认同了这一观点(《秦汉土地制度与阶级关系》,第199页)。

---

① 《汉书》卷二八下《地理志》中,颜师古注也引用了如淳的说法,记为"医、商贾、百工不得予也",而《史记索隐》的引用缺少"巫"字。
② 周寿昌著有《汉书注校补》,以往与良家子相关的周寿昌的说法都是引用此书。但是,我目前仅见过广雅书局本与国学基本丛书本,其中未见王先谦引用之语。

但是,如本论所述,良家子与任官资格有关。在第二章第三节中已经指出,任官资格受到财产的限制。景帝后元二年(前142),财产额限制从十算降至四算。藤枝晃在认同良家子并非七科谪的同时,还认为他们必须拥有这一限额以上的财产(《长城的防御》)。毋庸置疑,四算可以说是中家以下的财产,根据这一财产限制,也不能如后一说法认为良家子是上流阶级。

那么,姑且认为良家指一定的家世;但是,其亲族的某一范围是否可以认定为不属于七科谪,尚留有疑问。在七科谪除外说之后,片仓穰对良家的范围做了严密的规定(《关于汉唐间良家的一个解释》),即魏张晏所言七科中的"第四贾人,第五故有市籍者,第六父母有市籍者,第七大父母有市籍者"(参照前章),才是良家。由此看来,商人因为有市籍,不经过三代,是不能与一般庶人等同的。这可以与后世的唐开元七年(719)及二十五年的选举令中

> 诸官人,身及同居大功已上亲自执工商,家专其业,不得仕

的规定相呼应。大功亲以内,正好相当于三代①。由此,片仓氏得出结论:"良家指的是三代即大功亲以上范围内,没有一人属于巫、医或者七科谪身份之家。"

与此相对,先前中井积德对如淳的说法进行了批判,他认为:

> 医、巫、商贾、百工之外,亦有良家,有贱家。注未备。

(《史记会注考证》,第109页)

---

① 近年,高桥继男在《唐代后期商人阶层的入仕问题》中引用了《通典》卷三五《职官》"禄秩"条中所列褚遂良的上疏:"三代商贾之人,亦不居官位。"

第五章　汉代的良家

滨口重国也认为"如字面所示,良家与所谓豪宗或大家没有很大差别"(《正光四、五年之际的后魏兵制》)。其后,宫崎市定(《九品官人法研究》,第80—81页)与西村元佑(《汉代的骑士》)二人也主张"上流阶级"说。尾形勇在接受这些说法的基础上,著有关于良家的专著,他认为良家是专指"名家、盛族、冠族"等上层诸"家"的用语。但是,他认为良家一语并不排除民庶,最大范围等同于除去奴婢外的"良民",这一词语带有"机动性"(《汉唐间"良家"相关记录》)。

如尾形氏所说,良家的范围很难确定。不过,值得注意的是,在论及汉代良家时,基本主张七科谪与巫、医、工等除外说;而与之相对的是,豪宗、名家说多是以北朝史料为中心展开论述的。如果这一问题与是否为七科谪身份有关的话,必须是以汉代为对象。因为魏晋以后,随着七科谪身份的消失,这一问题自然也就解决了。或者说,魏晋以后,必须考虑良家所指代的范围产生了怎样的变化。正如第二章论述的,在汉代还没有确定良民一词为指代法律身份的用语。所以,是否如尾形氏所说,良家与良民的范围是一致的?这也是一个问题①。在我看来,只有在汉代,良家一语是否指一定范围的身份,才会成为一个问题。魏晋以后,良家不管是大致指代上层家族也好,还是与良民的范围一致,如果不将之作为法制的身份制研究的话,其意义明显就不大了。因此,本章仅将时代限定于汉代,在这一范围内,讨论对良家身份的看法。

---

① 西嶋定生在《中国古代帝国的形成与结构》中,认为良家子是除七科谪与医、工外的人,基本上等同于"编户的良民",第246页。这也可以认为是良家与良民一致说。

二、官人的来源：良家子

汉代的良家、良家子、良家女等词语，多表示官吏、官女候补者的选拔资格，其中最有名的是西北地域的六郡良家子。《汉书》卷二八下《地理志》载：

> 汉兴，六郡良家子，选给羽林、期门。以材力为官，名将多出焉。

在这条史料前文提到：

> 天水、陇西，山多材木，民以板为室屋。及安定、北地、上郡、西河，皆迫近戎狄，修习战备，高上气力，以射猎为先。

由此可知，六郡明确指的是天水、陇西、安定、北地、上郡、西河等六郡。如上史料所述，这些地域的人因"修习战备""以射猎为先"，所以被指定为皇帝的扈从，特别是羽林、期门的候选。

《汉书》卷六五《东方朔传》载：

> 八九月中，与侍中常侍武骑及待诏陇西、北地良家子能骑射者，期诸殿门。故有期门之号，自此始。

据此可知，从西北地域选拔良家子弟，创建期门兵，是自武帝建元三年（前138）开始的①。但是，从上文也可以看出，在这之前就已经开始征用西北地域的良家子了。《史记》卷一〇九《李将军列传》载：

---

① 正如后文所述，羽林是太初元年（前104年）在营造建昌宫时创建的部队。关于期门、羽林等制度的研究，请参照滨口重国的《两汉的中央诸军》。

> 李将军广者,陇西成纪人也。……孝文帝十四年,匈奴大入萧关。而广以良家子,从军击胡,用善骑射,杀首虏多,为汉中郎。

他在文帝十四年(前166)以"良家子"身份被征用为兵,由此可见在西北地域征用良家子弟的做法在武帝以前就存在。李广是在羽林、期门成立以前被征用为汉代中郎的。

除李广外,西汉从六郡的良家子经羽林、期门成为上级官僚、将军的还有以下诸例:

> 赵充国,字翁孙,陇西上邽人也。后徙居金城令居。始为骑士,以六郡良家子,善骑射,补羽林。(《汉书》卷六九《赵充国传》)

> 甘延寿,字君况,北地郁郅人也。少以良家子,善骑射,为羽林。投石、拔距绝于等伦,尝超逾羽林亭楼,由是迁为郎。试弁,为期门。(《汉书》卷七〇《甘延寿传》)

> 孝昭上官皇后,祖父桀,陇西人邽人也。少时为羽林、期门郎。(《汉书》卷九七上《外戚传》)

最后一例虽然没有出现"良家子"一语,但也是六郡良家子的事例。

这一制度一直延续到东汉。《后汉书》卷二五《百官志》"羽林郎"条载:

> 本注曰:无员。尝宿卫侍从。常选汉阳、陇西、安定、北地、上郡、西河凡六郡良家补。

从上述史料中的"尝"字,不得不怀疑这一制度是否在某一时期中止了。但是,在《三国志》卷六《魏书·董卓传》中又载:

> 汉恒帝末，以六郡良家子，为羽林郎。

由此可以确认，至汉末这一制度依旧在实施。

此外，《汉旧仪》载：

> 中郎将一人。施旄头，属羽林从官七百人，取三辅良家子，自给鞍马。

《汉旧仪》当然是东汉末的书，但是，征用三辅即长安地区良家子弟，应该是西汉的制度。因此，就必须要思考，这与先前数条征用六郡良家子弟的史料之间存在着怎样的关联。滨口重国认为羽林原本称建章宫骑，是武帝太初元年（前104年）建造建章宫时始建的部队，所以最初也选用了三辅地区的良家子弟；但是，他也承认并没有证据（《两汉的中央诸军》）。目前，还无法断定在征用六郡良家子的同时，也选用了三辅的良家子。但是，选用"良家子"的，并不仅限于羽林、期门。而且，选人范围也不仅限于西北地域的六郡。《后汉书》卷二六《侯霸传》李贤注引《汉官仪》[①]：

> 太子舍人，选良家子孙，秩二百石。

可见，还有其他官职是从良家的子孙中选人的。再者，《汉书》卷七九《冯奉世传》载：

> 冯奉世，字子明，上党潞人也。徙杜陵。……汉兴，文帝时冯唐显名，即代相子也。至武帝末，奉世以良家子选为郎。

冯奉世以"良家子"的身份被选为郎，其家属于上党郡，与六郡良家子成为羽林、期门不同。从上述列传可知，冯奉世从上党迁到

[①]《续汉书》卷二七《百官志》"太子舍人条"补注载："汉官曰：十三人，选良家子孙。"但是，本注记为"无员"，与定员并不一致。

杜陵,杜陵是宣帝的陵墓,这是武帝末年以后选良家子弟任官的例子①。

上述史料中的冯奉世,因为是"良家子"才被选为郎。还有本节开头引用的《地理志》中提到,选六郡的"良家子"任羽林、期门。由此可见,良家子是作为皇帝侍从的郎以及与之比肩的羽林、期门的任职资格。宫崎市定据此认为,良家子是特权阶级,他们不是从少吏起家,而是直接从秩三百石的郎官起家为官(《九品官人法研究》,第79—81页)。太子侧近的太子舍人也是从"良家的子孙"中选取,虽然他们秩二百石,比郎官要低,但是因为不需要经历下级的吏,可以直接任官,所以还是特权阶级。不过,上文引用的《李将军列传》中,李广先是"以良家子从军击胡",其后才因"用善骑射,杀首虏多",被任用"为汉中郎"。此外,赵充国"始为骑士",后才"以六郡良家子,善骑射",得以"补羽林"。这些人并不是直接由郎官或羽林起家。

值得注意的是,在敦煌出土的汉简中,有如下记载②:

---

① 《文选》卷六〇《齐竟陵文宣王行状》的李善注载:"三辅黄图曰:宣帝为杜陵,徙良家五千户,居于陵。"冯奉世的家世无疑是良家,但他的任官与杜陵的良家并无关系。
② 这里引用的敦煌汉简,是由斯坦因发现、沙畹发表的(E. Chavannes, *les Documents chinois decouverts par Aurel Stein dans les sables du Turkestan oriental*, p.73),王国维的《流沙坠简考释》《敦煌所出汉简跋十四首》(《观堂集林》卷一七)、大庭脩《敦煌汉简释文私考》,林梅村、李均明编《疏勒河流域出土汉简》等都有录文和解说,但在解释上稍有不同。与本文引用的不同的录文如下:"出粟一斗二升,以食使莎车绩,相如上书良家子二人,七月癸卯","良家子卅二人,土其四人物故,皇一,贤□□四人"。不过,从汉简图版上看,可以释读为"绩相如";但是,《汉书》卷一七《功臣表》武帝时期栏有"承父侯续相如"的记载,本文遵照此说法。

> 出粟一斗二升,以食使莎车续相如上书良家子二人,八月癸卯。(C310)
>
> 良家子卅二人,出其四人物故,自出一,贤□□□□人。(C312)

居延汉简中也有①:

> 坐从良家子自给车马为私事论疑也,□教书到,相、两千石以下从吏毋过品,刺史禁督,且察毋状,各如律令。(40.6甲288)

由上可见,被称为"良家子"的人被配属给西北边境的机关。敦煌简第一条说的是,据派往莎车的使者续相如上书,支出了良家子二人的食物粟一斗二升。而后述居延汉简中"良家子自给车马"的记载,可以与前文引用《汉旧仪》中羽林的七百人从官,"取三辅良家子,自给鞍马"的记载相对应。因此,简文的意思或许是,官吏为私事使用良家子自备车马,疑不论罪,故下书禁止,文书确保传达到相二千石以下。当然,敦煌简中与居延简中的良家子并不是三辅出身,他们多为边境六郡出身的人。不过,这里需要注意的是,他们并非直接被提拔为羽林、期门或郎,而是先服役于边境,然后再从中挑选优秀者提拔至中央。但是,他们被特别称为"良家子",应该享受特别的待遇,所以从一开始就带有能够成为羽林、期门资格的性质。正如陈直指出的那般,他们比一般的戍卒、田卒的地位要高(《史记新证》,第168页;《汉书新证》,第314

---

① 近期刊布的中国社会科学院考古研究所编的《居延汉简 甲乙编》、马先醒等编《居延汉简新编》等录文也不同;因为得到了大庭脩的指教,所以遵循他的录文。在《新编》中,"坐从"为"坐死","疑也□"为"议它不";"教书"在《甲乙编》中为"檄书",《新编》中为"赦书";"从吏"在《甲乙编》中为"戍史"。译文曾经在藤枝晃《长城的防御》中登载过,本文的解释为我的私见。

页)。此外,他们与戍卒、田卒的另一个区别是他们的出身地域。戍卒、田卒一般是由国内各地输送的,而良家子与骑士一般,是边境出身(劳榦《汉代兵制及汉简中的兵制》、西村元佑《汉代的骑士》)。只有边境出身,才是这类成为期门、羽林的良家子的特征。从上述《汉书·地理志》中"皆迫近戎狄,修习战备,高上气力,以射猎为先"可知,这些是生活在这一地域之人的根基,而且诸列传中也提到"善骑射"是提拔的条件。这些人一旦在边境从军,不仅可以试炼自己的能力,而且,一部分人可以送往中央;因此不难想象,其征募的对象从一开始就限定为上层的名家、大家的子弟。虽然目前没有直接的史料,还无法完全断定,但是,由此可以推测,征募的对象应该是除七科谪、医、巫、工、奴婢等外更加广泛的范围。

三、宫女的来源:良家子、良家女

如前节所述,按规定,皇帝及皇太子的侍从多选用良家的子弟担任;同时,皇帝身旁的女性,即皇后及后宫的女性们,也必须选用良家的子女。《后汉书》卷一〇上《皇后纪》载:

> 汉法,常因八月算人,遣中大夫与掖庭丞及相工,于洛阳乡中,阅视良家童女,年十三以上,二十已下,姿色端丽,合法相者,载还后官,择视可否,乃用登御。①

---

① 《后汉书·皇后纪》在这段史料之后载到:"明帝聿遵先旨,宫教颇修,登建嫔后,必先令德,内无出阃之言,权无私溺之授,可谓矫其敝矣。向使因设外戚之禁,编著甲令。"由此可见,如"外戚之禁"是直接编入甲令的;那么,从性质上来看,令中也应该记载了后妃登御的方法。

可见，汉代每年八月要进行户口调查（算人、按比）①，会在首都洛阳乡中选择年龄、容姿条件相合的良家女子充入后宫。但是，此时会在后宫的治所进行再度检查，其中一人被选为皇妃。从现存的史料来看，由良家选任的官，不管是宿卫、太子舍人，还是皇妃，都仅限于皇帝与太子的近侧，似乎不妨碍良家是特定的上层家族群的判断。但是，从前节末论述的西北六郡良家子选任为宿卫的理由与选拔过程来看，将良家限定为上层家族的说法仍存有疑问。再者，上文提及的选定皇妃的例子，是在调查一般民众户口时进行的，而且这些女子不是直接被选为皇妃，她们还必须经过后宫的再次考察；由此看来，不得不对上层家族、名家说产生怀疑。

上文中提到的从洛阳乡中选定皇妃候选人是东汉的制度，《汉书》卷九七上《外戚传》中记载了西汉的情况：

> 孝文窦皇后，景帝母也。吕太后时，以良家子选入宫。

由此可见，在西汉初期，良家子就已经是选为后宫女性的条件了。《汉书》卷六〇《杜钦传》载：

> 自上为太子时，以好色闻。及即位，皇太后诏，采良家女。

这条史料记载了元帝后宫的形成，那位著名的王昭君，也是元帝

---

① 关于本文中的"算人"，李贤注言："汉仪注曰：八月初为算赋，故曰算人"，平中苓次认为"同序（堀注：《后汉书·皇后纪》序）所言'八月算人'指的是八月按比之时，并不是'算人'的意思，而是按比之后'算人'（平中注：按人头课算赋）的意思"（《居延汉简与汉代的财产税》）。但是，《皇后纪》中记录的是皇后登御的方法，与在课税的时候进行相比，在按比即户口调查时进行的解释更为合理。算人的原意可能的确如平中氏所言，但是，也可以认为逐渐产生了按比的含义。佐藤武敏在《汉代的户口调查》中也提及，东汉的户口调查是在八月进行的。

后宫的"良家子"(《汉书》卷九四下《匈奴传》)。

在《后汉书》卷一〇下《皇后纪》中,有一段关于东汉顺帝时的虞美人的记载:

> 以良家子,年十三,选入掖庭。

还有一段关于灵帝时的王美人的记载:

> 以良家子,应法相,选入掖庭。

这是依照刚才东汉后宫选择皇后的做法来进行的,由上面两条史料可以看出,选择的标准是合"法相"。但是,王美人是赵国人,可见并非仅选择洛阳乡中的人。规定从洛阳选,或许只是因为遍视首都洛阳的良家子女更为便捷。

《后汉书》卷四四《胡广传》载:

> 顺帝欲立皇后,而贵人有宠者四人。……以梁贵人良家子,定立为皇后。

虽然并不清楚其他三位贵人的出身,但是从上述史料来看,或许三人都不是良家出身,也或许三人之中有良家出身的人。此外,《后汉书》卷六六《陈蕃传》中,记载桓帝立后时的情况:

> 初,桓帝欲立所幸田贵人为皇后。蕃以,田氏卑微,窦族良家,争之甚固。帝不得已,乃立窦后。

虽然这是陈蕃与窦武勾结,为立其女窦氏为后而编造的借口,但是由此也可以看出,良家与卑微是通用的对立概念。在《后汉书》卷四八《应奉传》中也有类似的记载:

> 及邓皇后败,而田贵人见幸,桓帝有建立之议。奉以田氏微贱,不宜超登后位,上书谏曰:"臣闻,周纳狄女,襄王出

> 居于郑。汉立飞燕,成帝胤嗣泯绝。母后之重,兴废所因。宜思《关雎》之所求,远五禁之所忌。"帝纳其言,竟立窦皇后。

这里的看法与刚才陈蕃的看法相呼应,由此可以看出两者的看法有着一致性。不过,就应奉所言,田氏微贱不可立后的理由是"五禁之所忌"。所谓五禁,据李贤注中所引《韩诗外传》记载:

> 妇人有五不娶。丧妇之长女不娶,为其不受命也。世有恶疾不娶,弃于天也。世有刑人不娶,弃于人也。乱家女不娶,类不正也。逆家子不娶,废人伦也。

若据此而直指皇帝宠姬的话,的确是一番大胆的言论。严格来说,田氏之家应当不属于这五类的任何一类;与五类等同的应该是商工等被贱视的家族,那么,与此相对的良家范围就变得相当广泛了。

刚才提及西汉文帝的窦皇后是良家子,但《汉书·外戚传》中载:

> 弟广国,字少君。年四五岁时,家贫,为人所略卖,其家不知处。

由此可见,良家可能并不富裕。而且,关于弟广国的命运,表面上称因为"家贫"而被"略卖",实际上很有可能是卖身。如果是这样的话,被认为是良家的窦氏家族,就不仅仅是贫穷而已,其身份也很有可能等同于沦落为奴婢。在《后汉书》卷一〇下《皇后纪》中,有如下记载:

> 灵思何皇后,讳某,南阳宛人,家本屠者,以选入掖庭。

其注引《风俗通》解释道:

> 汉以八月算人。后家以金帛赂遗主者,以求入也。

这是因为屠者并非良家,所以需要赠贿以求入选。正如镰田氏所言,不仅是屠者,工商或者拥有市籍之人的身份都会妨碍其被认定为良家(《汉代的后宫》)。东汉时期,七科谪制本身虽然已经消亡了,但实际上,其遗制仍旧以这样的形态继续起作用。如此看来,从另一方面说明对良家大族说的质疑是正确的。

四、民间通用的良家称呼

以上讨论的是从良家子女中选择官人、官女的事例,下面将列举数量有限的民间使用良家这一词语的事例。在《三国志》卷三三《蜀书·后主传》中,裴松之注引《魏略》载:

> 初备在小沛,不意曹公卒至,遑遽弃家属,后奔荆州。禅,时年数岁,窜匿,随人西入汉中,为人所卖。及建安十六年,关中破乱,扶风人刘括,避乱入汉中,买得禅,问知良家子,遂养为子,与娶妇,生一子。

裴松之引用这段话来贬斥《魏略》是妄说,并不见其他地方有关于刘禅幼时的记载。不论如何,这里只需要探讨"良家子"一词的用法。尾形氏已经指出,这段话发生在还不确定刘禅是否为刘备之子时,"良家子"的意思并不是名家的子弟。扶风人刘括所知的仅仅是,刘禅原本并非奴婢,而是为人所卖。从这段话的后续来看,刘禅自己也不知道他父亲的地位。由这段话可知,良家子指不是奴婢、奴隶的人。但是,更进一步来说,尚不能如尾形氏所言,认定良家与良民是一致的。姑且不论此时良民身份是否确立,如前节所述,那些被视为良民的屠者、工商等都不是良家。不过,良家的范围很广,应该大致接近良民的范围。

在《后汉书》卷六七《党锢列传·岑晊传》中,有如下记载:

> 岑晊,字公孝,南阳棘阳人也。父豫,为南郡太守,以贪叨诛死。晊年少未知名,往候同郡宗慈,慈方以有道见征,宾客满门。以晊非良家子,不肯见。

岑晊虽然出自高官之家,但因为父亲受过刑罚,就不被视为良家子①。但是,同传后文载:

> 晊留门下数日,晚乃引入。慈与语,大奇之,遂将俱至洛阳,因诣太学受业。

岑晊得以入太学,与他并非良家子的记载看似矛盾。岑晊不被视为良家子,不是原本民间的习俗,而是列属七科谪第一的"吏有罪",特别是前章已经说明贪污罪也列属其中。因此,如果是在西汉的话,在法制上不认可岑氏是良家。至少,在这种情况下,岑晊的父亲豫会受禁锢,即禁止再度为官。不过,即使是在西汉,也不清楚这一身份的世袭情况如何。商人或者有市籍之人三代之内不能获得解放是事实,而且,这一遗制持续到唐代。但目前还无法确定,是否如片仓穰所说,这也适用于市籍以外之人。七科谪的身份在东汉以后就消亡了,正如前节末指出的,在东汉末,至少与市籍有关的人,在法律上不是良家。岑晊是东汉时期受刑的官吏子弟不被视为良家的例子。目前还不清楚是法律如此规定的,还是作为前代的遗制残留在人们的观念之中。虽说岑晊是受宗

---

① 尾形勇不赞同片仓穰的看法,他认为岑晊是因受业太学得以步入官途,"因此不要拘泥于他是否'良家子';也可以这样理解:宗慈因'未知名'而没有想过他是'良家子'"。因为尾形氏主张良家名族说,所以产生了"因'未知名'而没有想过他是'良家子'"的解释,并不是在《岑晊传》的叙述中,宗慈就断定说"晊非良家子"。实际上,宗慈之见还是与晊的父亲受刑有关。

慈的帮助,得以入太学,踏出为官的一步,但由此可见在"良家"观念强势残留的反面,在有市籍者之外的情况下,这一制度已经失去了实际效能。

最后附带说一下,从《管子·九问篇》

> 问,乡之良家,其所牧养者几何人矣

的记载可知,良家一词起源于先秦时代。这里"乡之良家",是与同篇中"邑之贫人""乡之贫人"相对的词语。在第二章第四节就已经阐明,这里指的是乡邑中一部分上层的富裕阶级。因此,唐人尹知章注:"良家,谓善营生以致富者。"《管子》诸篇中也有许多是汉代成文的,但上述良家一词比汉代的范围更窄,却与先秦时期"良"一词通常用法一致。因此,不能说这样的良家语义就没有传到汉代人中间。从汉代良家子、良家女等词语多用于官人、官女的选拔条件来看,良家肯定是有一定的范围。至少应如尾形氏所言,有一个确定的最低限度。在我来看,其范围应该就是除相当于七科谪的诸身份以及医、巫、工等之外的庶人。

第三篇
六朝隋唐时期的新身份

第六章　部曲、客女身份形成的前提
——六朝时期隶属民的诸形态

一、问题之所在

本书第一章讨论了奴隶制的起源与发展,第二章在此前提下考察了良贱身份制度的形成过程;魏晋南北朝时期,原来的奴隶制度发生了变化,出现了多样化的隶属形态,在此前提下需要建立一种新的法制身份。本章试图探讨这一问题。

《周书》卷六《武帝纪》建德六年(577)十一月条的诏书记载,表明出现了新的法制身份:

> 自永熙三年七月已来,去年十月已前,东土之民,被抄略在化内为奴婢者,及平江陵之后,良人没为奴婢者,并宜放免,所在附籍,一同民伍。若旧主人犹须共居,听留为部曲及客女。

我认为这条诏书是北朝末期一系列奴婢放免措施的一环。在建德元年(572)十月的诏书中,下令放免江陵地区被俘而沦为官奴婢的人;建德六年正月北齐灭亡后,在二月又下令放免旧北齐境内沦为俘虏的官私奴婢。① 八月又下诏废除杂户,虽然不是奴婢(参照下章),紧接着如上述诏书所记下令放免北周境内的战争奴婢。这次放免的多为私奴婢,由此,他们与原主人的关系便成了问题。我在旧作中认为,如这一系列放免措施所示,国家的首要意图是放免这些良人;奴婢有主人,而主人拥有永久使役奴婢的强权,国家在不能否定主人权力的前提下,只能确定一种被称为部曲、客女的新身份(《均田制的研究》第七章《均田制与良贱制》),这一看法至今仍未改变。

尾形勇对我的这一看法提出了批判。他认为,在以往的王朝也实行过"将没落良民重新放免为良民"的政策;但是,在以往的王朝无法实现由国家确立这种被称为部曲、客女的新身份,主张"应该更加积极地评价、理解"此举之意义。随着这一新身份的确立,(一)私权力基础上的残留被限定于"部曲、客女"的固定框架中;(二)原本基于私权力存在的"部曲"被转换为公权力性的称呼,"非良民"观念附着于其身份之上;(三)为这些"非良民"的"部曲"将来成为"上层贱民"开路(《良贱制的发展及其性质》,第362页)。这一思维方式为何是积极的呢? 在尾形氏看来,这相当于承认了皇帝与小农之间基本的阶级关系,为确保"构成国家秩序的主体者"(实际上指以小农为主的被统治集团),权力一方需要一种有效手段来设定"对构成这一秩序无价值的一部分人"(尾形氏着重强调),因此才确立了所谓良民与贱民的身份制度

---

① 《周书》卷五《武帝纪》建德元年冬十月庚午条"诏江陵所获俘虏充官口者,悉免为民",同书卷六《武帝纪》建德六年二月癸丑诏"自伪武平三年以来,河南诸州之民,伪齐被掠为奴婢者,不问官私,并宜放免。其住在淮南者,亦即听还,愿往淮北者,可随便安置。其有癃残孤老,饥馁绝食,不能自存者,仰刺史守令及亲民长司,躬自检校。无亲属者,所在给其衣食,务使存济"。

(上述论文,第349页)。当然,我也认同良贱身份是国家制定的法制身份,但是不可能毫无缘由地就确定他们是"对构成这一秩序无价值的一部分人",良贱身份确立的前提应该是现实社会的阶层分化。据上述建德六年诏书中的记载,部曲、客女身份的确立是以"若旧主人犹须共居"为条件的,国家并没有单方面、积极地推进这一身份的确立。① 在我看来,这里所见的原主人与奴婢之间的关系体现了阶级的分化,从皇帝的角度来看,不过是被统治者间的阶层分化,抑或是含小农在内的民众间的阶级分化。这里体现了我与尾形氏对"阶级与身份"之间的关系存在完全不同的看法。

我有一篇文章,论述了与尾形氏不同的看法(《身份制与中国古代社会》),当然这篇文章也并非没有缺陷。在文章中,据建德六年诏书中的记载,仅仅是集中讨论了主人与奴婢之间的关系,而忽略了对新身份尤其是"部曲、客女"身份确立的前提,即不同于奴婢的隶属关系发展的探讨。尾形氏在上述的(二)中强调给原本基于私权力的隶属者们赋予了公权力性的身份,这一点的确是我的文章中存在的重要不足之处,我在批判尾形氏时没有提及这点实在是抱歉,需要反省。虽然这点需要反省,但也可以更加确定奴隶制的发展是奴婢身份确立的前提,奴隶制以外的隶属关系的发展是部曲、客女身份确立的前提,原则上来说国家身份确立的前提是社会阶层的分化。

上述提到部曲、客女的名称是以不同于奴婢的隶属关系的发展为前提的。实际上,以往探寻部曲、客女身份形成过程的研究,

---

① 草野靖在《中国的地主经济——分种制》(第467页)论述道,这种情况旧主人需要向县司提出同居的申请,县司先审查是否有必要,再给予许可。这也表明制度可以在无视制度背后的各种现实关系的情况下正常运行。

基本上都是以追寻这一名称的由来为方法。以沈家本的《部曲考》为开端,包括何士骥《部曲考》、杨中一《部曲沿革略考》等研究,都是在论述部曲语义的变迁。部曲最初是军队队伍的意思,指军队本身;从魏晋南北朝的某一个时期开始变成主要指代私兵;由他们与主人的关系来看,其地位低下近似贱民。其中,何氏论文的特点是广泛搜集史料,杨氏认为私兵化的部曲被作为庄园的农奴使用,是最先提出部曲农奴说的学者。与此相对,滨口重国在《南北朝时期的士兵身份与部曲含义的演变》与《唐代贱民、部曲的形成过程》中认为,部曲一词在南北朝末期指的是官私的军队,另一方面随着私家的奴婢被作为家兵(=部曲)使用,其地位不断提高,产生了位于奴婢之上的部曲身份。关于部曲身份形成的由来,学者提出了良民地位降低说与奴婢地位提高说两种对立的说法。仁井田陞在《中国身份法史》第八章《部曲、奴婢法》中采取折中说。滨口氏在战前的第一篇论文中也承认了部曲地位低下,但是在战后的第二篇论文中完全否定了这一说法,仅认为这是奴婢地位提高的过程。

与多数研究论及部曲这一名称的由来相比,只有滨口重国的《唐代的部曲、客女与前代的衣食客》中,论述了指代同一身份女性的客女的由来。关于魏晋南北朝时期的客,最早有鞠清远的《两晋南北朝的客、门生、故吏、义附、部曲》《三国时代的"客"》等,都主张客等地位低下。但是,滨口重国认为魏晋南北朝时期客的形式是多样的,尤其是注意到《宋书》卷一八《礼志》服饰的记载中将"奴婢、衣食客"同列,由此确立了作为贱民的衣食客,并将其看作客女身份的前身。关于部曲、客女身份的由来,滨口氏从东晋时期放免奴婢的"出客"的记载,认为这一身份与部曲的情况相同,都是奴婢地位提高的过程。因此,滨口氏通过"出客""衣食

第六章 部曲、客女身份形成的前提

客"的记载,认为在北周建德六年以前就已经确立了所谓的上级贱民身份,推测在建德六年不久之前,部曲一词就被作为私贱民法制身份的称呼使用(《唐代贱民、部曲的形成过程》)①。但是,这也仅限于推测,没有任何证据。即便存在被称为"衣食客"的贱民,也仅限于南朝;北朝在确立新的身份时,对于男性不是采用客的称呼,而是称为部曲。

上文中被滨口氏看作客女身份前身的衣食客,只不过是魏晋南北朝时期各种客身份的一种,士人家族的宾客、作为雇佣人的佣客,还有作为佃农的佃客等都被排除在外。部曲身份的前身,也仅限于从事战斗而身份为奴婢的人们。滨口氏认为,最终在唐代确立的部曲、客女身份,带有半奴隶的性质(《唐王朝的贱人制度》,第76—77页)。不过,宫崎市定在《从部曲到佃户》中认为部曲是庄园劳动者,有自己的家族,属于有自营时间与场所的农奴。宫崎市定认为衣食客是指幼时被收养、得到衣食供给的人②,是各种客的代表称呼③,与部曲同义。将部曲、客女看作农奴的说法,与现代中国的许多研究有共通之处(王仲荦《关于中国奴隶社会的瓦解及封建关系的形成问题》,罗宏曾《魏晋南北朝时期部曲的社会地位》,柯友根《南朝部曲初探》,简修炜、夏毅辉《魏晋南朝

---

① 尾形勇的观点与滨口氏相反,如本文介绍的他的见解(第八章)所示,上级贱民身份是在建德六年之后确立的,建德六年诏便是契机。关于部曲、客女身份形成的经过,将在第八章详细论述。
② 滨口、宫崎两氏对"衣食之直"有着不同的解释。据《唐律疏议》所引《唐令》,部曲与奴婢不同,不可买卖,且新旧主人间进行让渡时,需要"听量酬衣食之直"(同书卷二《名例》十恶反逆缘坐条律疏)。滨口氏认为部曲无法用劳动抵消主人支给的衣食,因此部曲的劳动属于近似奴隶的无偿劳动。宫崎氏则认为衣食之直是未满十五岁的养育费,衣食客之名也由此而来。关于这一问题也将在第八章详尽论述。
③ 越智重明在《客与部曲》中沿袭了滨口氏的说法,认为《宋书·礼志》中的贱民衣食客是客女身份的前身,东晋以后贱民衣食客逐渐吸纳了私人的客。这一观点与宫崎氏的说法也类似。

庄园社会的阶级结构述论》等）。① 滨口说与宫崎说是两个极端对立的说法。在我看来，从近似奴隶制到农奴制，经历了多种隶属关系的发展。从方法上来看，滨口氏的结论限定的范围过于狭窄，宫崎氏却将所有的农奴制都包含在内，只能对照两者来进行探讨。

如上所述，若魏晋南北朝时期存在多种隶属关系发展的话，那么在隋唐时期良民、部曲、客女、奴婢身份体系确立之时，前代诸多的隶属者究竟被何种身份所吸收呢？依照滨口氏的说法，只有在前代已经贱民化的人们才会被归入部曲、客女身份；属于良民的隶属者全部脱离主人，属于服从于隋唐时期国家直接统治的良民（＝均田农民）。但是，考虑到北周时期并没贯彻奴婢解放的措施，部曲、客女的身份是否能够由此确立呢？② 关于宫崎氏的说法，可以参考唐长孺《魏晋南北朝时期的客和部曲》中的观点。唐氏承认这一时期存在封建性人身隶属关系的发展，但是他也强调这种隶属关系极不稳定，没有得到法律的认可。他认为北周时期认可的合法部曲身份，不属于封建性隶属关系的主要部分。张

---

① 宫崎氏认为，庄园劳动者在诸如军队的队伍中从事劳动，部曲之名即由此而来，但部曲的事例基本上指的是军队本身，他引用的关于部曲从事劳动的事例基本上都与军队本身有关系，如：《三国志》卷一八《魏书·李典传》、《梁书》卷五一《张孝秀传》、《陈书》卷二《高祖纪》永定二年诏等的记载；但宫崎氏的这一说法尚存有疑问。而且，集团劳动与农奴本来的个别的小规模经营就相矛盾。或许还是中国学界自古以来通常的说法更为准确，即身为军人的部曲，也要为主人劳动。
②《太平广记》卷二三〇《器玩篇》引《异闻集》中对王度的记载，言"度家有奴，曰豹生，年七十矣，本苏氏部曲"，即西魏时代苏绰家的部曲，在隋大业年间成为王度的家奴。这属于小说的记载，这里的"奴"不是严格意义的法律上的奴婢，不能解释为由部曲沦为奴。实际上，民间对部曲与奴没有严格的区分（T. Thilo, "Das Bild der Sklaverei in der chinesischen Erzahlungsliteratur der Tang‐Zeit"）。不过，从这条记载中可以看出，第一，在北周时期部曲、客女身份出现之前，已经有称为部曲的隶属民，可以略窥名称的连续性；第二，小说中的部曲虽然不是法律上的贱民，但其后也没有得到解放，而是沦落为隶属民。

泽咸在《唐代的部曲》中,认为唐律上的部曲属于封建性的隶属者,不是农奴①;这一观点与唐氏的说法也有关联②。若存在这一说法,那么在唐代中央集权的国家体制下,宫崎氏将部曲看作体制化的农奴的观点就存在问题。

唐长孺认为封建隶属关系的发展带有不稳定性与非合法性的观点非常重要,由此必须考虑到民间不断发展的隶属关系与中国特有的中央集权国家之间的关系。但是,唐氏忽略了北朝末期好不容易取得合法性的部曲、客女身份与上述隶属关系之间的关系,滨口氏的观点中也存在同样的问题。当然,完全可以认为前代发展的隶属关系在隋唐强大的中央集权政策下逐渐解体,也有一部分人保持着没有被纳入国家户口控制范围的状态。此外,可能还存在已经是均田农民,但还维持着与主人间的隶属关系的情况。但是,如果是那样的话,前代发展的隶属关系又有多少意义呢?若前代的关系理所当然地在国家体制中存续,那么在隋唐时期的身份体系中,岂不是除部曲、客女外就无其他了吗?再回顾北周建德六年的诏书,不必将其中的部曲、客女身份仅仅考虑为前代身份的沿袭。如前所述,至少诸如北朝的衣食客身份是前代没有的,那么部曲身份也极有可能是新设立的。这些身份应该是以奴婢解放为契机设立的新身份。而且,如果无法否定奴婢主人的权力,那么其他的诸种隶属者的主人权同样无法否定。即便如此,也很难赞同简单地将这些隶属者一概视为农奴劳动者的观点。如以下的讨论所示,魏晋南北朝时期产生的诸种隶属关系

---

① 草野靖在上述书中认为,部曲即家仆,是官僚与寺观的家僮仆使,与住在村落中的"田人""田者"是有区别的(第466—471页)。
② 唐长孺在《唐代的部曲和客》中提到,唐代后期两税法以后,封建性隶属关系不再受到国家的干涉,拥有无限的合法性。中国封建社会在此时由前期向后期转化。

中,在近似奴隶到近似农奴之间,还存在多种形态的隶属关系。因此,以下将以作为部曲、客女身份形成前提的诸种隶属关系为课题,利用有限的史料对他们间的差异,做尽可能具体的分析。

还有一点必须注意,这一时期产生的隶属关系不可能全部称为部曲或客女。如上文中提到的沈家本的《部曲考》等研究,采取的都是探寻新身份名称由来的方法,这一方法存在局限性。部曲、客女是偶尔被选作对新身份的称呼的,在此期间被称为部曲、客、衣食客等的隶属人口的确非常重要,但是同样还存在其他称呼的隶属人口。因此,下文将不仅限于部曲、客女等称呼,试图对新的隶属关系发展进行探究。

二、人身买卖的诸形态

回到本章的课题,为了解部曲、客女身份形成的前提,需要对魏晋南北朝时期的各种隶属关系进行分析。首先要指出的问题就是,作为奴婢身份前提的奴隶制关系与其他隶属关系之间的关系。究竟是奴隶制衰退,代之以其他隶属关系的兴起,还是其他隶属关系随着奴隶制关系的发展一并兴起?在魏晋南北朝乱世中,存在均田制下的奴婢给田与上文北朝末期的解放奴婢等事实,由此可见基本上不存在奴隶制衰退的倾向。后一种情况中,奴隶制关系与其他隶属关系谁占主导地位也是一个问题。这关系到时代区分的问题,因为与以往的看法存在对立之处,只希望揭示问题之所在。正如以下考察所明确的那样,在这一时期的隶属关系中,存在与奴隶制密切相关的关系。首先,来看一则奴隶制兴盛的史料。

《魏书》卷一一一《刑罚志》中记载了延昌三年(514)北魏宫廷

围绕人身买卖处分进行的一番争论。① 这一争论与前一年,即延昌二年闰二月癸卯颁布的"定奴良之制,以景明未断"(《魏书》卷八《世宗纪》)的措施有些关系。如第二章等所述②,这一措施是为解决当时频发的"良贱争讼"(《魏书》卷六五《李平传》)颁布的,在北魏之前的五胡十六国的乱世下,有很多因人身买卖或掠夺沦为奴婢的良民,所以导致了诉讼盛行。北魏宫廷中的人身买卖争论就发生在确定这一判决方法的第二年。这一判决方法与人身买卖的争论都是尚书李平提出的问题。通过这两件事可以看出,当时因奴婢与良民的身份引发了混乱,宫廷的一部分人希望对此采取一些对策。

竹浪隆良针对这一人身买卖争论发表了专论(《北魏时期的人身买卖和身份制度统治——以延昌三年(514)人身买卖议论为中心》),全部的经过可以参照这篇论文。这一争论的起因是,冀州阜城之民费羊皮,因无钱葬母,将七岁的女子卖给同城人张回,张回将其转卖给鄃县之民梁定之。在这一买卖中,费羊皮没有说要赎回其子("追赎"),但张回在转卖时隐瞒了女子是良民的事实。这里主要想讨论争论者对这一事件的态度。

首先,在争论中,最后买女子的梁定之完全被排除在用刑对象之外。因卖方张回并未言明女子是良民,所以梁氏当作纯粹的奴婢买来也是正常的。但是,唐代奴婢、家畜的买卖都要向官府呈请市券(《唐律疏议》卷二六《杂律》"买奴婢牛马立券"条,《唐六

---

① 如内田吟风《魏书刑罚志缺页考》所示,现行诸刊本《魏书·刑罚志》缺少的这一部分,都是据《册府元龟》卷六一五增补的。中华书局标点本与内田智雄编《译注中国历代刑法志》对此进行了补正。
② 拙著《均田制的研究》第七章第 373 页,将《世宗纪》延昌二年闰二月癸卯条的记载读为"定下奴良之制。以景明为断";但是对提倡这一措施的《李平传》中的记载,应该解读为"定奴良之制度,以景明为断"。参照第二章第六节。

典》卷二〇"京都诸市令"条),而且必须要有五位保证人。如果是奴婢买卖,这五位保证人要证实这人是奴婢。①《隋书》卷二四《食货志》记载了东晋、南朝时期的情况:

> 晋自过江,凡货卖奴婢马牛田宅,有文券,率钱一万,输估四百入官,卖者三百,买者一百。无文券者,随物所堪,亦百分收四,名为散估。历宋齐梁陈,如此以为常。

由此可见,南朝时期也必须立有文券,据此课税;不过即便没有文券,若适当课税,买卖也是被认可的。北魏时期的法律或许也有相似的规定。实际上,在人身买卖时往往不会对卖者的身份进行确认,这种事在宫廷的官僚看来也是稀松平常的。在争论中,三公郎中崔鸿在论及张回的转卖罪时,认为被卖之人"因此流漂,罔知所在,家人追赎,求访无处,永沉贱隶,无复良期"。可见当时容易出现这类情况。

而且,从争论中还可以看到,官僚们将引发女子买卖事件的费羊皮也排除在处罚对象之外。在北魏的盗律中有"卖子孙者,一岁刑"的规定,原本费羊皮按此规定应受处罚。但是不仅所有人没有提出要处罚②,太保高阳王元雍还认为,卖子葬亲是出于

---

① 《唐六典》卷二〇"京都诸市令"条载"凡卖买奴婢牛马,用本司本部公验,以立券",在敦煌、吐鲁番也出土了市券公验的实物。敦煌文物研究所资料室《从一件奴婢买卖文书看唐代的阶级压迫》、王仲荦《试释吐鲁番出土的几件有关过所的唐代文书》中,各介绍了一件文书,池田温的《中国古代籍帐研究》(第564、490页)也有收录。最近,程喜霖在《唐代公验与过所案卷所见的经济资料》中,又介绍了一件名为"唐开元二十年薛十五娘买婢绿珠市券"的文书。唐令中规定官文书必须有五位保证人,在上述三件市券中都有实行。关于此,请参照拙稿《唐户令乡里、坊村、邻保相关条文复原》。

② 现在的《魏书·刑罚志》留下的只是当时议论的一部分,在编集的过程省略了对张回处罚的记载,或许也有对费羊皮处罚的议论。但从结果来看,即便有处罚,也相对较轻。

孝心，应当奖赏，不仅免罪，而且还要给予赏金。最后下诏：

> 羊皮卖女葬母，孝诚可嘉，便可特原。

在后文中也可以看到，当时为葬亲兄弟而卖身，通常情况都会成为赞赏的对象。若被诏敕公认的话，会更加助长这一风潮，卖身也可能会获得奖励。竹浪氏认为这一诏敕以后是作为单行令实施。

最初的发言者李平据"掠人、掠卖人、和卖人为奴婢者，〔皆〕死"①的规定，提议应将张回处以绞刑。这条是对卖人的规定，也适用于张回的转卖行为。紧接着发言的廷尉少卿杨钧与三公郎中崔鸿认为应将张回的买女子罪与转卖罪区分开来，而且都认为转卖罪更重，应处以流刑或绞刑。因承认卖方有原因，所以买人罪更轻。即如果不转卖的话，人身买卖罪相对较轻。但是，都已经承认买人是有原因的，只对转卖行为重罚并不公平。于是，太保高阳王元雍紧接着说道：

> 既一为婢，卖与不卖，俱非良人。何必以不卖为可原，转卖为难恕。

这也有一定的道理。元雍也承认因最初的买卖导致良民沦为奴婢是事实，却也并没有由此提出要重罚人身买卖的意见，只是如上文中提到要赞赏费羊皮卖子，认为张回是卖子的从犯，提议处以一岁刑降一等的鞭一百。然而，诏书中接受了元雍对费羊皮的判决意见，但重罚张回的转卖行为，处五岁刑。虽然，元雍的意见有些极端，不过诏书中仅重罚转卖的意见，即轻视人身买卖这点与元雍没什么不同。这样的宫廷争论与法律原则不同，将因人身

---

① 李平在发言时引用这一条文无"皆"字，在其后杨钧的发言中是"皆死"。

买卖导致良民奴婢化视为极为普遍的行为。由此也可以窥探对这一行为的容忍氛围已经蔓延到宫廷。①

以上争论中还有一点值得关注,当时附赎回条件的买卖与永久买卖是有区别的。② 费羊皮在卖女子时没有说"追赎",张回在转卖时便视为"真卖"。中田薰据北齐《关东风俗传》(《通典》卷二所引)的记载,早就指出田土可以"帖卖",即附赎回条件的买卖(《日本庄园系统》)。据此,国家授予的露田另当别论,令中公开承认桑田(永业田),荒田七年、熟田五年内可以帖卖。那么,对人身买卖是如何规定的呢?

魏国如淳在《汉书》卷六四上《严助传》的注记中,有以下一段有名的话:

> 淮南俗,卖子与人作奴婢,名为赘子,三年不能赎,遂为奴婢。

这段话在第一章第五节有详尽的分析,这里值得关注的是,质与卖的关系。上文的赘即质,如果质子三年不能赎回的话,将永久抵押沦为奴婢,质子也被称为卖子。如此看来,汉魏时期质与卖是否有明确的区别尚存疑。

但是,六朝时期明显出现了与田土情况类似的附赎回条件的

---

① 宫廷已开始议论这种超出法律原则的现实,即良民与奴婢的身份轻易共存于一人之身的现实情况。注意到这一点,便会发现配合史料的情况来看,被称作奴婢的人未必是法律上的奴婢、奴婢之中也有良民等议论没有发挥什么作用。这些议论站在政府的法律原则、法理的一方,即认为良民与奴婢皆应固定化为政府公认的身份。然即便是上述政府颁布的"定奴良之制"也有漏洞,即景明之前被卖的良人也会被认定为奴婢;次年政府议论也受现实状况所迫,讨论到了法律的适用性,所以才会各方意见不一。

② 关于此,仁井田陞《中国法律中的奴婢地位与主人权》第7页注(4)中略有言及,其后,堀氏、越智重明、竹浪隆良等都有论述。

人身买卖。《宋书》卷六四《何承天传》中载：

> 时有尹嘉者，家贫，母熊自以身贴钱，为嘉偿债，坐不孝为死。……嘉母辞，自求质钱，为子还债。……始以为不孝为劾，终于和卖结刑。

《南齐书》卷五五《孝义传》载：

> 公孙僧远……弟亡，无以葬。身贩贴与邻里，供敛送之费。

《南史》卷二九《蔡撙传》：

> 百姓杨元孙，以婢采兰，贴与同里黄权，约生子酬乳哺直。权死后，元孙就权妻吴赎婢母子五人，吴背约不还。

上述的《公孙僧远传》中所称"贩贴"，反映出贴与买卖的关联，最后的《蔡撙传》明确记录了赎买的事实。① 值得深思的是，《蔡撙传》的记录与因贫卖身的情况不同，附条件地将婢卖与他人后生子，试图以此增加劳动力。虽然无法得知契约中买奴婢还生了五个孩子的男子是否会可惜这些劳动力，但妻子违反契约，未将奴婢及其子归还，因此引发了诉讼。这也是帖卖的一个例子。

《宋书·何承天传》中记录了尹嘉的母亲为还子的债务而附条件地卖身，因此事要问尹嘉不孝之罪②；调查时其母回答之辞

---

① 《文选》卷四〇收录梁任昉奏弹刘整的记载"整兄弟未分财之前，整兄寅以当伯贴钱七千，共众作田。寅罢西阳郡还，未别火食，寅以私钱七千赎当伯"，与本文所引《南史·蔡撙传》中的记载，都是奴婢的帖卖的事例。与《蔡撙传》相同，都记录了赎回的事实。
② 法律很早就将属于道德领域的不孝列为处罚的原因，近年出土的《云梦睡虎地秦简》中记载"免老告人以为不孝，谒杀，当三环之不。不当环，亟执勿失"（472简，第195页），"告子 爰书。某里士五甲告曰，甲亲子同里士五丙不孝，谒死，敢告。云云"（630简，第263页），在秦律中当处死刑。《汉书》卷四四《衡山王传》中载"太子爽坐告王父不孝，皆弃市"，《晋书》卷六四《简文三子传》也记载"道子酣纵不孝，当弃市"，历代当处弃市刑。《唐律》将不孝列入十恶，告祖父母、父母当绞，根据具体的行为，被科以死刑以下的流刑、徒刑。

中将"贴钱"又称为"质钱"。这类附有赎回条件的买卖实际上与质相似,只要还钱就可以赎身,可以减少因永久买卖沦为奴婢的风险。从北魏宫廷的争论将是否附有赎买条件视为一个问题来看,可以想象在这个时代,为避免沦为奴婢的风险,通常情况下会附有赎买条件。不过,即便附赎买条件的买卖与质相同,但与抵债的质不同,需要追赎,仍有永久抵押的风险。这种情况下,买主是用身份做担保,还是用家财等做抵押,尚不清楚。《南齐书·孝义传》中的公孙僧远,是将身卖与邻里。若将人身卖与乡里、邻里时附上赎买条件,可以明显降低因真卖转入其他地方而行踪不明的风险。特别像僧远是为葬亲而卖身,会得到地方的赞赏,在安全上有保证。同样在《南齐书·孝义传》中,记载了晋陵吴康之的妻子赵氏,在少女时曾卖身乡里,乡里人可怜她,筹集米为她赎身的事情。①

这种附赎买条件的买卖是否获得公认还是个问题,刚才提到这类买卖区别于永久买卖,是被许可的(《身份制与中国古代社会》);越智重明对此也有相同的看法(《六朝的良、贱身份》)。但是,这些看法或许都是错的,即便是附有赎买条件的买卖也是人身买卖,同样也应该看作禁令的对象。这点我曾经在口头上纠正过(一九八三年唐代史研究会夏季合宿报告),最近竹浪氏的论文有更为准确的论述,其依据就是《宋书·何承天传》中"始以为不孝为劾,终于和卖结刑"的记述。尹嘉因不孝罪被弹劾,母亲由于自卖其身,其和卖的行为受到处罚,由此可以清楚地看到,附赎买

---

① 《史记》卷七〇《张仪列传》记载了游说士陈轸之言:"卖仆妾,不出闾巷而售者,良仆妾也。出妇,嫁于乡曲者,良妇也。"这或许是当时的谚语,由于互相了解对方的禀姓、性情,所以可知卖于乡里的仆妾属于良仆妾。正因为如此,其不仅不会受到主人的虐待,还可能如正文的赵氏一般,得到援助。

条件的买卖也会成为处罚的原因。不过,这种法律规定并非常制,贫民通过卖身获得一时的钱财,而且为了避免沦为永久的奴婢,也往往会采用这种附有赎买条件的买卖。

不管是真买还是贴卖,都是人身买卖。人身买卖还有更温和的称呼,即"十夫客"。"十夫客"之名见于《南齐书·孝义传》中的《吴达之传》:

> 吴达之,义兴人也。嫂亡无以葬,自卖为十夫客,以营家椁。

《宋书》卷九一《孝义传》中的《郭平原传》,更为详细地记载了十夫客的内容:

> 父亡……又自卖十夫,以供众费。……葬毕,诣所卖主,执役无懈,与诸奴分务,让逸取劳。主人不忍使,每遣之。……所余私夫,佣赁养母,有余聚以自赎。

史料虽然不多,但十夫客的名称与十夫的定量是共通的,可见这是当时江南地方或多或少通晓的习惯。

据《郭平原传》可知,(1)他们是与"诸奴"一起工作的,即不同于佃客(小作人),是在主人的直营地上劳作。(2)而且还有"私夫",在闲暇的时候可以"佣赁"去别处劳作,即在主家劳作是定量的,自己可以在闲暇时从事别的劳作,这点也与奴婢不同。这种定量究竟是何种形式,是一日中固定时间,还是一月中固定时日,或者有别的形式,目前尚不清楚。不过,在日本的《养老户令》中有"不得尽头驱使"的规定,由此推断唐代的部曲、客女应该也是相同的(参照泷川政次郎《唐代奴隶制度概说》第八章),十夫客的性质是共通的。(3)但是,有"赎"的必要,即卖身之后,若要从客的身份解放,有必要赎身。那么,赎身之前的劳动,就相当于奴隶性的无偿劳动。如果无法赎身又当如何?是继续保持这样的身份,还是抵押家财、田土充当预付金?

以上论述的诸关系,都是由人身买卖产生的;附有赎买条件的买卖与因永久买卖成为纯粹的奴婢相比,风险更小。而且,十夫客的劳动量是固定的,比附有赎买条件的买卖更为宽松。中国学者陈连庆认为,十夫客基本上属于债务奴隶范畴,是奴隶向农奴转化的过程中的一环(《南朝奴隶考》)。

中国学者朱雷认为,十夫客的性质类似于麴氏高昌国时期的"作人"(《论麴氏高昌时期的"作人"》)。高昌国时期的文书中,记载了这种形态的作人。据朱雷的研究,这类作人没有姓,同奴婢一样被买卖,或被作为主人的遗产(《吐鲁番出土文书》五,第70页)。但是,他们也与一般的编户一样,需要按田亩向政府交纳银钱(同上书三,第68页以下),要交纳高昌国特有的臧钱税(同上书二,第207页;同上书四,第153页),要出徭役(同上书三,第216页以下)。还可以看到他们租种他人土地的情况(同上书五,第240页)。① 朱雷认为,这些人一方面被买卖,但同时也拥有自己的收入,因此将他们比作十夫客。但将他们与上述的十夫客严格比较的话,还是存在差别的。以下是一件作人买卖文书(《吐鲁

---

① 除此之外,吐鲁番出土了某人从张相意等三人那里雇用"佛奴,□□,相儿"三人"岁作"的契约文书(《吐鲁番出土文书》四,第156页)。虽然没有作人一词,但雇用时没有标明姓,类似作人。朱雷认为,高昌国有三种作人:(一)服各种劳役、有姓的一般人;(二)寺院的雇佣劳动者也称为作人;(三)这里列举的属于贱民性质的作人。不过,据寺院相关文书记载,(二)中有不记载姓名的"作人"与"外作人"之分,只有"外作人"是雇来的,由此可知"作人"是寺院固有的,而"外作人"是从外部雇来的(同上书三,第225页以下)。如此,结合前记的雇佣岁作券可知,(二)与(三)的区分并不准确。〔追记〕脱稿后,阅读到竹浪隆良的《汉至六朝时期人身买卖与质人》。这篇文章与本文旨趣大体相同,而且对质的多种形式进行了严格的区分,受教颇多。

番出土文书》五,第 134 页。照片见《新疆历史文物》,第 99 页):

> 延寿四年丁亥岁□□十八日,赵明儿从主簿赵怀祐
>
> □卖作人胳奴,年贰拾□□□价银钱叁佰捌拾文。即日交
>
> □□贰佰捌拾文,残钱壹佰□,到子岁正月贰日偿钱使毕。
>
> □□□壹月拾钱上生壹□,□后□人何道(呵盗)忍(认)名者,仰本
>
> □承了。二主和同立(契),]□(后)各不得返悔,悔者壹罚
>
> 贰入不悔者。民有私要,要行二主,各自署□□□(名为信)
>
> 倩书赵愿伯
> 时见刘户褀
> 临坐范养祐

这与一般的奴婢永久买卖契约完全相同。契约中没有规定类似十夫客的定量劳动,也没有附赎买条件。

但是,如前记文书所示,即便作人拥有自己耕作的土地,这也无法表明他们与奴婢有本质上的差别。同样在吐鲁番出土的武周天授二年(691)文书(小田义久《大谷文书集成》一,第 88 页;池田温《中国古代籍帐研究》,第 327 页)中也有如下例子:

>]贰□(亩)佃人康守相奴(皆聪?)(大谷 2374 文书)

周藤吉之认为,这是一件佃人文书。堰头康守相申告堰头管理下的一片土地,"贰亩"上方应该写着二亩土地所有者的名字,但由于破损,无法知道就是康守相自身还是其他的人。不论如何,这

片土地借给康守相的奴（皆聪？）租种。他们被称为田奴、田仆等（周藤吉之《吐鲁番出土的佃人文书研究》）。奴隶拥有自己的土地，表明正处于佃农制阶段。由此来看，作人或许是比奴婢更进一步的田奴或佃农。但是，尚未见到如作人般贱民身份的人需要与一般编户一样负担国家税役的例子。这应该是高昌国特有的情况。作人是主人财产，应该登记在主人的户籍或者财产簿上，但是高昌国的情况不同，有专门的作人名簿（《吐鲁番出土文书》三，第135页以下）。

  西南坊。张相斌作人□（相）□、□护、养儿、范像护作人□（阿）□、

  严欢岳作人寅丰，镇军作人桑奴、相洛、贤遮、樊庆延]作人青麦、形保愿作人

  （中略）

  道得[　]富、阴仕信作人渠举、赤举。合六十[

名簿中分地域列举了作人的主人与作人的姓名，并记录了合计数量。作人与主人之间的关系不像十夫客般是暂时的，而且国家也要统一掌控这层关系。国家掌握这层关系与课税有很大的关系。我在旧作（《三上次男博士喜寿纪念论文集历史编》所载的与本章同题的论文）中认为，高昌国的作人本来就是编户之民，所以保留了部分编户的性质；但是另一方面，也与奴婢一样沦落为财产，现在从奴婢的地位逐渐提升。高昌国的情况较为特殊，他们更早地被国家控制，并课以赋税。

三、养子、雇佣、客、部曲

  "养子"虽然不是奴婢，但被视为奴婢同等对待。《宋书》卷四

二《王弘传》中记录了究竟是同伍的士人应该负连带责任,还是由"奴"或"奴客"代替士人连坐的争论。文中将本该称"奴""奴客"之处,记为"养子""典计"。如滨口氏所述,"典计"意为"典主财计"(《三国志》卷五六《吴书·吕范传》),指执掌家政之人,常由奴婢出身者充任(《唐代的部曲、客女与前代的衣食客》)。养子的情况与之类似,孩童时养于家中,被役使负责一些家政相关的事务。《晋书》卷七四《桓冲传》中记录了一则养子的事例。

> 家贫,母患,须羊以解,无由得知,温乃以冲为质。羊主甚富,言不欲为质,幸为养买德郎。买德郎,冲小字也。

上文中本该为质之人成为养子后,不得不接受主人的差使。这类养子的历史可以追溯到云梦秦简中"假父""假子"的关系。① 当然,他们有别于为祭祀祖先而收的养子。

《三国志》卷一六《魏书·郑浑传》中,记载了地方官郑浑:

> 重去子之法。……所育男女,多以郑为字。

所谓"去子之法",应指对弃子的收养规定。《南齐书·孝义传》中,记载了会稽永兴的倪翼之母丁氏收养里中孤儿的故事。在战乱和饥馑下,常有幼儿需要收养。

入唐以后,《户婚律》中的"禁异姓养子"条规定"遗弃小儿年三岁以下,虽异姓,听收养"(《唐律疏议》卷一二《户婚》"养子舍去"条)。《疏议》曰:"如是父母遗失,于后来识认,合还本生;失儿之家,量酬乳哺之直。"(同条疏)咸亨元年(670)因大雪出现冻死

---

① 《云梦睡虎地秦简》的《法律答问》中提到"父盗子,不为盗。●今假父盗假子,何论。当为盗"(389简,第159页)。这里对假父、假子与实际父子有着明确的区分。不过,以下论述的养子的属性,是由中国自古以来父母可以无偿役使子女的思想形成的。在今日日本的父母间这一思想依旧根深蒂固。

者,下令允许"有年十五已下不能存活者,听一切任人收养为男女,充驱使",咸亨四年下令"咸亨初收养为男女及驱使者,听量酬衣食之直,放还本处"(《旧唐书》卷五《高宗纪》)。唐令中规定"转易部曲事人,听量酬衣食之直"(《唐律疏议》卷二《名例》十恶反逆缘坐条疏)。这些养子被视为和部曲、客女同等对待。滨口氏认为从需要补偿接受部曲、客女衣食之直来看,部曲、客女的劳动应该是无偿的(《唐王朝的贱人制度》,第68页以下)。宫崎氏不赞同滨口氏的观点,他认为据咸亨元年、四年的记录,衣食之直指十五岁之前的养育费(《从部曲到佃户》)。不论如何,可以看出养子的身份应属于良民,年少时被无偿役使。养子成年后,处境各异,多如前所记留在主人家,负责家政相关的事务。①

上文在论及十夫客时,提到《宋书·郭原平传》中"所余私夫,佣赁养母,有余聚以自赎"的记载,据此认为十夫客是人身买卖的一种,需要赎回,即其劳动是无偿的,需要返还接受者定金。朱雷也据此将作人推定为十夫客。然而,仁井田陞将其作为劳动抵偿债务制度的例子,认为是用劳动抵消债务(《汉魏六朝的质制度》)。② 如此看来,如果是用劳动抵消前期定金的话,这可以视为预支雇直(赁银),即雇佣的最初形态。③《太平御览》卷五一七《宗亲部》"婕叔"条引用上文《南齐书·吴达之传》中的记载:

吴达之,义兴人。嫂亡无以具葬,乃自卖为十夫佣,以营葬。

---

① 诸如契诃夫《樱桃园》中的养女安尼雅之类,东西方的例子还有很多。
② 仁井田陞将《宋书·郭原平传》中存有疑问的部分解读为:"所余私夫佣赁养母,有余聚以自赎本。"但中华书局标点本中载为:"……自赎。本性智巧,既学构冢,尤善其事,每至吉岁,求者盈门。""本"应该与后文相连。
③ 高敏在《试论汉代的雇佣劳动者》一文中论述了汉代雇佣的诸种形态,指出存在通过雇佣的方式来抵消债务的做法。

文中将"十夫客"记为"十夫佣"。这应是《太平御览》编者之误，或许在编者看来，十夫客与佣是有关联的。

晋干宝撰的《搜神记》卷一中，有如下记载：

> 汉董永……父亡，无以葬。乃自卖为奴，以供丧事。……永行三年丧毕，欲还主人，供其奴职。道逢一妇人，曰："愿为子妻。"遂与之俱。……主曰："妇人何能。"永曰："能织。"主曰："必尔者，但令君妇为我织缣百匹。"于是永妻为主人家织，十日而毕。女出门，谓永曰："我天之织女也。缘君至孝，天帝令我助君偿债耳。"语毕，凌空而去，不知所在。

这是羽衣传说的一种，天女用织绢抵消债务。仁井田氏认为这也是劳动抵偿债务制度的一个例子，相当于收益质或抵偿质。但是，上述事例中不是使用"质"一词，而是称为"卖"。或许在中国古代的观念中，这也属于人身买卖的一种。此外，在中国古代"卖"语义范围非常广泛，"质"亦如此，"雇佣"也被称作"卖佣""买佣"等，都被纳入买卖的范畴（第一章第 67 页注①）。中田薰已经揭示了人身买卖及人身质入与雇佣间的关系。中田氏提出了雇佣起源于人身租赁的说法，他认为中国的雇佣也是如此（参照《德川时代的人身买卖及人质契约》《德川时代的人身买卖及人质契约补考》。仁井田陞《唐宋法律文书研究》，第 423 页以下）。可以说中国的雇佣源于人身买卖。

中国古代的雇佣，有农繁期间为补生计实行的短期雇佣，他们人身比较自由；也有在主家常住，从事家内劳动，由主人供给衣食的长期雇佣。前文已经系统论述了后者的源起，即在西晋、东晋的给客制（荫客制）中出现的衣食客（《均田制的研究》第二章）。

两晋给客制出现了佃客与衣食客两种类型,佃客若为《隋书》卷二四《食货志》中记载的"其佃客皆与大家量分"的佃户,自然可以联想到与佃客相似的,在客中数量众多的"佣客"。滨口氏引用《太平广记》卷二八六《幻术篇》中"关司法"条的记载:

> 郓州司法关某,有佣妇人姓钮。关给其衣食,以充驱使。

如引文所见,因供给他们衣食,所以称其为衣食客。滨口氏认为前文列举的养子形态上与衣食客相同(《唐代的部曲、客女与前代的衣食客》);但是,前者的劳动是无偿的,后者需要提供衣食,不能同视。不过,他们自身无生产能力,或住在主人家,长期受到主人家的直接役使,与主人家的人身隶属关系得到强化,不可避免地会导致社会地位的降低。对此第一节中也略有涉及,《宋书·礼志》中衣食客的服制与奴婢等贱民相同。

与衣食客相比,佃客的经营虽然拥有一定自主性;但是,给客制规定"客皆注家籍"(《隋书·食货志》),客丧失了编户的自主性。滨口氏与河地重造对这一规定都有论述(上述滨口的论文、河地《关于晋限客法的若干考察》),客各自都拥有自身的户籍,并在籍上注明是某某的客。这从《晋书》卷四四《华廙传》的记载中也可以得到佐证:

> 初表有赐客在鬲,使廙因县令袁毅录名三客,各代以奴。及毅以货赎赇致罪,狱辞迷谬,不复显以奴代客,直言送三奴与廙。

我之前有一个解释,认为华表因在鬲县有赐客,于是委托鬲县县令袁毅在客的户籍上将其登记为华表之客(《均田制的研究》第二章)。不过从后文所载与奴的关系也就是从鬲县的客当中送了三名给袁毅来看,将此处"录名三客"作登记于袁毅的名籍之上理解，则较为自然。作为交换，袁毅将三名奴送给了华表。在这种情况下，可以认为客是登记在了主家户籍之上的。

给客制是国家免除豪族拥有的一定数量客的课役，承认豪族役使、榨取的独立性。如此看来，相比作为国家收取课役对象的编户（编成户籍的民户），为显示主家的独占性，这一定数量的客应该登录在主家的户籍当中。《晋书》卷九三《外戚列传·王恂传》中记载，给客制首见于曹魏的制度：

> 魏氏给公卿已下租牛客户，数各有差。自后小人惮役，多乐为之，贵势之门动有百数。①

上文中"数各有差"表明，客的数量应该是固定的、有一定的比例，国家的控制力越弱，为躲避课役而依附于权门的客越多。在实行了西晋制度之后的五胡十六国时期出现了同样的现象，如产生"五十家、三十家，方为一户"（《魏书》卷五三《李冲传》）、"百室合户，千丁共籍"（《晋书》卷一二七《慕容德载记》）等现象。这种逃避课役的方式，也是由客附于主家户籍的规定产生的。如滨口氏所言，魏晋的客是良民，还没有产生奴婢以外的贱民身份。但是，原本的良民本应接受皇帝直接统治，隶属编户、编民身份，他们附在主家的户籍上，是他们逐渐贱民化，迈入部曲、客女身份的第一步。

《南齐书》卷一四《州郡志》南兖州条载：

---

① 草野靖在《中国的地主经济——分种制》中提到，这条史料一般解读为"给公卿已下租牛、客户，数各有差"，但注中引用了拙著《均田制的研究》第426页，并遵照滨口氏的说法解读为"给公卿已下租牛客，户数各有差"。但是，拙著中认为草野氏是误解，应将"租牛客户"解读为一个词语。虽然不管是解读为"租牛客户"还是"租牛客"，与滨口、草野两氏的说法都没有抵触，但就文章而言，如"魏氏给，公卿已下，租牛客户，数各有差。自后，小人惮役，多乐为之，贵势之门，动有百数"所言，基本上四字一句，正确的读法应为"租牛客户"。

>时百姓遭难,流移此境,流民多庇大姓以为客。元帝太兴四年,诏以流民失籍,使条名上有司,为给客制度。

以往都认为这与上述东晋的给客制有关,近年唐长孺将其与《晋书》卷六《元帝纪》太兴四年五月庚申诏中的记载联系起来(《王敦之乱与所谓刻碎之政》):

>其免中州良人遭难为扬州诸郡僮客者,以备征役。

这是"王与马,共天下",即王氏与司马氏(晋室)微妙对立的结果,元帝警戒王敦,在两个月后的七月,任命侧近戴思若、刘隗为将军,并令其率由僮客中解放的兵。据给客制度,主家允许征发一定数量的客当兵。原本给客制度在曹魏、西晋都有推行,在《晋书》卷九八《王敦传》、同书卷六九《戴思若传》有"奴""家奴"①的记载,上述《元帝纪》的僮客与给客制是否有关联尚存疑。脱离国家掌控的流亡客基本等同于奴婢②,或者解放后的奴婢以客的身份被征兵。

从《晋书》卷四《惠帝纪》太安二年(303)十一月辛巳条"发奴助兵"的记载可知,晋代征奴为兵的政策已经开始了。东晋元帝的政策之后,据《晋书》卷七三《庾翼传》的记载,康帝时代都督江荆司雍梁益六州诸军事的庾翼在北伐时"并发所统六州奴及车牛

---

① 《晋书·王敦传》中载"悉发扬州奴为兵",同书《戴思若传》中也提到"调扬州百姓家奴万人为兵配之"。一方面,《王敦传》王敦的上疏中,列数刘隗等人的行为,除"免良人奴……今便割配,皆充隗军"外,还提到"复依旧名,普取出客。从来久远,经涉年载,或死亡灭绝,或自赎得免,或见放遣,或父兄时事,身所不及。有所不得,辄罪本主"。征发奴与取客是有区别的。但是,滨口氏将后文解读为"取出客",认为出客即由奴婢身份出为客的地位,属于需要自赎或主人解放的贱民(《唐的部曲、客女与前代的衣食客》)。

② 鞠清远在《三国时代的"客"》中论述道,三国时期以后客中出现了地位低下、被贱视的"奴客""僮客"。在本节开篇所引的《宋书·王弘传》的事例中,奴与奴客指代相同。

驴马",《晋书》卷九四《隐逸·翟汤传》中载"大发僮客以征戎役",这里也将奴与僮客同视。此时征发的翟汤的召使被记为"仆使"。

《晋书》卷六四《简文三子传》中,记载了东晋末期司马元显实行的政策:

> 又发东土诸郡免奴为客者,号曰乐属,移置京师,以充兵役。

据此可知,"奴"放免为客的同时,被称为"乐属"。"乐属"有何含义？又是什么身份呢？我认为,这相当于唐代的"乐事"的前身。"属"也有"侍奉"的意味。"乐"含有非强制、自愿的意味。唐长孺在论文中指出唐代存在乐事(《唐代的部曲和客》《唐西州诸乡户口帐试释》)。《旧唐书》卷一八六上《酷吏·侯思止传》中载:

> 侯思止,雍州醴泉人也。贫穷不能理生业,乃乐事渤海高元礼家。

阿斯塔纳三五号墓出土的武周时期《先漏新附部曲客女奴婢名籍》中,将"乐事"与部曲、客女、奴婢同列(《吐鲁番出土文书》七,第455—463页);同墓出土的载初元年(690)高昌县户主翟急生的手实中,将"乐事何丰吉"与"部曲咎阿吐"并列记载(同书七,第421页);可见乐事附于主人的家籍中。那么乐事与部曲、客女应属于同等的身份(参照第八章第三节)。东晋的乐属从奴婢解放为客,被征为兵后便与原主人分离,再成为部曲;这的确与后世的部曲、客女身份有关联。

从许多史料都可以看出,作为兵士的部曲与率领他们的指挥者之间存在着私人从属关系,且这种关系逐渐强化。在史料中也可以零散见到他们从事生产劳动。例如《南齐书》卷一《高帝纪》宋泰始五年(469)十月条提到,荆州刺史沈攸之:

> 养马至二千余匹,皆分赋戍逻将士,使耕田而食,廪财悉充仓储。

这类似于屯田。《陈书》卷一三《荀朗传》载:

> 梁承圣二年,率部曲万余家济江,入宣城郡界立顿。

上文是将兵士用于山林的开发,兵士"万余家"表明他们是与家族一起的。《陈书》卷三一《鲁广达传》载:"时江表将帅,各领部曲,动以千数,而鲁氏尤多。"再者,同书卷一三《鲁悉达(广达之兄)传》载:

> 侯景之乱,悉达纠合乡人,保新蔡,力田蓄谷。时兵荒饥馑……仍于新蔡置顿以居之。

据此可知,鲁氏的部曲基本由乡人组成,平常从事农耕、开垦。

不过,上文中由乡人组成的部曲,也属于编户之民,不一定是与部曲身份有关的从者。这可追溯到《三国志》卷一八《魏书·李典传》中的记载:

> 典从父乾,有雄气,合宾客数千家在乘氏,初平中,以众随太祖。……时太祖与袁绍相拒官渡,典率宗族及部曲输谷帛供军。

上文中的部曲,即从父乾拥有的"宾客数千家",他们在乾子整死后由典统率。宾客一般是豪族从属者,不过,这里的"数千家"如宫崎氏所言,"李氏在势力上对农民占有压倒性的优势,他们或许被私人使役",然而,他们究竟与前文提及的由乡人组成的部曲有何不同?《陈书》卷一八《沈众传》中载:

> 侯景之乱,众表于梁武,称家代所隶故义、部曲,并在吴兴,求还召募以讨贼,梁武许之。及景围台城,众率宗族及义

第六章 部曲、客女身份形成的前提

附五千余人，入援京邑。

这里的部曲与称为故义、义附①的人们同列，属于代代世袭的家族隶属者。众"内治产业，财帛以亿计"，由此可知他们是众的产业生产者。

《梁书》卷五一《处士·张孝秀传》中，记载了部曲仅是田土的耕作者，与兵士、军队毫无关系的唯一事例：

> 为建安王别驾。顷之，遂去职归，山居于东林寺。有田数十顷，部曲数百人，率以力田，尽供山众。远近归慕，赴之如市。

张孝秀的数百人部曲是数十顷田土的耕作者，他募集的人当中有许多都成为部曲。不过，这种情况下的生产关系与隶属关系并不明晰。从"率以力田"可以看出，地主的直营性略强，恐怕还无法断定为农奴。② 宫崎氏引用《陈书》卷二《高祖纪》永定二年（558）三月甲午诏中的记载：叛臣南豫州刺史沈泰的财产"良田有逾于四百，食客不止于三千"，后让"其部曲妻儿各令复业"，部曲妻儿指耕作良田四百顷的食客三千人，诏令规定他们暂不连坐，释放

---

① "部曲"一般指军队，而"故义、义附"的称呼一般指与个人间的隶属关系。汉代以来的门生、故吏也通常指这一时期受个人驱使、地位比较低下的人们。这些名称有着各自不同的起源，实际上与各种客或部曲的形态重叠。参照鞠清远《两晋南北朝的客、门生、故吏、义附、部曲》，韩国磐《东晋南朝的门生义故》等。

② 本文主张部曲农奴说，所以仅引用了部曲与生产劳动相关的史料；在我看来，部曲作为主将的私人隶属者或者家事劳动者是部曲、客女身份的前提。《颜氏家训》卷五《归心篇》中载："杨思达为西阳郡守，值侯景乱，时复旱俭，饥民盗田中麦。思达遣一部曲守视，所得盗者，辄截其手腕，凡戮十余人。部曲后生一男，自然无手。"这名部曲是郡守的手下，负责监视田土。不过，这里的田土是郡守私有的，还是郡内一般的田土仍存有疑问。《太平广记》卷一二〇《报应篇》张绚条载："梁武昌太守张绚，尝乘船行。有一部曲，役力小不如意，绚便躬搥之，杖下臂折，无复活状，绚遂推江中。"作为部下的部曲被残酷役使后遭杀害。这两则事例都表明，部曲已经脱离军队，成为主人个人的侍从。

后让其从事先前的农业。但是,目前尚不能将部曲妻儿等同于食客三千人。沈泰的部曲妻儿至少有一部分是出自食客,诏令中的"部曲妻儿"直接指沈泰旧部下的兵士及其家族,前文《张孝秀传》中的记载与以上列举的诸例,都显示部曲指农业生产者。

  中国古代的奴婢身份是在奴隶制发展的基础上产生的。本章讨论了魏晋南北朝时期产生了类似以往的奴隶,但与奴隶制不同的诸种私人隶属关系;依次探讨了从近似奴隶制形态到近似农奴制形态的发展过程。从文中可知,北朝末期,与奴婢身份不同的部曲、客女新身份出现的前提是诸种隶属关系的发展。① 如此看来,隋唐时期的部曲、客女身份就不是从农奴或者奴隶范畴中简单的二选一。这里需要指出部曲、客女身份的阶级基础是介于奴隶与农奴之间的。关于隋唐时期诸种生产关系中部曲、客女的地位问题,将在第八章详尽论述。

---

① 以上所述的诸种形态的隶属者们,并非所有都在北朝末以后转化为部曲、客女的身份。如十夫客原本属于编户,尽管近似奴隶,但如果完成债务就可以断绝从属关系,经过隋唐王朝的检括,也有许多成为编户。不过,只有与原来的奴隶制不同的隶属关系的发展,才能产生诸如部曲、客女的新身份,而且其隶属关系也有着多种形态。

第七章　北朝杂户制再考察

一、问题之所在

北朝的杂户制度,是北朝这个由异民族掌权的朝廷所特有的制度,唐王朝的官贱人以及杂户、官户也是在此基础上产生的,可见它的重要性。前一章讨论了从私贱人这一身份中分化出新身份的前提,提到了私贱人身份的阶层化源于魏晋南北朝时期社会的阶层分化,而官贱人的身份则更多源于北朝国家的统治制度。

滨口重国最早发表了有关北朝杂户制度的详细研究,他的两篇论文《北朝史料中的杂户、杂营户》与《唐代官有贱民、杂户的由来》,已汇总在其大作《唐王朝的贱人制度》第五章"对官贱人由来的研究"中。因为这是关于北朝杂户最早的综合性研究,所以论点涉及诸多方面,我在此将其中与"杂户"这个词的语意变迁相关的观点总结如下。杂户这个词出现于五胡十六国时期,它与杂人、杂夷等用语相同,最初表示各种各样的种族、部族、夷类等。北魏中期,杂户开始作为对百工、商贾等卑姓的统称使用,但与此相区别的是,北魏还出现了由官府任命从事特殊工作的户,称为"杂役之户""百杂之户"等。他们在北魏分裂成东魏和西魏之后,都被称为杂户。北魏的杂役之户是从普通民众间征调的,而滨口重国认为,自东西魏起杂户开始由罪犯的家属担任,因此杂役之户开始被称为杂户与其内容的变化有关。

杂户的语义经历了三个阶段的变化,在这点上我与滨口重国观点一致,但我也在《均田制的研究》第七章——"中国古代良贱制的发展"(原题为《均田制与良贱制》)中表示了一些疑问。第二阶段中将工商卑姓之户称为杂户并无确切的依据,在北魏时期,杂役之户乃至它的前身就已经被称为杂户了。我的这个观点至今基本没有改变,只是鉴于之后的研究,有若干补充和修正之处。尤其是杂户一词的语义发生了变化,其最初指的是各种各样的户,后来特指杂役之户,这种语义上的变化为何能够发生,是个值得思考的问题。简言之,滨口重国把论述的重点放在各阶段的不同之处上,而将各阶段间有什么关联这一问题遗留了下来。另外,凭借对罪犯的"缘坐没官",将其家眷充当杂户的制度始于东西魏这点,也有存疑之处。

近年,越智重明在他的《北朝的下层身份》中对杂户进行了论述,不仅否定了滨口重国在第二阶段中将工商称为杂户的观点,还把一直以来被当作杂役之户而归为杂户的伎作户、乐户等与杂户加以区分,他主张杂户特指从事那些不需要特殊技能的杂役的户。此外,我认为北魏前期有部分杂户在民间谋生,而北魏中期以后就只剩下为官府工作的杂户了,滨口重国也正是注意到了那些民间的杂户,才将他们视为工商卑姓之户。而越智重明则主张,整个北朝时期都存在着民间的杂户。既然出现了这种观点,那我也就此发表一些意见,有必要再次阐明我在杂户这一问题上的见解。

最近,中国的张维训发表了《略论杂户的形成和演变》。其特点是,对于五胡时期至北魏初期的初期杂户,不将他们简单地视为各种各样的户,而是视为因氏族组织解体所产生的杂居人口,他们处于统治者的军事管理之下。按照这种观点,杂户存在与"营户"(附属于军队并在军营服役)相融合的倾向,但随着北魏的统一,他们被纳入郡县体制当中,开始为官府工作。我认为,杂户指代各种各样的户,这一意义在整个北朝时期一定程度上是通用的,但问题在于这些户的范围或种类是如何划定的。滨口重国只在第二、三阶段对此进行了说明,第一阶段的论述仅停留在说明词语的原意上。张维训的论文对这一点作了补充,特别是其在政治、社会史方面的观点值得注意,本章也将对他的观点进行探讨。

二、初期的杂户

杂户一词出现于五胡十六国时期,之前并不存在,只有三国时期少量出现过"杂胡"的说法,后文再作讨论。杂户原指各种各样的户,我想这点已无异议,但该词在五胡时期以后才开始使用,必然有其相应的原因。对于这一点,张维训的观点值得参考。关于初期杂户,他最主要的论点是,这一时期北方各民族的氏族组织纷纷解体,造成各民族的杂居状况。在此之前的魏晋时期,各民族发生杂居、融合的具体事例,在唐长孺的《魏晋杂胡考》中有所列举。五胡时期以后,杂户、杂人、杂胡、杂夷等词开始频繁使用,由此看来,确实存在出现上述状况的可能性。

作为其例证之一,《魏书》卷一一三《官氏志》中对北魏建国前的什翼犍时期有如下记载:

> 其诸方杂人来附者,总谓之乌丸。各以多少称酋、庶长。分为南北部,复置二部大人,以统摄之。

其中"诸方杂人"显然是指那些从本族的氏族组织中脱离的人。鲜卑拓跋部将他们重新组织起来纳入自己的统治之下。之所以将其称为"乌丸",是因为当时乌丸已经成了一个由从属于鲜卑的各氏族所组成的集合体。《三国志·蜀书》卷三二《先主传》中对刘备起兵之初有如下记载：

> 时先生自有兵千余人及幽州乌丸杂胡骑,又略得饥民数千人。

《晋书》卷一一三《苻坚载记》中记载：

> 徙关东豪杰及诸杂夷十万户于关中,处乌丸杂类于冯翊、北地。

这表明鲜卑慕容部之下也附属有同样的乌丸"杂类"。

与上文的乌丸杂类相类似的有匈奴的"杂胡"。《魏书》卷一《序纪》的穆皇帝(猗卢)七年条中写道：

> 国有匈奴杂胡万余家,多勒种类。

拓跋部之下也附属有匈奴的杂胡,他们类似于石勒的种类。众所周知,石勒出生于匈奴的别部,是羯人(《晋书》卷一〇四《石勒载记》)。羯之所以成为五胡之一,是因为石勒建立了国家。羯的起源暂且不论,但至少五胡以后,羯或"羯胡"就被作为杂户的统称使用(唐长孺《魏晋杂胡考》),似乎也就是指多个种族的集合体。本来这样从属于匈奴本族的多个种族就被称为匈奴杂胡。《晋书》卷一二五《乞伏乾归载记》中,对匈奴杂胡的记载主要有：

> 姚兴力未能西讨,恐更为边害,遣使署乾归使持节、散骑常侍、都督陇西岭北匈奴杂胡诸军事、征西大将军、河州牧、大单于、河南王。

从与之相关的几条记录推知，整个五胡时期，他们存在于阴山以北。

《魏书》卷一《序纪》昭成皇帝（什翼犍）三十九年条中写道：

> 乃率国人避于阴山之北。高车杂种尽叛，四面寇钞，不得刍牧。

同书卷二《太祖纪》天兴二年（399）二月丁亥朔条中提到：

> 诸军会同，破高车杂种三十余部，获七万余口、马三十余万匹、牛羊百四十余万。

这些高车"杂种"或许仅是指附属于高车（即铁勒）的各种族，但这个"杂"字的使用引起了我的注意。如果参考之前匈奴杂胡的例子，它也可能是指由从属于高车的各种族混合而成的部族组织。

前文提到构成乌丸的"诸方杂人"，《魏书》卷四下《世祖纪》太平真君六年（445）八月丁亥条中写道：

> 徙诸种杂人五千余家于北边。

也同样是把由各种族组成的人群称为"杂人"。《魏书》卷五一《封敕文传》中记载：

> 金城边冏，天水梁会谋反，扇动秦、益二州杂人万余户，据上邽东城，攻逼西城。……冏、会复率众四千攻城。氐、羌一万屯于南岭，休官、屠各及诸杂户二万余人屯于北岭，为冏等形援。

这是同一时期的事，所以"杂人"的意义也应当相同。后半段中出现的"休官"是氐族，"屠各"是匈奴，与他们区别开的"诸杂户"，指的应该是无法形成休官和屠各那样一定规模的部族的种族集合体，与前半段中的杂人一词意义相似。因此可以说，杂户这个词与之前提到的杂人、杂类、杂胡、杂种等词用法几乎一致。而且《晋书》卷一三〇《赫连勃勃载记》中记载：

> 乃以勃勃为安远将军,封阳川侯,使助没奕于镇高平,以三城、朔方杂夷及卫辰部众三万配之,使为伐魏侦候。姚邕固谏以为不可。……兴乃止。顷之,以勃勃为持节安北将军五原公,配以三交五部鲜卑及杂虏二万余落,镇朔方。

其中"杂夷""杂虏"两词的用法应该也相同。

但是,杂户一词也出现过与以上用法稍有不同的情况。《金石续编》卷一《前秦·郑能进修邓艾祠碑》中有如下内容：

> 大秦苻氏建元三年,岁在丁卯。冯翊护军、建威将军、奉车都尉、城安县侯、华山郑能进,字宏道……甘露四年十二月廿五日到官。……统和宁戎鄜城洛川定阳五部领屠各,上郡夫施黑羌、白羌、高凉西羌、卢水、白卢、支胡、粟特、苦水杂户七千,夷类十二种,兼统夏阳治,在职六载。

在有关杂户的部分中,唐长孺、张维训都将其断句为"……粟特、苦水、杂户",意思是"……粟特、苦水以及杂户"。但这种情况下,"七千"这一数字该置于何处？对此,滨口重国将其断句为"……粟特、苦水的杂户",取"从屠各到苦水各种各样的户"这个意义。如此一来,"杂户七千,夷类十二种"就涵盖了郑能进统治下的所有种族,较为妥当。虽然正如唐长孺所说,屠各等各部族杂居于中国内地,各族间融合的情况时有发生,但杂户一词并不在这种情况下使用,而是像滨口重国认为的那样,仅仅指各种各样的户。从杂户中"杂"字的原意看来,这种用法没有问题。

张维训关于初期杂户的第二个论点是,在管理上,杂户处于氐族的军事化统治下。前面引用的各史料表明,杂户已经脱离了他们本族的氏族组织,或与其他种族杂居在一起,尽管如此,他们又被重新编成了具有北方民族特点的部族组织。拓跋部的诸方杂人被编为乌丸族,由酋长、庶长统率,匈奴杂胡中的羯人石勒,就出身于"部落小率"(《晋书·石勒载记》)之家。高车杂种有"三十余部",赫连勃勃手下有"鲜卑及杂虏二万余落"。这样的部族组织不仅是北方民族生产、生活的组织,也同样是他们的军事组织。而且五胡十六国时期进入汉地的胡族诸国,在汉人社会传统的州郡制或郡县制之外,还保留着胡族各族的部族组织,驻屯在各地,并在被征服的汉人中设置营户,为军营提供物资与劳动力。

但另一方面,这种体制加剧了各国的分权化,与君主权力相矛盾,因此不久以后,像北魏那样所谓的部落解放与汉化政策便开始施行。在那之前,五胡诸国中并非没有那样的倾向,所以在史料不足的情况下,断言当时的杂户一律处于军事统治之下有欠妥之处,但总体而言,五胡诸国没能解决这一矛盾,都短命而终(谷川道雄《隋唐帝国形成史论》第一编中的各篇论文、町田隆吉《后赵政权下的氏族》)。而且,即使到了北魏,州郡制与其他统治模式并存的局面,也以营户及各种杂户的形式根深蒂固地延续了下来。这点将在后文详细介绍。

三、杂营户与乞养杂户

与前文所述的初期杂户稍有不同的杂户出现了,最早记录他们的是《魏书》卷一一〇《食货志》:

> 先是禁网疏阔,民多逃隐。天兴中诏,采诸漏户,令输纶绵。自后诸逃户,占为细茧罗縠者甚众,于是杂营户帅,遍于

>   天下,不隶守宰,赋役不周,户口错乱。始光三年,诏一切罢
>   之,以属郡县。

据此可知,即使查到了漏户,也没有将他们附籍于郡县,而是由中央官府直接管辖,使其缴纳丝、棉、绢布等物,他们被称为"杂营户"。然而,现存史料中并未见到使用杂营户这个词的其他例子,同时,上一节中出现的隶属于军营的营户,在不受郡县统治这点上与其有相通之处,因此可以认为杂营户是杂户与营户的合称。就这一点,我曾在旧作中引用唐长孺的观点(《拓跋国家的建立及其封建化》)进行了说明。① 由于杂户与营户具有以上共同点,或许在此之前就存在将两者归为一类的观点。若是如此,这里使用杂营户一词也并不意外。

此处将统治下各种各样出身的漏户称为杂户,与过去杂户这一称呼的含义相比区别不大,但让他们缴纳丝、棉、绢布等这点是未曾有过的。《魏书》卷九四《阉官传·仇洛齐》中出现了与之前《食货志》中相同的记录,只是天兴年间的诏书中还有以下内容:

>   东州既平,绫罗户民乐葵,因是请采漏户,供为纶绵。

将漏户投入绢的生产,是一个叫乐葵的绫罗户的提议。但其结果是,为了逃避本来的徭役,越来越多的人成为逃户,主动提出缴纳绢布等物,从而引起了混乱,因此仇洛齐上奏叫停了这种处理方式,将那些户附籍于郡县。不过营户在那以后仍然存在,所以此时废止的应该只有这种杂户。总之,它便是后来伎作户的前身,这点我已在旧作中指出了。

---

① 滨口重国认为,曾经存在着有别于杂户、营户的杂营户,但中国古代史研究团队在他所著《唐王朝的贱人制度》的书评中主张杂营户是杂户、营户的合称。

从落后的游牧民族中发展起来的北魏,在征服、统治中国后,尤其重视对手工业人口的控制。太祖道武帝攻破后燕,占领其首都中山之时,北魏在中国获得了有史以来最大的领土。《魏书》卷二《太祖纪》天兴元年(398)正月辛酉条中提到:

> 徙山东六州民吏及徒何、高丽、杂夷三十六万,百工伎巧十万余口,以充京师。

北魏进行了如此大规模的人口迁徙,其间特别重视被称为"百工伎巧"的手工业者们,原因自然是期待他们为官府工作、服务。①此前那条将漏户用于手工业生产的记载,《食货志》中说是"天兴年间"的事,《仇洛齐传》中说是"东州既平"以后的事,因此可以认为,其与百工伎巧的迁徙处于同一时期。这么看来,两者可能是同一政策意图的产物,或是不同方面与视角下的同一政策。

让漏户从事手工业的政策,虽说在世祖太武帝始光三年就基本废止了,但将手工业者与一般平民的身份固定下来分开管理的政策得以延续。《魏书》卷四下《世祖纪》太平真君五年(444)正月庚戌诏中写道:

> 其百工伎巧、驺卒子息,当习其父兄所业,不听私立学校。违者师身死,主人门诛。

同书卷五《高宗纪》和平四年(463)二月壬寅诏中说:

> 今制皇族、师傅、王公侯伯及士民之家,不得与百工伎巧卑姓为婚。犯者加罪。

---

① 《魏书》卷三〇《安同传》中写道:"清河王绍之乱,太宗在外,使夜告同,令收合百工伎巧,众皆响应奉迎。"虽然这是建国之初的事,但可以看出,其所以能利用百工伎巧应对特殊事态,是因为他们与官府有着密切的联系。

将手工业者的家业强制世袭,禁止他们接受一般的教育,以及与王公贵族甚至一般士民通婚。这种身份的固定自然使他们地位低下。上文和平四年的诏书中将百工伎巧称为"卑姓",《魏书》卷七上《高祖纪》太和二年(478)五月的诏书中又提到了和平四年的诏书:

> 又皇族、贵戚及士民之家,不惟氏族,下与非类婚偶,先帝亲发明诏,为之科禁。

其中将他们称为"非类"。

另外,《魏书》卷六〇《韩显宗传》中显宗上疏道:

> 伏见京洛之制,居民以官位相从,不依族类。仰惟太祖道武皇帝,创其拨乱,日不暇给,然犹分别士庶,不令杂居。伎作、屠沽,各有攸处。

城市内不同身份的人居住的区域也不同。这是自建国开始,在平城还为都城时就施行的政策,后建都洛阳也被保留下来,这点可从《洛阳伽蓝记》卷四的城西、法云寺条中得知:

> 市东有通商、达货二里,里内之人,尽皆工巧、屠贩为生。……市南有调音、乐律二里,里内之人,丝竹讴歌,天下妙伎出焉。……市西有退酤、治觞二里,里内之人,多酝酒为业。……市北慈孝、奉终二里,里内之人,以卖棺椁为业,赁辆车为业。……别有准财、金肆二里,富人在焉。凡此十里,多诸工商货殖之民。

可是,以上诏书、上疏的出现,正反映了这些规定已被打破的现实状况,尽管如此,北魏出于对手工业人口的强烈需求,依旧靠强权固化身份。对工商业者的蔑视,是中国自先秦以来的传统思维(请参照第四章),但从后文可知,以北魏为代表的北朝,不仅对手工业者和商人,对其他各种人口也依据其职能,固化他们的身份从而加以控制,以满足国家的各种劳役。这是一种种姓式的身份设定,产生于当时的自然经济条件下,落后的征服者掌控人口,以此满足国家需要。

当然,上文中太武帝以后对手工业者的政策,适用于北魏统治下的全体手工业者,而被掌控的手工业人口中,只有一部分在官府服役,更多的是在民间谋生。而且,北魏前期还存在着专为权贵工作的手工业者。《魏书》卷四下《世祖纪》太平真君五年(444)正月戊申诏中写道:

> 自王公已下,至于庶人,有私养沙门、师巫及金银工巧之人在其家者,皆遣诣官曹,不得容匿。限今年二月二十五日,过期不出,师巫、沙门身死,主人门诛。明相宣告,咸使闻知。

这道诏书是为了遏制佛教及其他所谓的邪教、方术、谶纬等而颁布的,这里与沙门、师巫一起被提到的金银工巧之人,应该是指制作佛像、佛具的人。虽然明令禁止了私养这些人,但这道作为废佛前奏的诏书,在废佛事件平息之后是否还有效果不得而知。稍晚一些的《北齐书》卷四七《酷吏·毕义云传》中记载:

> 又坐私藏工匠。家有十余机织锦,并造金银器物。乃被禁止。

这是个私人拥有规模庞大的工场,私藏工人进行生产的例子。同时可知,这样的行为已被禁止,成了一种非法活动,但并不清楚这种状态是何时开始的。

《魏书》卷七上《高祖纪》太和五年(481)七月甲戌条中写道:

> 班乞养杂户及户籍之制五条。

"乞养杂户"与前面的杂营户一样,现存史料中没有其他的例子,滨口重国引用《商君书·境内篇》中"其有爵者,乞无爵者,以为庶子。……其役事也,随而养之"解释"乞养"的语义。但其实《魏书》卷九四《阉官传·抱老寿》御史中尉王显的上奏中就有它的用例:

> 老寿种类无闻,氏姓莫纪。丐乞刑余之家,覆养阉人之室。

因此,乞养杂户这个词表明,被人私养的杂户确实存在。值得注意的是,"乞养杂户"这一制度是伴随着户籍的颁布而出现的。虽然北魏的户籍制度并不是这时才开始的,但这一时期重新颁布户籍制度,意味着孝文帝此时希望通过附籍加强对一般州郡民户的控制。而且,乞养杂户与此户籍制度一起被提到,可见他们的户与州郡县的户是被分开管理的,需要一套与一般户籍不同的登记制度,但这种登记的具体形式尚不清楚。

总之,把依附于私人的户视为乞养杂户的话,此前提到的私养、私藏于民间的手工业者们,就一度作为乞养杂户得到过认可。滨口重国将乞养杂户中的"杂户"解释为百工、商贾的统称。但其论据只对《资治通鉴》中南朝宋的记载进行注释的胡三省的话:"杂婚,谓与工商杂户为婚也。"滨口重国将其理解为"工商等杂户"。但这是后世的说法,而且也可将其理解为"工商与杂户"。如果不考虑这是有关南朝的注释的话,滨口重国的理解或许是对的。与之前所说的被私养、私藏的人不同,普通的工商业者并非依附于私人,而是拥有独立营生的人。《魏书》卷一九《任城王澄传》中,澄的上奏提到:

> 八日,工商世业之户,复征租调,无以堪济。今请免之,使专其业。

政府从他们身上征收租调,反映了他们虽然地位低下,但在州郡中有着与一般庶人同样的户籍。因此,一般的百工、商贾并不在乞养杂户之列。

如上所述,乞养杂户隶属于私人,其中包含一些被私养、私藏的手工业者,但这样的户在当时并不仅限于手工业者。《隋书》卷二五《刑法志》中记载:

> 魏虏西凉之人,没入名为隶户。魏武入关,隶户皆在东魏,后齐因之,仍供厮役。建德六年,齐平后,帝欲施轻典于新国,乃诏,凡诸杂户,悉放为百姓。自是无复杂户。

有关北周建德六年的杂户解放,后文再作详述。由此可知,杂户的起源可以追溯到北魏的"隶户",而且隶户始于北魏对西凉的征服。《魏书》卷九四《阉官传·赵黑》中写道:

> 赵黑,字文静,初名海,本凉州隶户。……海生而凉州平,没入为阉人,因改名为黑。

赵黑就是北魏征服西凉时没入的。

但《隋书》说隶户始于征服西凉是错误的,从许多记录中可知,北魏建国以来对各地的征服伴随着人口的迁移,被称为隶户或"僮隶"的户便诞生于其中。而且这些记录与《赵黑传》中的情况不同,隶户并不附属于官府,而都是作为给予臣下的赏赐出现。举几个其中的例子:

> 太祖班赐功臣,同以使功居多,赐以妻妾及隶户三十、马二匹、羊五十口。(《魏书》卷三《安同传》)

> 姚黄眉,姚兴之子。……太宗厚礼待之,赐爵陇西公,尚阳翟公主,拜驸马都尉,赐隶户二百。(同书卷八三上《外戚传·姚黄眉》)

> 从征伐诸国,破二十余部,以功赐奴婢数十口、杂畜数千。从征卫辰破之,赐僮隶五千户。(同书卷三〇《王建传》)

隶户、僮隶是给予臣下的赏赐,地位自然低下,但他们与奴婢不同,形成了户。《魏书》卷一一三《官氏志》中提到:

> 皆立典师,职比家丞,总统群隶。

这里的"群隶"应该包括了隶户与僮隶。《魏书》卷二一《咸阳王禧传》中记载:

> 于时王国舍人,应取八族及清修之门。禧取任城王隶户为之,深为高祖所责。

滨口重国指出,胡三省在《资治通鉴》卷一四〇《齐纪》明帝建武三年条注中说:"王国舍人,舍,谓诸王妃嫔之舍,其人即妃嫔也。"所以"舍人"不是官吏,而是嫔妃,将身份低下的隶户娶为嫔妃会受到指责。滨口重国认为,这是孝文帝晚期太和十六、十七年(492、493)的事。《咸阳王禧传》中还记载:

> 奴婢千数,田业、盐铁偏于远近,臣吏、僮隶相继经营。世宗颇恶之。

这是出现隶户、僮隶最晚的史料。他们都是作为隶属于王公、家臣的户出现的。

从以上例子可以看出,太和五年的乞养杂户中可能包含着隶户与僮隶。此外,不受州郡统治的还有之前提到的营户,但他们依附的不是私人而是军营。《魏书》卷四下《世祖纪》太平真君五

年(444)六月条中记载:

> 北部民杀立义将军衡阳公莫孤,率五千余落北走。追击于漠南,杀其渠帅,……余徙居冀、相、定三州为营户。

同书卷七上《高祖纪》延兴二年(472)三月庚午条中记载:

> 连川敕勒谋叛,徙配青、徐、齐、兖四州为营户。

可见北魏的营户都是因为谋反而被剥夺地位的北方民族。《魏书》卷八《世宗纪》景明二年(501)九月乙卯条中提到:

> 免寿春营户为扬州民。

从现存史料中可知,北魏营户最终得到解放,被编入了州郡民户的户籍。那样的话,此前太和五年的乞养杂户中,可能也包含了营户。总之,正因为乞养的对象包含了各种各样的户,所以杂户这个名称才被沿袭了下来。

此前的《北齐书·毕义云传》中说,民间人士私养手工业者这一行为不知何时开始被禁止了。隶户、营户等的乞养,也如上文所述,世宗宣武帝之后便再无史料。我在旧作中表明,民间私养的杂户消失于北魏中期以后,那之后只剩下为官府服役的杂户,对此滨口重国的观点与我大体一致。我认为,这一现象是基于凭借孝文帝均田制、租调制、三长制的颁布以及所谓的汉化政策而迅速发展起来的皇帝一元式统治体制而产生的。然而正如开头所说,越智重明主张,直到建德六年废止杂户为止,整个北朝时期都存在着区别于官府杂户的民间杂户。其论据是《北齐书》卷八《后主纪》武平七年(576)二月辛酉条:

> 括杂户女年二十已下十四已上未嫁,悉集省。隐匿者,家长处死刑。

这发生在北齐灭亡的前一年,滨口重国认为,这是将杂户之女赐予将士们以鼓舞军心的非常手段。这里的杂户确实存在于民间,但杂户也被认为是番役的一种,即使是在官府登记的杂户,他们平时也生活在民间,这点会在后文中提到。因此没有必要特意对官府与民间的杂户进行区分。下节开头引用的北周建德六年废止杂户的诏书中,也只涉及因犯罪而成为官府杂役的人,并未显示出任何民间存在杂户的迹象。

四、作为杂役之户的杂户

《周书》卷六《武帝纪》建德六年(577)八月壬寅条中也出现了此前《隋书·刑法志》提到的北周废止杂户的诏敕:

> 以刑止刑,世(以)轻世(代)重,罪不及嗣,皆有定科。杂役之徒,独异常宪,一从罪配,百世不免。罚既无穷,刑何以措,道有沿革,宜从宽典。凡诸杂户,悉放为民。配杂之科,因之永削。

括号内是据《北史》卷一〇《周本纪》所改。"配杂之科"以下并非诏敕的内容,而是编者所加。从这道诏书可知,杂户就是"杂役之徒"。

《魏书》卷九《肃宗纪》神龟元年(518)正月庚辰诏中,也出现了与杂役之徒相似的词:

> 以杂役之户,或冒入清流,所在职人,皆五人相保,无人任保者,夺官还役。

由此可知"杂役之户"这个词从北魏时期就开始使用。同时,《北齐书》卷四《文宣帝纪》天保二年(551)九月壬申诏中写道:

> 免诸伎作、屯、牧杂色役隶之徒,为白户。

除了杂户、杂役之徒、杂役之户,还存在"杂色役隶之徒"一词。杂色即各种各样的役隶,这里举出了伎作户、屯户、牧户,此外,后文还会提到乐户、驿户等类别。正因为服役的种类如此之多,才使用了杂户这个名称。其中,"各种各样的户"这一杂户的原意被继承了下来。但另一方面,很早之前开始的各种各样的徭役就被称为杂役,所以提到杂户,会令人直接联想到是杂役之户的简称。

不过,杂役这个词在南北朝时期尚未特指某一形式的徭役,而是指很大范围内各种各样的徭役,所以不见得是杂户这一特定身份的人所服之役。《魏书》卷六二《李彪传》中有一段李彪的上书:

> 又别立农官,取州郡户十分之一,以为屯人,相水陆之宜,料顷亩之数,以赃赎杂物余财,市牛科给,令其肆力。一夫之田,岁责六十斛,蠲其正课并征戍、杂役。

州郡之户以外还设有受农官管辖的屯户(这应该就是上文杂色役隶之徒之一的屯户),使"一夫之田"每年缴纳六十斛之多的粮食。① 但免除了一般州郡之户所要负担的"正课并征戍、杂役"。据《魏书》卷一一〇《食货志》记载,这条记录中的事发生于太和十二年(488),其中正课即租调,征戍即当兵。不过,虽说是当兵,但从《隋书》卷一九《食货志》中北齐河清三年(564)的法令"二十充兵,六十免力役"可以看出,北朝时期从农民中征发的士兵,其兵役与力役尚未分化,并且从西魏、北周的六丁兵、八丁兵、十二丁

---

① 根据唐长孺《魏晋南北朝时期的客和部曲》,"一夫之田"为百亩,一亩的收获是一斛。因为分配了耕牛,所以要缴纳六十斛,这与曹魏的屯田客"用官牛的官六客四分成"相同。

兵的沿革可知，它是唐代一年二十天的正役（岁役）的前身（请参照拙著《均田制的研究》第五章之三）。

除以上的税役外，唐代还有杂徭与杂役（色役）之分，《李彪传》中只出现了杂役这个词。但《魏书》卷七上《高祖纪》延兴三年（473）十一月戊寅诏中提到：

> 以河南七州牧守多不奉法，致新邦之民莫能上达，遣使者观风察狱，黜陟幽明。其有鳏寡孤独贫不自存者，复其杂徭，年八十已上，一子不从役。

可见北魏时期也使用杂徭一词。① 吉田孝由此认为，役与杂徭此时已被区分开来（《日唐律令中杂徭的比较》注1）。如果将役等同于前面所说的当兵，那此观点毋庸置疑是正确的，但杂徭与杂役是否已经分化开来这点尚不清楚，曾我部静雄也认为，两者都是指规定以外的各种各样的役（《均田法及其税役制度》，第87页）。近年来对这一时期的徭役制度进行全面研究的张泽咸，也将杂役与杂徭等同视之（《魏晋南北朝的徭役制度》）。越智重明专门分析了南北朝的杂役，认为它与唐代的杂役（色役，越智重明称其为番役）相同，是为官人、官府提供服务的役（《南北朝时期的干僮、杂役、杂使、杂任》），但他所说的杂役并不包括现在讨论的杂户的杂役。总之，这一时期杂役这个词，指的是大范围内的各种各样的役，而杂户的役也是其中之一。

既然杂役一词的含义如此模糊，那将杂户仅仅解释为杂役之户颇有不妥。我认为，不如就取"不属于一般州郡之民的各种各样的户"这个最初的意思。当然，这一阶段的杂户中已不存在过

---

① 《魏书》卷六〇《韩显宗传》中提到"南州免杂徭之烦，北都息分析之叹"，除此之外，南北朝时期并未出现过"杂徭"一词。

去那样私养的杂户，他们都为官府服役，服役的内容包括伎作、屯、牧、乐、驿户等，种类多样，这便是杂色役隶的意思。然而，越智重明提出了将伎作户、乐户等需要特殊技术的户与杂户加以区分的新观点。但他举出《北史》卷五《魏本纪·西魏文帝》大统五年（539）五月条的"免妓乐杂役之徒，皆从编户"，与前面引用的《北齐书·文宣帝纪》天保二年九月壬申诏的"免诸伎作屯牧杂色役隶之徒，为白户"等文献，从而作出"杂户与妓乐户、百工伎巧之户、屯牧户……是不同的"这一判断，我难以认同。以上引文还可理解为"妓乐等杂役之徒"，"诸伎作、屯、牧等杂色役隶之徒"，这也是我们一直以来的解读方式。

《魏书》卷一一《前废帝纪》普泰元年（531）三月己卯条中写道：

> 诏右卫将军贺拔胜并尚书一人，募伎作及杂户从征者，正入出身，皆授实官。

其中"伎作及杂户"倒是符合越智重明的观点。但这有可能是因为伎作户特别重要，所以将它与作为统称的杂户放在一起说，就像唐代将工乐从官户中挑出来一样。《隋书》卷二七《百官志》中记载了北齐的官制，其中有一句关于隶属于尚书省六尚书中的五兵尚书之下的都兵曹的描述：

> 掌鼓吹、太乐杂户等事。

对此，滨口重国指出："提到（鼓吹、太乐）两署的杂户，不可能排除乐户。这便是北齐时期乐户与工户也包含在杂户这一统称中的证据之一。"（《唐王朝的贱人制度》，第310页）

上一节中，我以手工业者为中心，推测出为官府服役的杂役之户其实从北魏初期就已存在。而关于他们何时开始被称为杂户,上一节中根据"杂营户"这个词猜想杂户一词在建国之初就存在了,但这称不上决定性的证据。虽然我认为,北魏中期太和五年的"乞养杂户"有可能包含被官府乞养的户,但也没有明确的证据。到了北魏末期,《魏书》卷九《肃宗纪》孝昌二年(526)闰十一月诏中记载:

> 顷旧京沦覆,中原丧乱。宗室子女,属籍在七庙之内,为杂户滥门所拘辱者,悉听离绝。

联系前面引用的《魏书·前废帝纪》普泰元年(531)三月乙卯条中的"募伎作及杂户从征者,正入出身……",可知北魏从某一时期开始,将为官府服役的户称为杂户。滨口重国认为北魏将百工和商贾称为杂户,所以这里杂户所指的也是百工和商贾。但《魏书》卷一〇《孝庄帝纪》建义元年(528)六月戊申条中写道:

> 诏直寝纪业,持节募新免牧户,有投名效力者,授九品官。

由此可知,这里的牧户和之前的伎作户,都是为官府服役的杂户。

以北朝杂户为前身的隋代番户和唐代官户、杂户都是番役,平时住在民间,在一定的时间到规定的官府上番。北朝杂户的劳动形式较为多样。根据前面引用的《魏书·李彪传》与《食货志》,北魏孝文帝时期,依照李彪的提案,从一般的州郡民户中选出十分之一作为屯户,置于农官的监督下,使其在政府开垦的农田中耕作,一年缴纳六十斛的粮食。① 关于牧户,没有直接的史料,但《魏书》卷九五《羯胡·石虎传》中提到:

---

① 让特定的户每年缴纳六十斛粮食,这和僧祇户的情况一样。塚本善隆在《北魏的僧祇户与佛图户》中认为,屯户的制度仿照的是僧祇户的制度。唐长孺在第235页注①的论文中认为,僧祇户也是从"一夫之田"中缴纳粮食。不过与杂户不同,僧祇户的粮食交与僧侣管理的僧曹,用于凶年的救济与僧尼的日常所需。

> 又发民牛二万余头,配朔州牧官。

参考屯户的情况,牧户的工作或许是在牧官的监督下,为官府的牧场饲养所分到的家畜。①

伎作户也是北魏建国之初移民中的一部分,漏户们被要求缴纳棉、丝、绢布等,其中可能存在家庭手工业制品。但那之后,《魏书》卷七上《高祖纪》太和元年(477)丙子诏中记载:

> 工商皂隶,各有厥分,而有司纵滥,或染清流。自今户内有工役者,推上(《北史》作"唯止")本部丞已下,准次而授。

伎作户来自前文所述的那些职业被强制世袭的民间百工伎巧。"户内有工役者"指的就是这一人群,唐长孺认为"本部丞"是他们所服役机构的管理者(《拓跋国家的建立及其封建化》)。关于他们服役的机构,《魏书》卷七下《高祖纪》太和十一年(487)十一月丁未诏中写道:

> 罢尚方锦绣绫罗之工,四民欲造,任之无禁。其御府衣服金银珠玉绫罗锦绣,太官杂器,太仆乘具,内库弓矢,出其太半。班赍百官及京师士庶,下至工商皂隶,逮于六镇戍士,各有差。

其中尚方、御府、太官、太仆、内库等就是那些机构。被分配到"工役"的民间手工业者们,就去这些宫廷内的官府服役。具体去哪

---

① 我在旧作中提到,牧户又被称为牧子或费也头,那是错误的。就像作为杂户的伎作户与其母体百工伎巧不同,牧户与一般牧子也不应被混淆。姚薇元在《北朝胡姓考》中认为,费也头是牧子的胡语(第247页),唐长孺的《拓跋国家的建立及其封建化》、川本芳昭的《北魏太祖时代的部落解体与高祖时代的部族解体》也将其解释为多种族混合的牧子。近年来,石见清裕的《唐的建国和匈奴的费也头》和周伟洲的《赀虏与费也头》对其进行了更加详细的分析,前者认为它是鄂尔多斯的匈奴系部族,后者在同意过去观点的基础上,认为它是隶属于匈奴的牧民部族集团。

儿是按照上番方式的不同划分的,但尚无直接证据。

不过,同一时期的南朝,《南齐书》卷六《明帝纪》建武元年(479)十一月丁亥诏中提到:

> 细作、中署、材官、车府,凡诸工,可悉开番假,递令休息。

南朝宫廷作坊内工人的番役也开始了,他们相当于北朝的伎作户。北朝乐户服番役的证据,出现于《洛阳伽蓝记》卷二《城东》景宁寺条中:

> 孝义里东,市北殖货里,有太常民刘胡,兄弟四人,以屠为业。

这里的"太常民"是在太常服役的乐户,唐长孺指出,因为他们平时以屠宰为业(可以推测他们是被贱视的阶层),所以乐户的服役形式是上番(《拓跋国家的建立及其封建化》)。

关于杂户的身份,滨口重国引用了《魏书》卷一一一《刑罚志》中,北魏神龟中期(518—520)①兰陵公主驸马都尉刘辉与庶民之女私通,让公主蒙羞并逃亡时,尚书三公郎中崔纂的提议:

> 伏见旨,募若获刘辉者,职人赏二阶,白民听出身进一阶,厮役免役,奴婢为良。

将厮役视为杂役之户,认为"杂役之户虽不在庶民之列,但显然属于良人身份"(《唐王朝的贱人制度》,第 300 页)。北魏的杂户中,屯户抽调自州郡之户,伎作户征调自一般手工业者,所以要是以良人、贱人的标准来看应该是良人。或许当时北朝只把奴婢视为贱人(请参照第八章),而包含奴婢之上身份(滨口重国所说的上

---

① 《魏书》卷五九《刘辉传》中将其年份记录为"正光(520—525)初"。

级贱民)的贱人的观念还未形成。

重点在于杂户受到一般庶民(平民、白民)的歧视,地位低下。上文中崔纂针对刘辉一事的发言,以及本节开头引用的《北齐书·文宣帝纪》天保二年九月壬申诏的"免诸伎作、屯、牧杂色役隶之徒,为白户"都可以说明这一点。他们当然不被允许进入仕途。我之前也指出,作为伎作户母体的百工伎巧,在教育、通婚、居住地等方面受到差别对待,甚至被叫作"非类"。《魏书》卷五三《李孝伯传》中记载了北魏与南朝宋交战于彭城,在围绕彭城的交涉中,宋的官员张畅如此回应李孝伯:

> 此城内有数州士庶,工徒营伍犹所未论。

可以看出,这里把手工业者与兵户归为士庶以下的身份。《魏书》卷八六《孝感传》载:

> 又河东郡人杨风等七百五十人,列称乐户皇甫奴兄弟,虽沉屈兵伍,而操尚弥高,奉养继亲,甚著恭孝之称。

此处将乐户与兵户的身份等同视之。

由于身份上的差别,他们的户籍是在一般人之外另设的。关于这点,除了此前引用的《北史·魏本纪》大统五年(539)五月条的"免妓乐杂役之徒,皆从编户",还有《魏书》卷一一《前废帝纪》普泰元年(531)二月条中的:

> 百杂之户,贷赐民名,官任仍旧。①

我在旧作中将这个"民名"解释为居民的名籍,即便它仅仅指居民的名称,其背后也一定存在着名籍的差别。《北齐书》卷八《后主

---

① "官任仍旧"是指百杂之户(即杂户)在编户后也要作为民众继续为官府服役。不过这是北魏末期的事,已几乎不可能实现。

纪》天统三年(567)九月己酉的太上皇帝诏中写道：

> 诸寺署所绾杂保(役)户姓高者，天保之初虽有优敕，权假力用未免者，今可悉蠲杂户，任属郡县，一准平丁(人)。①

可见杂户在郡县中没有户籍。顺带一提，杂户中的伎作户，其母体是"工商世业之户"，上节引用的《魏书·任城王澄传》中提到，政府从他们身上征收租调，所以他们在郡县应该有户籍，但后来，成为伎作户的人在郡县的户籍都被转移到了所属的官府。唐代孔颖达对《左传》襄公二十三年条的注疏中提到：

> 近世魏律，缘坐配没为工乐杂户者，皆用赤纸为籍，其卷以铅为轴。此亦古人丹书之遗法。

就像下文将介绍的那样，这是由罪犯的亲属所变成的杂户的户籍，使用红纸记录的方式继承了春秋时期用丹书记录被称为"隶"的下层身份之人的方法(请参照第二章第二节)，所以由一般人变成的杂户的户籍是否也如此记录，尚不清楚。不管怎么说，与郡县之民户籍不同，处于另一套管理系统之下，这点是初期杂户、杂营户、乞养杂户、杂役户等所有杂户一以贯之的。

北魏分裂为东西魏以后，杂户多来自罪犯。据《魏书·刑罚志》记载，东魏迁都邺之后，有关部门上奏希望建立如下制度：

> 诸强盗杀人者，首从皆斩，妻子同籍，配为乐户。其不杀人，及赃不满五匹，魁首斩，从者死，妻子亦为乐户。小盗赃十匹已上，魁首死，妻子配驿，从者流。

此处提议将罪犯的妻子、同籍变为乐户、驿户，但从《刑罚志》的记

---

① 滨口重国与唐长孺一致认为，"杂保户"是"杂役户"的笔误。文末处《北史》卷八《齐本纪》记作"一准平人"。

述可知,这一提案由于侍中孙腾的反对未能实现。然而,《隋书》卷二五《刑法志》北齐河清三年(564)律中写道:

> 盗及杀人而亡者,即悬名注籍,甄其一房,配驿户。

北周保定三年(563)大律中提到:

> 盗贼及谋反、大逆、降叛、恶逆,罪当流者,皆甄一房,配为杂户。其为盗贼事发逃亡者,悬名注配。

最后的"悬名注配",内田智雄等将其理解为"公布姓名,记入户籍"(《译注续中国历代刑法志》,第73页)。这种将罪犯连坐的亲属配没为杂户的法律,在此前提到的《魏律》中也有记载。

问题在于《魏律》是何时写成的。滨口重国认为北魏时期没有杂户一词,而且此外有关"缘坐配没"的史料都出自东西魏以后,所以《魏律》成书于东魏或西魏时期。但这就产生了一个问题,关于东西魏的法典,东魏只有《麟趾格》,西魏只有《大统式》(浅井虎夫《支那法典编纂沿革》)。没有证据表明这期间北魏律进行过补充改定。如果将这个《魏律》视为北魏律,而宣武帝正始元年(504)颁布的法律是北魏的最后一部(拙稿《中国律令法典的形成》),那么从缘坐配没中产生杂户的做法就可追溯至更早的时期。① 但要如此断言的话,没有具体表现这种杂户产生方式的史料。所谓的"近世魏律"中存在着以上问题,我只能将此记录下来,留待以后解决。

---

① 秦汉开始就有利用刑徒为官府劳动的做法,南朝也早已让刑徒在宫廷的作坊中工作。这从《宋书》卷六《孝武帝纪》大明三年(459)七月辛未条的"大赦天下,尚方长徒、奚官奴婢老疾者,悉原放",以及大明四年正月乙亥条的"大赦天下,尚方徒系及逋租宿赁,大明元年以前,一皆原除"都可以看出。但这些是刑徒本人的劳动,与家属的缘坐配没不同。

我们可以将罪犯的"缘坐配没",与秦汉以来实行的将重罪者家属的奴婢没官视为一类。那么配没成为杂户的人应该时常在官府从事奴婢一样的工作,这样一来他们的劳动形式就和过去的杂户不同了,这一点存在疑问。然而《周书》卷二一《司马消难传》中写道:

> 及陈平,消难至京。特免死,配为乐户,经二旬放免。

由此可见,隋代也继承了罪犯的乐户配没制度,乐户是隋代番户的一种。唐代又将它继承了下来,收录于《唐会要》卷三四《论乐》中的武德四年(621)九月二十九日诏记载:

> 太常乐人,本因罪谴,没入官者,艺比伶官,前代以来,转相承袭。……名籍异于编甿,大耻深疵,良可矜愍。其太乐、鼓吹诸旧乐人,年月已久,时代迁移,宜并蠲除,一同民例。但音律之伎,积学所成,传授之人,不可顿阙,仍令依旧本司上下。……自武德元年,配充乐户者,不在此例。

这是唐初解放从隋代继承下来的乐户,并设立所谓太常音声人时的诏书,但武德元年以后,即进入唐王朝以后,被配为乐户的人不在解放之列。因此,唐初也延续了将罪犯配为乐户的做法,他们当然属于番役。北朝时被缘坐配没的工户、乐户等平时居住在民间,当番时再去官府上番的现象并不奇怪。而像驿户服役的场所也在民间,不能将他们当作没官的奴婢。

由连坐产生的杂户,其身份当然应该比过去还低。从所谓的"近世魏律"可知,他们的户籍被用红纸书写,这是春秋时期用丹书记录下层身份之法的遗存。《唐律疏议》中明确记载,以北朝杂户为前身的唐代官户是贱人身份,所以唐代的杂户也非良人。但并没有史料表明,这种明确的身份制度是否在北朝后期就已成立。

五、对后世的展望

如上节开头的引文所说，北朝的杂户在北周建德六年（577）八月一度被完全废除。同年十一月，私贱民中出现了身份高于奴婢的部曲和客女（请参照上一章与下一章）。这是此年北周吞并北齐、统一华北后实行的一系列奴婢解放措施中的一环。而北朝的杂户是在北朝特有的条件下产生的身份，所以有可能随着这种条件的变化而消失了。

然而一度废止的杂户在隋代以番户的名称复活了，延续到唐代后也被叫作官户，后来又在官户的基础上加入了名为杂户的身份，对于这一经过，滨口重国的研究中没有补充。如上所述，有迹象表明，隋唐时期仍在施行对罪犯的缘坐配没。我认为，北朝前期由于杂户产生条件的变化，出现让罪犯家族充当杂户的需要，从而产生缘坐配没，而唐代的官户、杂户则多是来自官奴婢的解放。也就是说，官奴婢解放后成为官户，再次解放后成为杂户。因此，只有需要技术的工户、乐户本来就是官户的一种（曾我部静雄《中国中世的官贱民和日本的杂户、品部》，另见前引滨口重国著作），同时作为"工乐"受到特殊的对待。或许在唐代，官奴婢之外，像工乐这样的身份尤其需要固定下来进行管理。前文提到的太常音声人，是在前代继承下来的乐户解放后，要确保乐人的存在而产生的。

可是，那些乐人、工人以外的贱民身份，为何在唐代也必须区别于官奴婢？在唐代，包括工乐、太常音声人在内的官户、杂户，可以通过纳资（缴纳免役钱）免除实际服役。官贱人的身份等级在唐代确实有法律规定，北朝的杂户制是这种身份制度成立的前提,但或许杂户的存在对北朝来说不可或缺,对唐代而言只是沿用旧制而已。从此种意义上说,在讨论唐代的杂户与官户时,将焦点放在其消亡过程上的张维训的观点(《略论杂户"贱民"等级的消亡》)让我深有同感。

第八章　隋唐时期的部曲、客女身份

一、问题之所在

关于隋唐时期的贱民制度,滨口重国在其著作《唐王朝的贱人制度》中已就重要问题作过基本论述。为此,尽管本书的研讨范围基本是到隋唐为止,但在隋唐时期的部曲、客女身份这一问题上,所持观点与滨口氏的学说迥异(这一点在第六章也有提及)。此外,近年来发表的相关论文也有不少,其中同样存在着一些需要辩明的问题。

第一点是部曲、客女身份的确立过程。首先,根据现存史料,明确可见的"部曲""客女"第一次被用来称呼男女身份,是在第六章开头引用的北周建德六年(577)关于放免奴婢的诏书中:

> 若旧主人犹须共居,听留为部曲及客女。

那么问题便在于:部曲、客女身份是在这时才开始确立的呢? 还是在这之前便已有之呢? 再者,是否可以通过现存的年代较晚的《唐律疏议》判断,部曲、客女身份在成书时便已确立?

关于这一点,滨口氏主张无论南朝还是北朝,被他称作上级贱民的阶层均在此前便已形成（《唐代的部曲、客女与前代的衣食客》《唐代贱民、部曲的形成过程》），然而，其中他关于北朝的推测是没有任何根据的，本书在第六章第一节也已论及，应当把上文所引的建德六年诏令当作新身份出现的标志。南朝的情况虽然如其所言，的确存在"衣食客"这样的贱民，但"部曲客女"这样统一的名称应该是在建德六年才初次出现的。因此问题就在于：这里所说的衣食客也好，部曲、客女也好，他们与现存唐律中的部曲、客女是否有联系？对此，尾形勇氏这样描述建德六年的诏令："此后，这种作为'非良民'的'部曲'在身份等级中被整合、定义，并逐步被固定在'上级贱民'的位置上"（《良贱制的发展及其性质》第362页），将其与唐律中规定的"上级贱民"身份作了区分。尾形氏就如前文所说那样，认为建德六年的部曲、客女已经不是良民，然而是否就能够不把最初的部曲、客女视作良民呢？这一点仍成问题。以前也有过主张整个唐代部曲、客女阶级都属于良民的学说，我在旧作中通过分析《唐律疏议》的各条已经对这种说法进行了批驳（《均田制的研究》第七章），而下文中引用的敦煌出土文书也说明了部曲、客女确是贱民。那么还有一个问题就是，这些文书所展现的直到唐高宗为止的时期中，部曲、客女身份是经过怎样的历程最终确立为贱民阶层的？

　　接下来的问题是：部曲客女作为所谓的上级贱民，在地位上虽然确实是处于良民和奴婢之间，但这一位置是从一开始就如今天《唐律疏议》所展现的那样，还是说并不是这样呢？关于这一点，敦煌出土的史料反映了部曲、客女的地位曾发生变化。这一史料最早由内藤乾吉的《敦煌所见唐职制户婚厩库律断简》（p.3608和p.3252号汉文文书）对全文进行了介绍，在用则天文字书写的原文中,与部曲相关的户婚律(p.3608号的一部分)的一条,用通行字写就的修正文夹杂行间,后者与现存《唐律疏议》中的律文一致。因为原文使用了则天文字,必然是武周时期书写的,内藤氏把原文看作当时通行的永徽律,把修正文看作今天作为《唐律疏议》留存下来的开元二十五年律。然而,有与修正文一致的日本律逸文传世,一般认为日本律是以永徽律为底本的,因此牧英正认为修正文是永徽律(《户婚律放家人为良还压条研究》)。这样的话,原文便成为比这年代更早的武德律或贞观律了,那么问题成了为何在武周时期写下不是当时通行的律文。对此,仁井田陞氏赞成内藤的说法,认为修正文是日本养老律可能参考过的神龙律乃至开元初期律法(《敦煌所见武则天时期的律断简》)。此外,石尾芳久指出,牧氏提出的与修正文一致的日本律逸文或许参考的是旧条文(原文)(《户婚律放家人为良还压条论考》)。①

那么,这里与本章主题相关的重点是,这一修正反映了部曲地位的变化。滨口氏认为原文存在误写,修正文不过是对误写的改正,但就算是误写,原文本身仍然是意思通畅、结构完整的。若将原文与修正文对比,就如内藤氏和牧氏所指出的,从后者中可以看出明显的重视部曲的趋势。仁井田氏提出,部曲制度直到唐初仍然不具备稳定性,此后便出现了调整该制度的动作。关于这一调整的方向,石尾氏认为新条文中保护部曲的意图增强了,山

---

① 关于现存《唐律疏议》的编订年代,日本的仁井田陞、牧野巽的《故〈唐律疏议〉制作年代考》已做了详细的研究,自该篇发表以来,开元二十五年律说成为通说。近年,中国的杨廷福在《〈唐律疏议〉制作年代考》中又重倡永徽律说。如果按照杨氏的说法,那么牧氏以外的结论都不可能成立,但如果看重关注用则天文字书写这一事实的话,这就反而成为杨氏观点的反证了。

根清志氏则做了更进一步的研究(《对唐代部曲客女身份的一个考察》)。与该问题相关的条文将会在下一节中给出，这里就不详细地描述了。山根氏的观点是，国家的关注点从原文(旧条文)中的立足于奴婢的释放转移到修订文字(新条文)中的以部曲为重点的释放。这就表明，与初期奴婢的释放导致部曲增多相对，后期的形势则是良民的没落促使部曲增加。山根氏的观点给予部曲、客女这样一种意义：在以良民为基础的社会中，部曲、客女成为由良民阶层跌落到奴婢阶层的缓冲地带。由此可知，这一条文关乎部曲、客女的性质，有再讨论的必要。

以上是部曲、客女的身份确立过程相关的诸问题。第二个大的问题就是，这一身份在唐代社会中到底是处于什么样的位置？对此，滨口氏把部曲、客女看作奴隶阶层，仁井田氏(《中国法律中的奴婢地位与主人权》)以及山根氏(《唐代的良贱制与所在地身份诸关系》等后续论文)的讨论也主要依据这一观点；众所周知，与此相对的是宫崎市定将其看作庄园劳动者即农奴阶层的观点(《从部曲到佃户》)。中国的多数学者与宫崎的观点近似，而唐长孺氏认为部曲并不是主要的封建阶层(《唐代的部曲和客》)，张泽咸氏则认为唐代的部曲不是农奴(《唐代的部曲》)。这些在第六章也已提及。近年，大泽正昭氏提出，在唐代法律中，部曲作为农奴被置于家族秩序的框架中(《唐律中的"部曲"》)。此外，山根氏则公开对宫崎氏的农奴说进行了严肃的批评(《唐代部曲性质的讨论和问题点》)。

像这样，存在着部曲奴隶说和部曲农奴说两个对立的观点，其中宫崎氏把六朝、隋唐看作一体，并以此为出发点，对六朝时代庄园相关的史料等进行了引证。然而事实上，这种与部曲相关的史料在唐代是相当匮乏的,因此不得不依据律令的规定来进行讨论。① 在这种情况下,唐律中有"转易部曲事人,听量酬衣食之直"(《唐律疏议》卷二《名例》"十恶反逆缘坐"条疏所引"令"),也就是说,虽然部曲不能像奴婢一样买卖,但有这样的规定在,主人在交换部曲的时候,就可以估算并要求支付其衣食的费用。这便引出了两种观点的一大分歧:这一场合下的"衣食之直"到底是什么?与此相类似的,泷川政次郎氏指出,日本令中的家人条有"唯不得尽头驱使"(户令家人所生条)的规定,也就是不能对家人像奴婢一样没有限度地役使(《唐代奴隶制度概说》),这是否也适用于唐代的部曲呢?或者说唐令中是否也有同样的条文存在呢?这些都是存在的问题。

以上各说,是在承认部曲作为实际的存在之余,把问题的焦点放在其到底是奴隶还是农奴上,对此,最近高桥芳郎氏提出了完全不同的意见(《从部曲、客女到人力、女使》)。他认为部曲、客女是基于唐代统治理念而设置的国家身份。在唐代的统治理念下,良民与皇帝的关系必须是直接且均等的,良民之间不允许保有统治和隶属关系,如果说存在良民可以保有并使其隶属于自己的人,那就是贱民了。仅仅对于以上的这种说法,我是持相同意见的,此外,在他看来唐代的统治理念意义重大,宋代的统治理念正是通过否定这一理念才完成转变,对于这一点我也是赞成的。

---

① 虽然这么说,但律令之外的唐五代时期与部曲相关的史料并不是完全没有,这些在张泽咸的《唐代的部曲》中都有列举。直接反映当时长安存在部曲的文书,如后文所述,唐长孺在《唐代的部曲和客》中引用过。此外,日野开三郎在《唐代的私贱民"部曲客女、奴婢"的法律身份与生活实态》中推测,部曲、客女在民间实际上与奴婢并没有分别,有着各种各样的名称。托马斯·蒂洛(Thomas Thilo)也同样指出过这一点,此外,他推测在唐代后半部曲实际上已经消失了,与前述观点稍有不同(托马斯·蒂洛:《唐代文献中的奴隶形象》,第379—380页)。

然而，高桥氏所提的根据唐代统治理念而设定部曲身份的说法，还隐含着部曲身份并不反映现实的社会关系的观点。他认为唐律中的部曲仅能通过释放奴婢而来，因此现实中的部曲很少，律令以外的相关史料也基本不存在。但是这一点还有可以商讨的余地。高桥氏引用的部曲产生的相关史料，是有关释放奴婢的户令（《唐律疏议》卷一二户婚"放部曲为良"条疏所引），他得出这样的结论也是当然的，实际上在唐律令中，关于部曲的产生也并没有这以外的说明。山根氏曾推测有从良民降为部曲的情况，但唐律令并不允许从良民降为奴婢，同样的，直接承认从良民降为部曲也是不可能的。但是，禁止将良人"略"或"略卖"或"和诱"为部曲的规定是有的（《唐律疏议》卷二〇《贼盗》"略人略卖"条等），表明这样的事实是存在的。此外，近年公布的吐鲁番出土文书显示，高宗、武周以后，长安和西州存在相当数量的部曲、客女（唐长孺《唐代的部曲和客》《唐西州诸乡户口帐试释》）。如果部曲身份是根据上文所说的唐代统治理念而设置的话，那么与高桥氏的观点相反，理论上可以认为，当时现实中产生的奴婢以外的各种隶属者都可以放到部曲身份的名下。

我不反对高桥氏对于只把部曲看作奴隶或农奴这样的观点的批判。唐律令中规定的部曲、客女身份，必然反映了唐代的统治理念。但是，在现实上将唐朝国家同以统治社会为目的的统治秩序紧密结合，这才是唐代的统治理念。而且，如果把部曲、客女看作民间的隶属关系，那么问题就在于应当如何将其放入唐代的统治秩序中。通过以唐律令为主的史料能够将这个问题推进到哪一步，我觉得还有再进一步研究的价值。

二、部曲、客女身份的确立过程

如前文所述,只看现存史料的话,部曲、客女成为男女身份最早出现在北周建德六年的诏书中。现在首先要讨论的问题是,这一身份在此后是如何被对待,又是何时变成《唐律疏议》所规定的贱民身份的。

北周政权不久就为隋所夺,《隋书》卷二四《食货志》中记载了均田和租调的制度,如下文所示:

> 其丁男、中男永业、露田,皆遵后齐之制,并课以桑、榆及枣。其园宅,率三口给一亩,奴婢则五口给一亩。丁男一床,租粟三石。桑土调以绢絁、麻土以布。绢絁以匹,加绵三两,布以端,加麻三斤。单丁及仆隶各半之。

这基本上是隋初开皇令(开皇二年,582)的内容,此前我提出上文中承担租调的仆隶所指应该包括部曲、客女和奴婢两方(《均田制的研究》,第193页)。但是,在说到园宅地时,只提到"奴婢",而没有提及"部曲、客女"。同一法令中却使用"奴婢"和"仆隶"两种说法,体例不统一,对此有说法认为可以解释成既然前文是"奴婢",那么后文的"仆隶"也仅指奴婢。但是同样是在《食货志》中的"炀帝"条则有:

> 炀帝即位。是时户口益多,府库盈溢,乃除妇人及奴婢、部曲之课。

那么前文的"仆隶"则应当是指"奴婢、部曲"无误。在开皇令中,说不定在园宅地方面对部曲与良民采取了同样的管理办法,这样的话在土地方面,永业、露田大概也是一样的。也就是说,北魏以来永业、露田的受田是良贱同额的,到了北齐则限制奴婢受田的人数,隋代继承了这一点,但大概还未对部曲的人数进行限制。然而到炀帝"除课"之时,受田应该也一并废除了(《均田制的研究》,第193页以下),这个时候部曲和奴婢的受田也都被废止了。北魏以来,关于奴婢的受田,就有"奴婢依良""奴婢依良人"等规定,将奴婢与良人对置,部曲的受田与奴婢是同样的处理,那么最迟到这时,部曲无疑就成为完全与良民区别开来的身份了。

然而,唐初贞观十一年(637)僧道宣编辑的《量处轻重仪本》(《大正大藏经》四五)中有:

> 部曲者,本是贱品,赐姓从良,而未离本主。本主身死,可入常住。

从文字上看部曲并非贱民,而似乎是良民。这段文字与现存《唐律疏议》卷一二《户婚》"放部曲为良"条(此律的原文将在后文论及)的律疏中户令的文字有相通的地方:

> 据户令,自赎免贱,本主不留为部曲者,任其所乐。

实际上滨口重国氏已经指出过,唐律中"贱"的用法有两种,分别是单指奴婢的狭义的用法,以及包含部曲、客女在内的广义的用法(《唐王朝的贱人制度》,第4页以下)。我推测一开始只有奴婢才用"贱",后来又将部曲、客女包含其中,形成了两种用法(《均田制的研究》,第392页)。上文所引的两段文字中的"贱"是仅指奴婢的狭义的用法,认为一旦脱离原来奴婢的身份就成为良民,才会产生像道宣这样的误解吧。但是即便是根据道宣的文字,明显部曲仍然无法得到良民一样的待遇,部曲的本主(这一场合下应是指僧尼)若去世了,部曲就被迫成为寺院所属。如果是俗人的情况,就意味着部曲会和其他资产一起被子孙继承。

第八章　隋唐时期的部曲、客女身份

唐律将部曲作为贱民对待,这一点滨口氏已陈述过,我也在旧文中有过论证,这之后公布的吐鲁番出土文书中则有明确表示这一点的材料。那就是下文所示阿斯塔纳四二号墓出土的永徽元年(650)某乡户口帐草案(《吐鲁番出土文书》六,第 228—229 页。参照唐长孺《唐西州诸乡户口帐试释》)①:

　口三百卅七贱
　　口二老部曲
　　口一丁部曲
　口一百五十二奴
　　口廿五老奴
　　口卅□□奴
　　口　　奴
　（中欠）
　　口　　奴
　口一百八十二婢
　　口一客女
　　口卅三老婢
　　口七十七丁婢
　　口卅中婢
　　口卅小婢
　　口一黄婢

---

① 如同唐长孺也指出过的那样,这一被称为户口帐的文书,与日本传世的大帐式(《延喜式》二五)及阿波国计帐(《大日本古文书》一)类似。唐氏曾犹豫是否要把它称作"计帐"。计帐有两种,一是记录各户的户口,另一种大概是在每一乡统计后再由地方送往中央的文书,而户口帐很有可能属于后一种。

255

此处合计有部曲三人、奴一百五十二人、婢一百八十二人，共记录了三百三十七人的"贱"。客女被记在了婢当中或许是失误，但部曲、客女属于贱格则是再分明不过的了。

部曲、客女与良民不同的事实从隋代开始就已经明确了，那么在上文永徽初年的文书所展现的情况之前，部曲、客女就已被纳入贱民身份了吧。然而，敦煌发现的 P.3608 号汉文文书反映了在永徽以后作为贱民的部曲的地位的变动。这一文书与 P.3252 号文书相同，是残存的包含有职制、户婚、厩库诸律的较长文字的断简，在其中存录的户婚律旁，另外写有"放部曲为良"条的文字。也就是上文所说的用则天文字书写的原文的行间，有用通行字书写的修改律文。则天文字原文即旧条文，将则天文字替换成通行字，结果如下。在这里奴婢被称为"贱"，这是"贱"的狭义上的用法。

> 诸放奴婢为良，已给放书，而还压为贱者徒二年。若压为部曲，及放为部曲，而压为贱者减一等。放部曲为良，还压为部曲者又减一等。

与此相对的行间的修正文，也就是所谓的新条文如下所示，与现存唐律的文字基本一致。①

> 诸放部曲为良，已给放书，而压为贱者徒二年。若压为部曲，及放奴婢为良，而压为贱者各减一等。即压为部曲，及放为部曲，而压为贱者，又减一等。各还正之。

对于由部曲而非奴婢释放为良人，而后再度降为部曲而非奴婢

---

① 这一断简修正文字的最后一部分"又减一等"，在现存《唐律疏议》卷一二《户婚》"放部曲为良"条的各版本都作"又各减一等"，北京图书馆藏宋刻本《律附音义》也是如此。与前文的部分相比，有"各"字的情况下行文较一贯。

（贱）的情况的刑罚，原文和修正条文都进行了规定，但量刑的标准不同。这种不同如下图示：

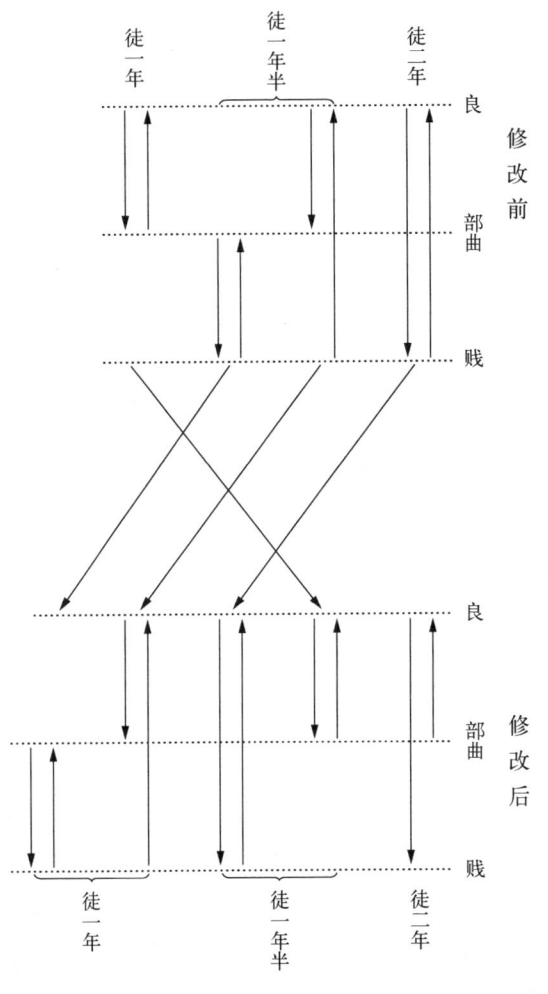

[图：修改前 良—部曲—贱，徒一年/徒一年半/徒二年；修改后 良—部曲—贱，徒一年/徒一年半/徒二年]

首先存在的问题是，修改前后的条文分别属于哪一种律？修改前的条文使用则天文字，无疑写于武周时期，修改后的条文使用通行字，如前述其内容与现存《唐律疏议》（日本一般认为是开元二十五年律疏）一致，因此内藤乾吉、仁井田陞两位认为前者是武周时期通行的永徽律，而后者则是这之后的律。与此相对，现

存日本律的逸文(《裁判至要抄》所引):

> 户婚律,放家人为良,已经本属,而还压为贱者,徒二年。

这一条反映的内容在修改前的条文中没有,而与修改后增加的内容(参照前图)相当,一般认为日本律基于唐永徽律,牧英正据此条认为修改后的条文是永徽律,而修改之前的条文则是年代更早的律。石尾芳久氏对上述日本律逸文是否与唐律原文一致提出怀疑,并且根据这条日本律中的"贱"包含家人与奴婢两方面,指出其或许是参考修改前的旧条文,但如果将其看作是忠于原文的,那么一旦参看唐律就会发现,就如同上文所说的,唐律中的"贱"单指奴婢,部曲也就是家人绝不包括在内。那么,如同牧氏所说的,日本律逸文依据的应是修改后的条文。然而如果按牧氏的说法把修改后的条文看作永徽律,那么为何在武周时期会书写当时并不通行的永徽以前的律,这又成为问题,因此仍然解释不通。为此,有说法认为日本律的这一条或许参照了神龙以后的开元等律,不过我觉得应当注意的是,牧氏指出大宝律中也有这一条文。① 如果是这样的话,大宝律在大宝元年(701)编成,因此是无法参照神龙元年(705)之后的律的。唐代这一时期虽然主要通行的是永徽律,但武则天在执政后的垂拱元年(685)曾制定格、式,又对律中的二十四条进行修订(《通典》卷一六五《刑法·刑制》、《唐会要》卷三九《定格令》)。大宝律有可能也参考了垂拱时改订的条文,那么修正文字会不会也是垂拱时的改订条文呢?被

---

① 牧英正所举的论据是《令集解》卷一一《户令》"良人家人"条所引的《古记》的"压,谓放家人奴婢为良,还压为贱也"这一段文字。虽然这并非律的原文,但即使是此处,"贱"指的也是奴婢,解放家人后又使其成为奴婢这样的案例只在唐律的新条文中存在,因此推测大宝律依据的也是新条文。

修改的条文只有这一条，或许可以理解为这碰巧就是垂拱改订的二十四条之一吧。但是一般认为则天文字是载初元年（689）开始使用的，这样的话，在我们所讨论的这个断简的书写年代，垂拱时的改订条文必然已为人所了解了。尽管有这样一个难点，但关于垂拱时的改订律，有"又有不便者，大抵仍旧"（《唐会要》卷三九《定格令》）这样的说法，则我们讨论的这一改订条文有可能并没有实施。此外还有则天文字在载初以前便已存在的说法，暂记于此（常盘大定《对武周新字的研究》）。

接着要讨论的是，很容易看出，修订前后条文的内容不同，修改前的旧条文的重点是惩罚释放奴婢后复又压迫的撤销行为。我推测这应是唐初对北周建德六年奴婢解放精神的继承。同时，与部曲相关的刑罚则较轻，甚至没有提及被释放的部曲又被迫成为奴婢的案例。也可以按照滨口氏的理解，认为这里脱漏了后一种案例，那么按理这种情况应当判处徒刑一年半。但是如果这一案例真的在旧条文中就已存在的话，与释放奴婢又迫使其再次成为奴婢要判处徒刑两年的情形相比较，量刑的标准明显不均，所以还是认为旧条文中没有这一案例较为妥当。新条文中增加这一案例，是对不足之处的完善，也是考虑到量刑标准的问题后的改订。不可否认，新条文与唐初相比更加重视部曲，但若是像石尾氏或山根清志氏那样，认为重点转移到对部曲的保护和释放上，那就言过其实了。不过，决定修订律法的背景，或许是社会上部曲的增加。武则天时代以后，良民的解体和没落成为社会问题，与高桥芳郎氏所说的唐代统治理念相反的隶属关系无疑增加了。这种情况成为部曲获得重视的契机，应当是说得通的。①

---

① 谨慎而言，这只是改订律法的背景或契机，而非目的。

三、部曲、客女的性质和地位

前一节我们已经说到,武则天以后良民的解体和没落成为修正律中关于撤销释放部曲、奴婢行为的条文的契机,不用说,良民的没落伴随着奴婢的增加,促进了雇佣制和佃户制的发展。实际上,尽管有将这些雇佣人或佃户当作部曲的可能性,但就像高桥氏所说的,基于唐代统治理念而制定的唐律令中的部曲、客女身份,是不可能被定义为雇佣人或佃户的,也很难将其看作奴隶或农奴。那么,唐律令对部曲、客女身份究竟作了怎样的规定?要点将在下文中加以讨论。

首先是部曲、客女由对奴婢的释放而来,这一点与高桥氏所说相同。上文所引《户婚律》"放部曲为良"条中有:

> 依户令,放奴婢为良及部曲、客女者,并听之,皆由家长给手书,长子以下连署,仍经本属,由牒除附。

> 据户令,自赎免贱,本主不留为部曲者,任其所乐。

以上都是引用户令的内容,前者是奴婢由主人释放的情况,后者是通过自己获得释放的情况,无论哪种情况,只要主人将其留在家内,其就成为部曲、客女。这是对北周建德六年的部曲、客女身份的形成途径的原样继承,也是唐律令所承认的部曲、客女身份出现的原因。实际上也有略、略卖、和诱良民(事实上也包括卖身在内,但通过卖身成为部曲不为律所承认)的行为发生,但这些是唐律所禁止的(第一节已讲过)。

不过,近年阿斯塔纳三五号墓出土的武周时期《先漏新附部

第八章 隋唐时期的部曲、客女身份

曲客女奴婢名籍》(《吐鲁番出土文书》七,第 455—463 页)记载①:

> (前欠)
>
> 乐事
>
> 奴洛
>
> 奴富多
>
> (中略)
>
> 部曲巩居居年拾壹
>
> 部曲何酉
>
> 部曲曹
>
> 奴秋生年
>
> 奴永吉□拾
>
> (下略)

同墓出土的武周载初元年(689)一月的"西州高昌县宁和才等户手实"(《吐鲁番出土文书》七,第 420—421 页)记载:

> 户主翟急生年贰拾捌岁　　□□
>
> 妻安年贰拾贰岁　　　　　品子妻
>
> 故父妾史年贰拾陆岁　　　丁
>
> 女那胜　年　叁　岁　　　黄女
>
> 乐事何丰吉年拾叁岁　　　小
>
> 部曲昝阿吐年贰拾壹岁　　丁

所谓乐事,应当是被视为与部曲、客女同等身份的。唐长孺最早

---

① 该名籍上有"右件口并漏……已从寄庄处通……""右件部曲、客女、奴、婢等,先漏不附籍帐。今并见在,请从手实为定,件录年名如前"等记录,由此可知,这是清点主家帐籍遗漏的、寄留在庄园的贱民的名单。

261

对乐事作过介绍(《唐代的部曲和客》),我在第六章引用的材料有侯思止这样一个人物,因为贫寒而"乐事渤海高元礼家"(《旧唐书》卷八六上《酷吏传》),出身于良民而依附于主家。就如上文文书所展现的,将良民中的没落者与部曲、客女同等看待得到了法律上的承认。

从早前玉井是博的研究以来,随身作为与部曲同等看待的身份已为人所知(《唐代贱民制度及其由来》)。在律疏中也有像是"部曲、奴婢者,随身、客女亦同"(《唐律疏议》卷一八《盗贼》"穿地得死人"条疏),或是"依别格,随身与他人相犯,并同部曲法。……随身之与部曲,色目略同"(《唐律疏议》卷二五《诈伪》"妄认良人为奴婢"条疏)这样的记载,虽然只有很少的相关规定,但通过今日出土的文书可以判断,还有与部曲身份同等看待的其他身份存在。据此看来,将奴婢以外的隶属身份与部曲同等看待的情况或许还有不少。①

成为部曲,不用说可以通过与部曲的婚姻实现。与唐律的同色婚原则相违,部曲可以娶良民作为妻子。出现这种情况的原因或演变还不好说,总之在这里出现了部曲和良民仅有的接触。但是律疏中的"名例律,称部曲者,妻亦同。此即部曲妻,不限良人及客女"(《唐律疏议》卷二二《斗讼》"部曲奴婢良人相殴"条疏),以及"若部曲妻,虽取良人女,亦依部曲之坐"(《唐律疏议》卷二六《杂律》"错认良人为奴婢"条疏),都说明部曲的妻子不管是良人出身还是客女出身,都与部曲同等对待。并且,他们所生的子女也都

---

① 滨口重国氏认为,魏晋南北朝时代的家兵有被称作部曲或随身的,其中部曲在成为贱民的名称后,仍然作为家兵存在的人就是唐代的随身(《唐王朝的贱人制度》第93页以下)。整体而言或许是这样没错,但滨口氏自身也承认,唐代随身的内涵也不断在发生变化。而且,随身的起源家兵,也并非如其所言,仅由奴婢上升而来。

成为部曲、客女。户令中有"部曲所生子孙,相承为部曲"(《令集解》逸文,仁井田陞《唐令拾遗》,第262页)这样的记载。

阿斯塔纳二九号墓出土的高宗时的文书,是果毅的高运达这个人为了申请过所(护照)而向西州都督府提供的(《吐鲁番出土文书》七,第105页):

(前略)

范敢歌

黎府果毅高运达家部曲范小奴

作人四　驼贰头　驴小二头　马三

婢一

行间所写的"范敢歌",据文书集编者所说,可能是后人的随意涂鸦,暂且不说这个。关于这里的"家部曲"一词,程喜霖氏认为是"家生部曲"的意思。实际上在这种文书中,"家生奴""家生婢"这样的记载很多(《唐代公验与过所案卷所见的经济资料——部曲奴婢》)。程氏的推断是否得当并不清楚,但联系上文户令的规定的话,家生部曲确实在一定程度上是存在的。

部曲不能够像奴婢一样买卖。"奴婢有价,部曲转事无估"(《唐律疏议》卷二五《诈伪》"诈除去官户奴婢"条疏),如这条所说,部曲更换主人称作"转事"。这个时候虽然不能明码标价,但授受"衣食之直"是被允许的。

> 令云,转易部曲事人,听量酬衣食之直(《唐律疏议》卷二《名例》"十恶反逆缘坐"条疏)。

对这个"衣食之直(值)"的解释,是区分滨口重国和宫崎市定两者学说的重要的依据,因此这里必须讲一下对这一点的看法。

首先是"量酬某某"这种语句的用法。《唐律疏议》卷一二《户婚》"养子舍去"条中，在禁止收养异姓之子后，又有如果是三岁以下的小儿即使是异姓也可以收养的规定，这条的疏中写道：

> 如是父母遗失，于后来识认，合还本生失儿之家，量酬乳哺之直。

这说的是估算并支付必要的育儿费用给收养小儿的家庭。还有一个经常被引用的例子。高宗咸亨元年（670）十月，允许因大雪而多人冻死的雍、同、华州等地收养十五岁以下的贫家子以供驱使，此后《旧唐书》卷五《高宗纪》咸亨四年正月甲午诏对此有这样的处理办法：

> 咸亨初，收养为男女，及（充）驱使者，听量酬衣食之直，放还本处。

"收养为男女，并供驱使"这样的说法在咸亨元年的记述中也出现过，表示采取令贫家子做他人养子的处理方式。按前文所说，根据律的规定，异姓养子必须是三岁以下，这里将收养年龄延长到十五岁是非常措施。然而正因为是非常状态，后来为了解除这种状态，便有了上文的诏令。这一情况下的量酬衣食之值，与三岁以下的乳哺之值相比，只不过是因为年龄延长到十五岁所以换了一种说法，实际意义是相同的，就是计算并支付养家曾支出的费用。那么这样的话，在部曲转事的情况下，所谓的量酬衣食之值，无疑就是计算并偿付在旧主人家中花费的意思。

主人将部曲、客女留下并令其为自己工作，衣食的费用自然是必须的。滨口氏认为，在转事的时候支付的衣食费用中，并没有扣除部曲、客女劳动时发放的衣食，也就是说他们的劳动是没有报酬的,我认为这种论断是正确的。但是,我对他提出的发放的衣食成为部曲、客女的"借款"这一理论存在疑问。既然是强制性的奴隶性质的劳动,又怎么会特地使其背负借款呢?滨口氏也说过部曲、客女没有偿付这个借款或者说负债的能力,需要由新主人支付(《唐王朝的贱人制度》,第72页),那么既然部曲、客女没有偿付能力,在本人被移交的时候"衣食之直"的交易自然就是新旧主人之间的问题,与部曲、客女无关。宫崎市定氏针对这一借款说提出疑问:如果负债不断积累的话,岂不是部曲年纪越大价值越高吗?主人所花费的衣食之值与部曲、客女的劳动没有任何关系,作为使他们能够生存下去而支出的花费,宫崎氏称之为养育费,这在一定程度上是恰当的说法,但是,他提出养育费以十五岁为限,十五岁之后部曲、客女便进行有偿的劳动这种有所保留的说法,是成问题的(《从部曲到佃户》第三节)。以十五岁为限的主要论据就是上述咸亨元年、四年的记述,但这种情况是作为特殊措施,将异姓养子的年龄限制从三岁延长到十五岁,这里的衣食之值仅仅是不到三年的役使中的花费,怎么都不能说成是养育费。此外,这种说法将部曲的起源想定成没落的良民在幼时为他家所收养①,但就如同前文所说过的,唐律令在法理上是不承

---

① 原本王元亮《唐律疏议释文》卷二三"部曲客女随身"条写道:"自幼无归,投身衣饭其主,以奴畜之。及其长成,因娶妻,此等之人,随主属贯,又别列户籍,若此之类,名为部曲。婢经放为良,并出妻者,名为客女。两面断约年月,赁人指使,为随身。"这是解释私贱民的部分,将幼时的收养作为成为私贱民的途径,宫崎氏也引用了这一说法,但可以看到这种说法中的收养,反映的是奴婢的来历,部曲、客女则是由奴婢解放而来。此外,这里将随身看作雇佣人,在后人的理解中,玉井、滨口两氏并不同意这种说法。

认这种形式的。①

与部曲、客女的情况不同,在雇佣劳动的情况下,是以劳动报酬的形式支付衣食之值。我曾经将西晋、东晋的给客制度中出现的衣食客当作雇佣人来论述(《均田制的研究》,第83页),这一方面是说他们租种土地但还不足以成为佃客的状态,另一方面,从后世"衣食之直"的用法来看,可以认为他们的衣食是由主家支给的。把提供给雇佣人的支给称作衣食的例子,滨口氏曾引用过《太平广记》所收的故事,我在第六章中也引用过,其中有"给其衣食,以充驱使"(《太平广记》卷二八六《幻术》"关司法")这样的记述,支给衣食的前提是供主人驱使。我想衣食客本来是这样的身份,但随着在主家中生活、不断从事主家的家内劳动,从属关系也不断强化,最终落入近似于奴隶的地位。部曲、客女身份起源的一个重要方面或许就在这里,而唐律令的拟定者所考量的,应该是主人供养部曲、客女花费的必要的衣食之值,在部曲、客女将自身转让给他人的情况下,有必要部分返还给主人。这就是所谓"量酬衣食之直"的规定,养家将养子送还本家时收取的费用也是出于同样的道理。唐律中不仅不承认部曲、客女是雇佣人,在此

---

① 山根清志氏在批判宫崎这一说法时提到,养育费说可以解释由良民没落为部曲的情况,却不能解释由奴婢解放为部曲的情况(《唐代部曲性质的讨论和问题点》)。其实这是山根氏的误解,宫崎氏对于幼时养育说的解释是"尤其是为了方便实现儒家的大义名分"以及"这里为了合理解释法律或者说制度上的比奴婢更高等级的各种贱民的地位,而忽视了事实的情况",并且说"最终便成了公认的原理"(《从部曲到佃户》第三节)。但我在这里想说,这是宫崎氏的误解,唐代的法律并不承认这样的"原理"。

第八章 隋唐时期的部曲、客女身份

之外也没有关于雇佣人或是佃户的规定。① 这样的规定是到了宋代以后才出现的。

上文虽然支持部曲、客女的劳动类似于奴隶的说法,但他们在劳动上与奴隶并不完全相同。这一点在日本户令的"家人所生"条中有所展现。

> 凡家人所生子孙,相乘为家人,皆任本主驱使。唯不得尽头驱使及卖买。

尽管"不可尽头驱使"这句话解释起来很困难,但不能将家人当作奴婢那样无限制地使役则是肯定的。泷川政次郎虽曾推测唐令中应该也有这句话,但并未就此做考证。仁井田氏在《唐令拾遗》中将户令第四四条复原为:

> 诸部曲所生子孙,相乘为部曲。

第四五条复原为:

> 转易部曲事人,听量酬衣食之直。

---

① 但是《唐律疏议》卷二七《杂律》"得宿藏物"条疏中,提到若在官私田宅的地下发现了埋藏物,假定存在田宅的租借关系以及二次租借的关系,埋藏物归谁的问答,这里实际的耕作者被称作"作人""耕犁人"。这里承认了现实中存在土地的租借关系,不过作人、耕犁人这样的名称是指称直接耕作者,而非表示特定的生产关系。根据近年吐鲁番的出土文书可知,作人这一名称从魏晋南北朝时期开始使用,有好几种用法,这在第 206 页注①中已提及。在唐代的公验、过所文书中,可以看到有作为申请,持有这些文书的主人的从者而存在的作人。据程喜霖,现在已知的十三件公验、过所文书中可见三十一名作人,相较总计二十九名的奴婢、部曲为多(《唐代公验与过所案卷所见的经济资料》)。与奴婢、部曲相区别的作人或许是良民,在王仲荦介绍的文书中,北庭子将郭林的作人蒋化明,本来是北庭金满县的百姓,因贫困而成为作人,此外陇右别敕行官前镇副麴嘉琰的两个作人都是主人从临洮军来的时候雇用携行的(《试释吐鲁番出土的几件有关过所的唐代文书》)。吐鲁番出土文书的整理者将文书中所见的唐代的作人当作"受雇的长、短工"(吐鲁番文书整理小组等《吐鲁番晋—唐墓葬出土文书概述》),这一结论的根据何在,还要等待文书的发表。

在此基础上，其对第四五条的注写道："参照日本户令第四十条（上文所引'家人所生'条），或许可以把上一条和这一条看作同一条。但尽管都是买卖相关的规定，日本令所说的'不得……卖买'不仅与此条性质相反，用词也有差异，姑且先将此条与上条分开。"山根氏直接沿用了仁井田氏的想法，认为可以将复原的第四四条和第四五条直接缀连成同一条文，而"尽头驱使"这一句则是唐令中本就没有的（《唐代部曲性质的讨论和问题点》）。即便如此，直接由日本令的文字衍生，复原成下文所示的唐令又如何呢？

> 凡部曲所生子孙，相承为部曲。皆任本主驱使。唯不得尽头驱使及卖买。转易部曲事人，听量酬衣食之直。

像这样，一旦规定了"不可买卖"后，再接上"虽然不能买卖但可以改变主人、另事他人"，那么相较仁井田氏直接将第四四和第四五条相连，这样连接则通顺得多。如此考虑的话，我觉得"尽头驱使"这部分应该也是唐令中所有的。

如此思考部曲、客女的劳动的话，就没有必要将转事时的"衣食之直"严格地认定成是所有的衣食费用，但像宫崎说那样认为是到一定年龄为止的养育费也是没有根据的。如同滨口氏已经指出过的，实际上是根据部曲、客女现在及将来的利用价值来决定额度（《唐王朝的贱人制度》，第72页），并偿付这一额度的衣食费用。这一额度与奴婢的价格一样，是律令无法断然裁决的问题。这一点也表现在"量酬"一词上。

我之所以在衣食之直上耗费笔墨，是着眼于部曲、客女的劳动问题，以及这一劳动在当时的整体劳动系统中的重要性。《唐律疏议》卷一七《贼盗》之"诸祖父母、父母及夫为人所杀"条疏中写道：

>奴婢、部曲,身系于主。

同书卷二二《斗讼》之"部曲奴婢过失杀主"条疏中写道:

>部曲、奴婢,是为家仆,事主须存谨敬。

部曲与奴婢同样,人身隶属于主人,被视作"家仆"。也就是说,他们是主家家内的使役人,是家内劳动者,就如已经讲过的那样,他们是依靠主家提供衣食的寄生一样的存在,体现了与这一规定相应的事实情况。在此基础上,部曲与奴婢一样,被记录在主家的户籍上。这一情况从战前开始就因吐鲁番出土的大谷文书中的开元十六年(728)户籍而为人所知(池田温《中国古代籍帐研究》,第251页)。①

(前缺)

部曲白善虫年伍拾陆岁　丁

部曲白小秃年肆拾捌岁　丁部曲空

部曲妻赵兹尚年伍拾岁　丁部曲[妻空]

部曲男 索铁 年叁拾岁　丁部曲男空

　　　　　　　拾玖岁　丁部曲男空

　　　　　　　　　　　丁部曲男空

(一行缺)

　　　　　　　拾岁　中部曲

叁拾玖岁

(后缺)

---

① 这里介绍的文书,一直以来都只是单独介绍其中间部分(大谷8088号),池田温根据纸背的《论语》郑注推测,其缀合上"一行缺"后面两行(大谷8110号),"前缺"之前的部分,又从马伯乐刊布的斯坦因带来的文书中发现了这一户籍群的应受、已受、未受的记载部分(马伯乐378号),并推断其为开元十六年籍。

269

这一情况也通过前文列出的近年出土的武周载初元年（689）的手实得到确认。帐籍由唐代国家直接掌握、支配，它代表的是每一个独立生活的单位，拥有独立的户籍却隶属于主家这种情形是唐代统治理念所不允许的。如前所述，唐律令中不承认部曲、客女是雇佣人，同样也不承认他们是大致进行家庭生产的农奴。

部曲的确被允许拥有财产。律疏里有"良人、部曲，合有资产"（《唐律疏议》卷二〇《盗贼》"略和诱奴婢"条疏）这样的记载。然而其与作为生产手段的土地之间又有怎样的关系？开元二十五年田令写道：

> ［诸］应给园宅地者，良口三口以下给一亩，每三口加一亩。贱口五口给一亩，每五口加一亩。并不入永业、口分之限。

《通典》卷二《食货》之"田制"，《唐令拾遗》的开元七年、二十五年田令都原样采用了这段文字。《唐六典》卷三《户部》所载的开元七年令也与此文基本相同，只是"良口三口""贱口五口"写作"三人""五人"，最后一句写作"其口分、永业不与焉"。这里的"贱口"是与"良口"相对的用语，部曲、客女（上文中的乐事、随身也一样）无疑是与奴婢并称的。与这些良口、贱口的数量相对应的，园宅地是根据户（依旧是代表户的户主）来分配的，在这里部曲、奴婢们都是家仆，是附在户籍上的。不用说，他们不能分配到土地。

众所周知，永业田和口分田是当时的主要耕地，自隋炀帝时"免除奴婢、部曲的课"之后，唐代依然继承这一点，并不将其分配给贱民。它们是以良民为对象的，在唐律中，只有良民被定位成分配到永业田、口分田的自营生产者，也就是主要的生产者。这就是依据唐代统治理念而施行的所谓均田制，这一政策的实施之所以能够实现,原因在于上面提到的自营生产者或者说小经营生产模式普遍存在的社会现实,唐代的统治理念自然也是基于此而生成的。在这样的社会中,部曲、客女和奴婢一起,不过只是一部分良民的"家仆"罢了。

但即便如此,就如同第六章提到的,部曲、客女身份产生的前提,在于奴隶制以外的各种隶属关系的发展。本章特别说到武周时期以来,良民的没落导致雇佣制和佃户制的发展,或许没落的良民一部分被当成了部曲、客女或是与其同等级的其他身份。根据律令的规定,如前述部曲、客女拥有一定的时间和劳动上的闲暇,使得现实中他们有余地能够拥有自己的土地或是向主家租借土地耕作。① 但与均田制的统治体系或者说唐代统治理念相关联的律令又规定部曲、客女为贱民、家仆,不承认其他的隶属关系或土地所有关系。然而,正是留有这种余地,表明存在与均田制不同的生产关系(雇佣制、佃户制、农奴制等)的发展条件,而实际上历史事实同样表明这种关系在不断发展,律令中所见的唐代统治体制崩溃后,其发展趋势更为显著。与此相对,部曲、客女身份则随着唐代统治体制的崩溃而消失了。②

---

① 吐鲁番出土的唐代佃人文书中,有"康守相之奴皆聪"这样一个人,作为佃人在地主的田里耕作,这个例子由周藤吉之氏介绍过(《吐鲁番出土的佃人文书研究》),其意义我在旧作中已阐述过(《均田制的研究》,第 326 页以下)。本书第六章中引用了这一文书,显示奴隶已经成为持有自己所有地的农奴,推测南北朝时期的高昌国的作人应当也具有同样的性质。
② 尽管李伯重对部曲、客女身份在以均田制为基础的唐代统治体制中的定位与我的意见不同,但在唐代中后期部曲、奴婢衰退的状况这方面,可参考其《唐代部曲奴婢等级的变化及其原因》中的溯源梳理。

参考文献

这份目录列举了本书写作时参考的论文与著作,并列出本书引用文献的发表刊物和发表年份以便检索。本目录并不是完整的一般文献目录。收录进单行本中的论文,基本省略论文最初发表的刊物名,只标明发表年份。中、日文著作都按照作者姓名的五十音图顺序排列,欧文部分按照英语字母顺序排列。

日文

(1) 浅井虎夫:《支那法典编纂沿革》,京都法学会,1911年。

(2) 天野元之助:《中国古代农业的发展——华北农业的形成过程》,《东方学报》(京都)第30册,1959年。

(3) 天野元之助:《中国社会经济史 殷、周之部》,东京:开明书院,1979年。

(4) 伊藤循:《日本古代的身份与土地所有制》,《历史学研究》(534),1984年。

(5) 伊藤道治:《邑的结构与统治》,1964年,同氏著(7)所收录。

(6) 伊藤道治:《古代殷王朝之谜》,东京:角川书店,1967年。

(7) 伊藤道治:《中国古代王朝的形成——以出土资料为中心的殷周史研究》,东京:创文社,1975年。

(8) 池田温:《中国古代籍帐研究 概观·录文》,东京大学出版会,1979年。

(9) 池田雄一:《汉代的里与自然村》,《东方学》第38期,1969年。

(10) 石尾芳久:《户婚律放家人为良还压条论考》,关西大学《法学论集》(9—3/4),1965年,同氏著《古代的法、大王与神话》,东京:木铎社,1977年。

(11) 石田千秋:《众考》,《甲骨学》第10册,1964年。

(12) 石见清裕:《唐的建国和匈奴的费也头》,《史学杂志》(91—10),

1982年。

（13）今鹰真、井波律子译：《三国志》Ⅰ，东京：筑摩书房（世界古典文学全集），1977年。

（14）宇都木章：《"戮社"——〈周礼〉社制度的一个考察》，中国古代史研究会编《中国古代史研究》，东京：吉川弘文馆，1960年。

（15）宇都木章：《舆人考》，《三上次男博士颂寿纪念东洋史·考古学论集》，东京：同书编集委员会，1979年。

（16）宇都宫清吉：《僮约研究》，1953年，同氏著《汉代社会经济史研究》，东京：弘文堂，1955年。

（17）内田吟风：《魏书刑罚志缺页考》，1960年，同氏著《北亚史研究鲜卑柔然突厥篇》，京都：同朋舍，1975年。

（18）内田智雄编：《译注中国历代刑法志》，东京：创文社，1964年。

（19）内田智雄编：《译注续中国历代刑法志》，东京：创文社，1970年。

（20）榎一雄：《〈史记·大宛列传〉和〈汉书〉张骞、李广利传间的关系》，《东洋学报》(64—1、2)，1983年。

（21）小仓芳彦：《中国古代的质——以质功能的变化为中心》，1962年，同氏著《中国古代政治思想史研究——〈左传〉研究笔记》，东京：青木书店，1970年。

（22）小仓芳彦：《围绕族刑的两三个问题》，1965年，同上注著书。

（23）小岛祐马：《释富·原商》，1936年，同氏著《古代中国研究》，东京：弘文堂，1943年。

（24）小田义久编：《大谷文书集成》七，京都：法藏馆，1984年。

（25）尾形勇：《良贱制的发展及其性质》，《岩波讲座世界历史》5（古代五），东京：岩波书店，1970年。

（26）尾形勇：《汉唐间"良家"相关记录》，《山梨大学教育学部研究报告》25，1974年。

（27）尾形勇：《中国古代的"家"与国家》，东京：岩波书店，1979年。

（28）越智重明：《南北朝时期的干僮、杂役、杂使、杂任》，《史渊》91，1963年。

（29）越智重明：《客与部曲》，《史渊》110，1973年。

（30）越智重明：《汉时期的贱民、贱人、士伍、商人》，《九州大学东洋史论集》7，1979年。

（31）越智重明：《北朝的下层身份》，《九州大学东洋史论集》8，1980年。

（32）越智重明：《六朝的良、贱身份》，《史学杂志》59—9，1980年。

（33）越智重明：《七科谪》，《九州大学东洋史论集》11，1983年。

（34）大栉敦弘：《汉代"中家之产"相关考察——居延汉简所见的"贾、直"》，《史学杂志》94—7,1985年。

（35）大泽正昭：《唐律中的"部曲"》，《奈良大学纪要》7,1978年。

（36）大庭脩：《汉律中的"不道"概念》，1957年，同氏著《秦汉法制史研究》，东京：创文社,1982年。

（37）大庭脩：《汉代的徙迁刑》,1957年，同氏著《秦汉法制史研究》，东京：创文社,1982年。

（38）大庭脩：《敦煌汉简释文私考》，关西大学，《文学论集》23—1,1974年。

（39）大庭脩：《云梦出土竹书秦律概观》（旧题《云梦出土竹书秦律研究》）,1977年，同上注书。

（40）太田秀通：《奴隶与隶属农民——古代社会的历史理论》，东京：青木书店,1978年。

（41）太田幸男：《湖北睡虎地出土秦律中的仓律》，《东京学艺大学纪要》第三部门社会科学31、32,1980年。

（42）太田幸男：《睡虎地秦墓竹简中所见"室""户""同居"》，《西嶋定生博士还历纪念 东亚史视野下的国家与农民》，东京：山川出版社,1984年。

（43）加藤繁译注：《〈史记·平准书〉与〈汉书·食货志〉》，东京：岩波书店,1942年。

（44）加藤繁：《中国经济史概说》，东京：弘文堂,1944年。

（45）加藤常贤：《真古文尚书集释》，东京：明治书院,1964年。

（46）贝塚茂树：《中国古代都市的民事会议》,1954年，《贝塚茂树著作集》二，东京：中央公论社,1977年。

（47）贝塚茂树：《京都大学人文科学研究所藏甲骨文字》（略称京人），京都大学人文科学研究所,1960年。增补本：贝塚茂树、伊藤道治：《甲骨文字研究》，京都：同朋舍,1980年。

（48）贝塚茂树：《金文所见鬲的身份》,1962年，《贝塚茂树著作集》二。

（49）贝塚茂树：《中国古代国家》，《贝塚茂树著作集》一，东京：中央公论社,1976年。

（50）影山刚：《中国古代的商业和商人》，《古代史讲座》九，东京：学生社,1963年，《中国古代的工商业和专卖制》，东京大学出版会,1984年。

（51）片仓穰：《关于汉唐间良家的一个解释》，《史林》（48—6）,1965年。

（52）片仓穰：《汉代的士伍》，《东方学》第36期,1966年。

（53）镰田重雄：《汉代的后宫》,1940年，《秦汉政治制度的研究》，东京：日本学术振兴会,1962年。

(54) 镰田重雄:《汉代的禁锢》,1943年,上注书所收录。

(55) 镰田正编:《春秋左氏传》全四册,东京:明治书院(新释汉文大系),1971—1981年。

(56) 纸屋正和:《西汉时期的商贾和缗钱令》,《福冈大学人文论丛》(11—2),1979年。

(57) 川本芳昭:《北魏太祖时代的部落解体与高祖时代的部族解体——对部族解体的理解》,《佐贺大学教养部研究纪要》14,1982年。

(58) 河地重造:《关于晋限客法的若干考察》,《经济学杂志》(35—1/2),1956年。

(59) 木村秀海:《六师官员的构成——以盉方尊铭文为中心》,《东方学》第69期,1985年。

(60) 库里克夫撰,松丸道雄译:《卜辞中所见"众"与"众人"》,《甲骨学》一〇,1964年。

(61) 草野靖:《唐律所见私贱民、奴婢・部曲的一个考察》,《重松先生古稀纪念九州大学东洋史论丛》,福冈:九州大学文学部东洋史研究室,1957年。

(62) 草野靖:《中国的地主经济——分种制》,东京:汲古书院,1985年。

(63) 小山富士夫等编:《故宫博物院》,东京:讲谈社,1975年。

(64) 古贺登:《汉长安城与阡陌、县乡亭里制度》,东京:雄山阁,1980年。

(65) 佐竹靖彦:《秦国的家族与商鞅的分异令》,《史林》(63—1),1980年。

(66) 佐藤武敏:《殷代农业经营相关的一个问题》,三上次男、栗原朋信编《中国古代史的诸问题》,东京大学出版会,1957年。

(67) 佐藤武敏:《汉代的户口调查》,《集刊东洋学》18号,1967年。

(68) 雅各布森撰,前川和也译:《美索不达米亚初期的政治发展》,古代学协会编《西洋古代史论集》1,东京大学出版会,1973年。

(69) 志田不动麿:《中国商人身份的诸规定与奢侈禁令》,《社会经济史学》(2—11/12),1933年。

(70) 滋贺秀三:《译注唐律疏议》四,《国家学会杂志》(75—11/12),1962年。

(71) 滋贺秀三:《中国家族法原理》,东京:创文社,1967年。

(72) 滋贺秀三:《关于中国上古时期刑罚的一个考察——誓与盟》,《石井良助先生还历纪念法制史论集》,东京:创文社,1976年。

(73) 重近启树:《秦汉时期赋制的发展》,《东洋学报》(65—1/2),

1984年。

（74）白川静:《殷代的殉葬与奴隶制》,《立命馆大学人文科学研究所纪要》二,1954年。

（75）白川静:《金文通释》全六卷八册,神户:白鹤美术馆,1964—1980年。

（76）白川静:《说文新义》全十六卷,神户:白鹤美术馆,1969—1974年。

（77）白川静:《金文的世界——殷周社会史》,东京:平凡社,1971年。

（78）白川静:《甲骨文的世界——古代殷王朝的构造》,东京:平凡社,1972年。

（79）白川静:《罪辜关系字说——以中国古代的身体刑为中心》,《甲骨金文学论集》,京都:朋友书店,1973年。

（80）白川静:《羌族考》,同上注书。

（81）白川静:《中国古代的文化》,东京:讲谈社,1979年。

（82）白川静:《西周史略》,《金文通释》六,神户:白鹤美术馆,1980年。

（83）白川静:《诗经研究·通论篇》,京都:朋友书店,1981年。

（84）神野清一:《日本古代社会与贱民》,《历史评论》392,1982年。

（85）神野清一:《律令国家与贱民》,东京:吉川弘文馆,1986年。

（86）周藤吉之:《吐鲁番出土的佃人文书研究——唐代前期的佃人制》,1959年,同氏著《唐宋社会经济史研究》,东京大学出版会,1965年。

（87）角谷定俊:《秦代青铜工业的一个考察——以工官为中心》,《骏台史学》55,1982年。

（88）曾我部静雄:《中国中世的官贱民和日本的杂户、品部》,1950年,同氏著《以律令为中心的中日关系史研究》,东京:吉川弘文馆,1968年。

（89）曾我部静雄:《均田法及其税役制度》,东京:讲谈社,1953年。

（90）高桥继男:《唐代后期商人阶层的入仕问题》,《东北大学日本文化研究所研究报告》17,1981年。

（91）高桥芳郎:《从部曲、客女到人力、女使——唐宋间身份构成的转变》,菊池英夫编《变革时期亚洲的法与经济》(昭和五十八—六〇年度科学研究费补助金研究成果报告书),札幌,1986年。

（92）泷川政次郎:《唐代奴隶制度概说》,同氏著《中国法制史研究》,东京:有斐阁,1940年。

（93）竹浪隆良:《北魏时期的人身买卖和身份制度统治——以延昌三年(514)的人身买卖议论为中心》,《史学杂志》(93—3),1984年。

（94）竹浪隆良:《汉至六朝时期人身买卖与质入》,《历史学研究》564,1987年。

(95) 谷川道雄:《隋唐帝国形成史论》,东京:筑摩书房,1971年。

(96) 玉井是博:《唐代贱民制度及其由来》,1929年,同氏著《中国社会经济史研究》,东京:岩波书店,1942年。

(97) 玉井是博:《唐代的外国奴——特论新罗奴》,1934年,同上注书。

(98) 中国古代史研究团队:《滨口重国〈唐王朝的贱人制度〉书评》,《史学杂志》(76—9),1967年。

(99) 塚本善隆:《北魏的僧祇户与佛图户》,1937年,同氏著《中国佛教史研究·北魏篇》,东京:弘文堂,1942年。《塚本善隆著作集》二,东京:大东出版社,1974年。

(100) 唐长孺著,川胜义雄译:《魏晋南北朝时期的客和部曲》,《东洋史研究》(40—2),1981年。

(101) 唐长孺著,竹内实译:《唐代的部曲和客》,《东方学》第63期,1981年。

(102) 常盘大定:《对武周新字的研究》,1936年,同氏著《中国佛教的研究》3,东京:春秋社,1943年。

(103) 富谷至:《秦汉时期的劳役刑》,《东方学报》(京都)55,1982年。

(104) 富谷至:《秦汉时期的庶人与仕伍·觉书》,谷川道雄编《关于中国士大夫阶级和地域社会关系的综合研究》(昭和五十七年度科学研究费补助金研究成果报告书),京都,1983年。

(105) 富谷至:《连坐制及其周边》,林巳奈夫编《战国时代出土文物研究》,京都大学人文科学研究所,1985年。

(106) 内藤乾吉:《敦煌所见唐职制户婚厩库律断简》,1958年,《中国法制史考证》,东京:有斐阁,1963年。

(107) 中江丑吉:《商书·盘庚篇》,1931年,同氏著《中国古代政治思想》,东京:岩波书店,1950年。

(108) 中田薰:《日本庄园系统》,1906年,《法制史论集》二,东京:岩波书店,1938年。

(109) 中田薰:《德川时代的人身买卖及人质契约》,1932年,《法制史论集》三,东京:岩波书店,1943年。

(110) 中田薰:《德川时代的人身买卖及人质契约补考》,1935年,《法制史论集》三,东京:岩波书店,1943年。

(111) 仁井田陞、牧野巽:《故〈唐律疏议〉制作年代考》,《东方学报》(东京)一、二,1931年;律令研究会编《译注日本律令》一,东京:东京堂出版社,1978年。

(112) 仁井田陞:《唐令拾遗》,东京:东方文化学院,1933年。

(113) 仁井田陞：《汉魏六朝的质制度》，1933年，同氏著《中国法制史研究 土地法·取引法》，东京大学出版会，1960年。

(114) 仁井田陞：《唐宋法律文书研究》，东京：东方文化学院东京研究所，1937年。

(115) 仁井田陞：《中国身份法史》，东京：座右宝刊行会，1942年。

(116) 仁井田陞：《中国社会的"封建"与封建制》，1951年，同氏著《中国法制史研究 奴隶农奴法·家族村落法》，东京大学出版会，1962年。

(117) 仁井田陞：《何谓东洋》，1952年，同氏著《何谓东洋》，东京大学出版会，1968年。

(118) 仁井田陞：《中国法律中的奴婢地位与主人权——奴隶法小史》，1952年，同注(116)著书。

(119) 仁井田陞：《中国家父长权力的构造》，1953年，同注(116)著书。

(120) 仁井田陞：《敦煌所见武则天时期的律断简——日本和唐对撤回奴隶解放的制裁规定》，同氏著《中国法制史研究 法与习惯·法与道德》，东京大学出版会，1964年。

(121) 仁井田陞：《再论唐代法律中的奴婢地位——答滨口教授的批判》，《史学杂志》74—1，1965年。

(122) 西嶋定生：《中国古代帝国的形成与结构——二十等爵制的研究》，东京大学出版会，1961年。

(123) 西嶋定生：《中国古代奴婢制的再考察——阶级性质与身份性质》，《古代史讲座》七，东京：学生社，1961年，同氏著《中国古代国家与东亚世界》，东京大学出版会，1983年。

(124) 西嶋定生：《良贱制的性质与谱系》，1983年，同上注书。

(125) 西田太一郎：《中国刑法史研究》，东京：岩波书店，1974年。

(126) 西田保：《汉代中家的财产》，《加藤博士还历纪念东洋史集说》，东京：富山房，1941年。

(127) 西田保：《汉代中家的含义》，《史学杂志》(79—5)，1970年。

(128) 西村元佑：《汉代的骑士——士、卒相关问题》，《龙谷史坛》44，1958年。

(129) 布目潮渢：《汉律体系化的试论——围绕列侯的死刑》，《东方学报》(京都)27，1957年。

(130) 滨口重国：《正光四、五年之际的后魏兵制》，1935年，同氏著《秦汉隋唐史研究》上，东京大学出版会，1966年。

(131) 滨口重国：《汉代的强制劳役刑及其他》，1936年，同上注书。

(132) 滨口重国：《两汉的中央诸军》，1939年，同上注书。

(133)滨口重国:《南北朝时期的士兵身份与部曲含义的演变》,1941年,同氏著(139)所收录。

(134)滨口重国:《唐代贱民、部曲的形成过程》,1952年,同氏著(139)所收录。

(135)滨口重国:《唐代的部曲、客女与前代的衣食客》,1952年,同氏著(139)所收录。

(136)滨口重国:《北朝史料中的杂户、杂营户》,1957年,同氏著(139)所收录。

(137)滨口重国:《唐代官有贱民、杂户的由来》,1959年,同氏著(139)所收录。

(138)滨口重国:《唐代法律上奴婢半人半物说的探讨》,《史学杂志》(72—9),1963年。

(139)滨口重国:《唐王朝的贱人制度》,京都:同朋舍,1966年。

(140)日野开三郎:《唐代的私贱民"部曲客女、奴婢"的法律身份与生活实态》,《唐代史研究会报告》五(中国律令制的发展及与国家、社会的关系),1984年。

(141)久村因:《西汉的迁蜀刑——古代自由刑一个侧面的考察》,《东洋学报》(37—2),1954年。

(142)平中苓次:《居延汉简与汉代的财产税》,1953年,同氏著《中国古代的田质和税法》,京都:同朋舍,1967年。

(143)平中苓次:《汉武帝的算缗钱》,1953年,同上注书。

(144)藤枝晃:《长城的防御——河西地方出土汉代木简内容概况》,欧亚大陆学会编《游牧民族的研究——自然和文化别编二》,京都:自然史学会,1955年。

(145)船川丰:《农奴制的确立》,《思想》,1962年7月。

(146)船川丰:《中国古代的法与共同体》,历史学研究别册《"世界史视野下的地域与民众"——1979年度大会报告》,1979年。

(147)堀毅:《秦汉刑名考——以云梦出土的秦简为依据》,《早稻田大学大学院文学研究科纪要》别册四,1978年。

(148)堀毅:《唐律溯源考——以秦律"一人有数罪"规定为中心的考察》,《泷川政次郎博士米寿纪念论集 律令制的诸问题》,东京:汲古书院,1984年。

(149)堀敏一:《均田制与良贱制》,《前近代亚洲的法与社会——仁井田陞博士追悼论文集第一卷》,东京:劲草书房,1967年。

(150)堀敏一:《均田制的研究——中国古代国家的土地政策和土地所

有制》，东京：岩波书店，1975年。

（151）堀敏一：《中国的律令制与农民统治》，历史学研究别册《世界史视野下的民族与国家——1978年度大会报告》，1978年。

（152）堀敏一：《身份制与中国古代社会——围绕良贱制的思考》，《骏台史学》50，1980年。

（153）堀敏一：《汉代的七科谪身份及其起源》，《骏台史学》57，1982年，本书第四章改稿收载。

（154）堀敏一：《中国初期的土地国有制与土地交易的起源》，《书齐窗》（东京：有斐阁）322，1983年。

（155）堀敏一：《中国律令法典的形成——概要与问题点》，《唐代史研究会报告》五，1984年。

（156）堀敏一：《部曲、客女身份形成的前提》，《三上次男博士喜寿纪念论文集历史编》，东京：平凡社，1985年，本书第六章修改稿收录。

（157）堀敏一：《中国良贱身份制的形成过程》，唐代史研究会编《律令制——中国、朝鲜的法与国家》，东京：汲古书院，1986年，本书第二章修改稿收录。

（158）堀敏一：《古代中国的身份制与身份观念》，《骏台史学》67，1986年，本书第二章修改稿收录。

（159）堀敏一：《唐户令乡里、坊村、邻保相关条文复原》，《中村治兵卫先生古稀纪念东洋史论丛》，东京：刀水书房，1986年。

（160）前田直典：《东亚古代的终结》，1948年，铃木俊、西嶋定生编《中国史的时代区分》，东京大学出版会，1957年。前田《元朝史研究》，东京大学出版会，1973年。

（161）牧英正：《户婚律放家人为良还压条研究》，《法学杂志》（9—3/4），1963年。

（162）增村宏：《〈宋书·王弘传〉中同伍犯法的探讨》，《鹿儿岛大学文理学部纪要》文科报告四，1956年。

（163）增村宏：《晋、南朝的符伍制》，《鹿大史学》4，1956年。

（164）町田隆吉：《后赵政权下的氐族——对"五胡"诸政权构造的理解》，《史正》七，1979年。

（165）松崎常子：《睡虎地秦简所见秦代的家族与国家》，中国古代史研究会编《中国古代史研究》五，东京：雄山阁，1982年。

（166）松丸道雄：《殷周国家的结构》，《岩波讲座世界历史》四（古代四），东京：岩波书店，1970年。

（167）松丸道雄：《西周后期社会的变革萌芽——曶鼎铭解释问题的初

步解决》,《西嶋定生博士还历纪念 东亚史视野下的国家与农民》,东京:山川出版社,1984年。

(168) 松本雅明:《春秋战国时期〈尚书〉的发展》,东京:风间书房,1966年。

(169) 松本善海:《北魏时期均田、三长两制制定的诸问题》,1956年,《中国村落制度史研究》,东京:岩波书店,1977年。

(170) 美川修一:《汉代的市籍》,《古代学》(15—3),1969年。

(171) 宫川尚志:《六朝史研究 政治·社会篇》,东京:日本学术振兴会,1956年。

(172) 宫崎市定:《中国上古时期是封建制还是都市国家》,1950年,同氏著《亚洲史研究》2,京都:同朋舍,1959年。

(173) 宫崎市定:《中国史上的庄园》,1954年,同氏著《亚洲史研究》4,京都:同朋舍,1964年。

(174) 宫崎市定:《九品官人法研究——科举前史》,京都:同朋舍,1956年。

(175) 宫崎市定:《东洋的古代》,1965年,同氏著(177)所收录。

(176) 宫崎市定:《从部曲到佃户》,1971年,同氏著(177)所收录。

(177) 宫崎市定:《宫崎市定 亚洲史论考》中,东京:朝日新闻社,1976年。

(178) 宫崎道三郎:《家人的沿革》,1901年,中田薰编《宫崎先生法制史论集》,东京:岩波书店,1929年。

(179) 宫崎道三郎:《部曲考》,1907年,上注书。

(180) 宫崎道三郎:《部曲考补遗》,1907年,上注书。

(181) 籾山明:《秦代的隶属身份及其起源——"隶臣妾"问题》,《史林》(65—6),1982年。

(182) 籾山明:《堀敏一〈汉代的七科谪及其起源〉书评》,《法制史研究》34,1984年。

(183) 籾山明:《秦代审判制度复原》,林巳奈夫编《战国时代出土文物研究》,京都大学人文科学研究所,1985年。

(184) 山田胜芳:《汉代的算与役》,《东北大学教养部纪要》二八,1978年。

(185) 山田胜芳:《中国古代的商人与市籍》,《加贺博士退官纪念中国文史哲学论集》,东京:讲谈社,1979年。

(186) 山根清志:《唐代的良贱制与所在地身份诸关系》,历史学研究别册《民族与国家——1977年度大会报告》,1977年。

（187）山根清志:《对唐代部曲客女身份的一个考察——对 P. 3608 号汉文书的理解》,《一桥研究》(3—1),1978 年。

（188）山根清志:《围绕唐代良贱制的两三个问题》,《历史评论》392,1982 年。

（189）山根清志:《唐代的"百姓"身份》,《社会经济史学》(47—6),1982 年。

（190）山根清志:《唐代部曲性质的讨论和问题点》,《福井大学教育学部纪要》第Ⅲ部社会科学三四,1984 年。

（191）山本茂:《苏美尔都市国家》,《世界历史》二,东京:筑摩书房,1960 年。

（192）吉田孝:《日唐律令中杂徭的比较》,《历史学研究》264,1962 年。

（193）好并隆司:《汉代下层庶人的存在形态》,1973 年,同氏著《秦汉帝国史研究》,东京:未来社,1978 年。

（194）好并隆司:《商鞅"分异法"与秦朝权力》,《历史学研究》494,1981 年。

（195）律令研究会编:《译注日本律令五　唐律疏议译注篇一》,东京:东京堂出版,1979 年。

（196）梁玩喆:《爵所见的汉代庶人考——以医、商贾为中心》,《立命馆文学》418—20 合并号,1980 年。

（197）若江贤三:《秦汉时期的劳役刑——以隶臣妾的刑期为中心》,《东洋史论》1,1980 年。

（198）渡部武:《秦汉时期的谪戍和谪民》,《东洋史研究》(36—4),1978 年。

（199）渡边信一郎:《古代中国小农经营的形成》,1978 年,同氏著《中国古代社会论》,东京:青木书店,1986 年。

（200）渡边卓:《古代中国思想研究——〈孔子传的形成〉和儒墨集团的思想与行动》,东京:创文社,1973 年。

中文

（201）于豪亮:《秦简中的奴隶》,中华书局编辑部编《云梦秦简研究》,北京:中华书局,1981 年;《于豪亮学术文存》,北京:中华书局,1985 年。

（202）于省吾:《双剑誃殷契骈枝》正、续、三编,辽宁海城于氏印,1940 年、1941 年、1944 年。

（203）于省吾:《殷代的奚奴》,《东北人民大学人文科学学报》,1956 年第 1 期。

(204) 于省吾:《释奴婢》,《考古》,1962 年第 9 期。

(205) 于省吾:《略论西周金文中的"六师"和"八师"及其屯田制》,《考古》,1964 年第 3 期。

(206) 王毓铨:《"民数"与汉代封建政权》,《中国史研究》,1979 年第 3 期,同氏著《莱芜集》,北京:中华书局,1983 年。

(207) 王宇信:《建国以来甲骨文研究》,北京:中国社会科学出版社,1981 年。

(208) 王玉哲:《西周春秋时的"民"的身份问题》,《南开大学学报》,1978 年第 6 期。

(209) 王好立:《"閒左"辨疑》,《中国史研究》,1980 年第 4 期。

(210) 王国维:《流沙坠简考释》第二卷,《屯戍丛残》,浙江上虞罗氏宸翰楼,1914 年。

(211) 王国维:《观堂集林》全二十卷,浙江乌程蒋氏密韵楼,1923 年;全二四卷,《海宁王忠悫公遗书》、《王静安先生遗书》所收,1927 年。

(212) 王襄:《簠室殷契征文》(略称"簠"),天津博物院,1925 年。

(213) 王承祒:《试论殷代的"奚"、"妾"、"叚"的社会身份》,《北京大学学报》,1955 年第 1 期。

(214) 王占通、栗劲:《"隶臣妾"是带有奴隶残余属性的刑徒》,《吉林大学社会科学学报》,1984 年第 2 期。

(215) 王仲荦:《关于中国奴隶社会的瓦解及封建关系的形成问题》,1956 年,注(429)讨论集所收录。

(216) 王仲荦:《试释吐鲁番出土的几件有关过所的唐代文书》,《文物》,1975 年第 7 期。

(217) 王文昶:《从西周铜鬲上刖刑守门奴隶看"克己复礼"的反动本质》,《文物》,1974 年第 4 期。

(218) 应永深:《说庶人》,《中国史研究》,1981 年第 2 期。

(219) 何士骥:《部曲考》,《国学论丛》1—1,1927 年。

(220) 柯友根:《南朝部曲初探》,厦门大学历史研究所中国经济史研究室编《中国经济史论文集》,福州:福建人民出版社,1981 年。

(221) 贺昌群:《秦汉间个体小农的形成和发展》,见《汉唐间封建土地所有制形式研究》,上海人民出版社,1964 年。

(222) 郭沫若:《甲骨文字研究》,上海:大东书局,1931 年。

(223) 郭沫若:《金文丛考》,东京:文求堂,1932 年。

(224) 郭沫若:《卜辞通纂》(略称"通"),东京:文求堂,1933 年。

(225) 郭沫若:《两周金文辞大系考释》,东京:文求堂,1935 年。

(226) 郭沫若:《殷契粹编》(略称"粹"),东京:文求堂,1937年。

(227) 郭沫若:《由周代农事诗论到周代社会》,同氏著《先秦学说术林》,福建永安:东南出版社,1945年。《青铜时代》,重庆:文治出版社,1945年;二版,上海:群益出版社,1947年。

(228) 郭沫若:《读了〈记殷周殉人之史实〉》,1950年,同氏著(230)所收录。

(229) 郭沫若:《申述一下关于殷代殉人的问题》,1950年,同氏著(230)所收录。

(230) 郭沫若:《奴隶制时代》,上海:新文艺出版社,1952年;二版,北京:人民出版社,1973年。

(231) 郭沫若:《〈保卣〉铭释文》,1958年,同氏著《文史论集》,北京:人民出版社,1961年。

(232) 郭沫若:《关于中国古史研究中的两个问题》,1959年,同氏著(230)二版所收录。

(233) 韩国磐:《东晋南朝的门生义故》,《社会科学战线》,1980年第2期。

(234) 韩连琪:《殷代的社会生产和奴隶制特征》,《文史哲》,1982年第6期。

(235) 寒峰:《商代"臣"的身份缕析》,胡厚宣主编《甲骨文与殷商史》,上海古籍出版社,1983年。

(236) 简修炜、夏毅辉:《魏晋南朝庄园社会的阶级结构述论》,中国魏晋南北朝史学会编《魏晋南北朝史研究》,成都:四川省社会科学院出版社,1986年。

(237) 季勋:《云梦睡虎地秦简概述》,《文物》,1976年第5期。

(238) 岐山县文化馆、陕西省文管会等编:《陕西省岐山县董家村西周铜器窖穴发掘简报》,《文物》,1976年第5期。

(239) 鞠清远:《两晋南北朝的客、门生、故吏、义附、部曲》,《食货半月刊》(2—12),1935年。

(240) 鞠清远:《三国时代的"客"》,《食货半月刊》(3—4),1936年。

(241) 宫长为、宋敏:《"隶臣妾"是秦的官奴婢》,《中国史研究》,1982年第2期。

(242) 裘锡圭:《战国时代社会性质试探》,《社会科学战线》编辑部编《中国古史论集》,长春:吉林人民出版社,1981年。

(243) 曲英杰:《"工商食官"辨析》,《中国史研究》,1985年第2期。

(244) 金景芳:《中国奴隶社会史》,上海人民出版社,1983年。

（245）金祥恒：《释仗》，《中国文字》12，1963年。
（246）屈万里：《小屯第二本殷虚文字甲编考释》，台北："中央研究院"历史语言研究所，1961年。
（247）顾颉刚：《史林杂识初编》，北京：中华书局，1963年。
（248）顾颉刚、刘起釪：《〈尚书·甘誓〉校释译论》，《中国史研究》，1979年第1期。
（249）顾德融：《中国古代人殉、人牲者的身份初探》，《中国史研究》，1982年第2期。
（250）胡厚宣：《殷非奴隶社会论》，同氏著《甲骨学商史论丛》初集上册，成都：齐鲁大学国学研究所，1944年。
（251）胡厚宣：《古代研究的史料问题》，上海：商务印书馆，1950年。
（252）胡厚宣：《战后京津新获甲骨集》全四册（略称"京"），上海：群联出版社，1954年。
（253）胡厚宣：《甲骨续存》上下（略称"续存"），上海：群联出版社，1955年。
（254）胡厚宣：《说贵田》，《历史研究》，1957年第7期。
（255）胡厚宣：《殷代的刖刑》，《考古》，1973年第2期。
（256）胡厚宣：《中国奴隶社会的人殉和人祭》，《文物》，1974年第7、8期。
（257）胡厚宣：《甲骨文所见殷代奴隶的反压迫斗争》，《考古学报》，1976年第1期。
（258）吴荣曾：《胥靡试探——论战国时的刑徒制》，《中国史研究》，1980年第3期。
（259）吴荣曾：《监门考》，《中华文史论丛》，1981年第3期。
（260）吴树平：《云梦秦简所反映的秦代社会阶级状况》，中华书局编辑部编《云梦秦简研究》，北京：中华书局，1981年。
（261）高亨：《商君书注释》，北京：中华书局，1974年。
（262）高亨：《诸子新笺》，济南：齐鲁书社，1980年。
（263）高恒：《秦律中"隶臣妾"问题的探讨——兼批四人帮的法家"爱人民"的谬论》，《文物》，1977年第7期。
（264）高恒：《秦简中的私人奴婢问题》，中华书局编辑部编《云梦秦简研究》，北京：中华书局，1981年。
（265）高恒：《秦律中的刑徒及其刑期问题》，《法学研究》，1983年第6期。
（266）高敏：《从出土〈秦律〉看秦的奴隶制残余》，同氏著《云梦秦简初探》,郑州:河南人民出版社,1979年。

(267) 高敏:《关于〈秦律〉中的"隶臣妾"问题质疑》,同上注书。

(268) 高敏:《试论汉代的雇佣劳动者》,同氏著《秦汉史研究》,郑州:中州书画社,1982年。

(269) 高敏:《秦简中几种称谓的涵义试析》,同氏著《云梦秦简初探》增订本,郑州:河南人民出版社,1981年。

(270) 高敏、刘汉东:《秦简"隶臣妾"确为奴隶说——兼与林剑鸣先生商榷》,《学术月刊》,1984年第9期。

(271) 黄濬:《邺中片羽》三集(略称"邺三"),北京尊古斋,1942年。

(272) 黄盛璋:《关于询簋的制作年代与虎臣的身份问题》,1961年,同氏著《历史地理与考古论丛》,济南:齐鲁书社,1982年。

(273) 黄中业:《春秋时期的"皂隶牧圉"属于平民阶层说》,《齐鲁学刊》,1984年第2期。

(274) 黄展岳:《云梦秦律简论》,《考古学报》,1980年第1期。

(275) 黄展岳:《殷商墓葬中人殉人牲的再考察——附论殉牲祭牲》,《考古》,1983年第10期。

(276) 侯外庐:《中国古代社会史论》(旧题《中国古代社会史》,上海:新知书局,1948年),北京:人民出版社,1955年。

(277) 沙文汉:《中国奴隶制度的探讨》,上海社会科学院出版社,1984年。

(278) 蔡葵:《试论秦汉时期的生产奴隶》,《西北大学学报》,1983年第1期。

(279) 施伟青:《"隶臣妾"的身份复议》,《中国社会经济史研究》,1984年第1期。

(280) 斯维至:《关于殷周土地所有制问题》,1956年,注(429)讨论集所收录。

(281) 朱师辙:《商君书解诂定本》,广州:中山大学,1948年。

(282) 朱绍侯:《秦汉土地制度与阶级关系》,郑州:中州古籍出版社,1985年。

(283) 朱雷:《论麹氏高昌时期的"作人"》,唐长孺主编《敦煌吐鲁番文书初探》,武汉大学出版社,1983年。

(284) 周伟洲:《赀房与费也头》,《文史》23,1984年。

(285) 徐喜辰:《商殷奴隶制特征探讨》,1956年,注(429)讨论集所收录。

(286) 徐喜辰:《关于农民在奴隶社会中的地位和作用问题——兼论

"众人"、"庶人"和"国人"均为公社农民说》,《吉林师大学报》编辑部编《中国古代史论文集》,长春:吉林师大学报编辑部,1979年。

(287)徐鸿修:《周代贵族专制政体中的原始民主遗存》,《中国社会科学》,1981年第2期。

(288)徐鸿修:《从古代罪人收奴刑的变迁看"隶臣妾"、"城旦舂"的身分》,《文史哲》,1984年第5期。

(289)徐中舒:《耒耜考》,《中央研究院历史语言研究所集刊》(2—1),1930年。

(290)徐中舒:《禹鼎的年代及相关问题》,《考古学报》,1959年第3期。

(291)尚志儒:《试论西周金文中的人鬲问题》,人文杂志丛刊二《西周史研究》,西安:人文杂志编辑部,1984年。

(292)肖楠:《试论卜辞中的"工"与"百工"》,《考古》,1981年第3期。

(293)常征:《释"六师",兼述西周王朝武装部队》,《河北大学学报》,1981年第2期。

(294)秦进才:《秦汉士伍异同考》,《中华文史论丛》,1984年第2期。

(295)沈家本:《部曲考》,同下注书所收录。

(296)沈家本:《历代刑法考》,《沈寄簃先生遗书》甲编,民国某年。

(297)新疆维吾尔自治区博物馆编:《新疆历史文物》,北京:文物出版社,1978年。

(298)睡虎地秦墓竹简整理小组编:《睡虎地秦墓竹简》线装本,北京:文物出版社,1977年。

(299)齐文心:《殷代的奴隶监狱和奴隶暴动——兼甲骨文"圉"、"戎"二字用法的分析》,《中国史研究》,1979年第1期。

(300)盛张:《岐山新出㺇匜若干问题探索》,《文物》,1976年第6期。

(301)钱大群:《谈"隶臣妾"与秦代的刑罚制度》,《法学研究》,1983年第5期。

(302)钱大群:《再谈"隶臣妾"与秦代的刑罚制度——兼复〈亦谈"隶臣妾"与秦代的刑罚制度〉》,《法学研究》,1985年第6期。

(303)陕西省考古研究所、陕西省文物管理委员会、陕西省博物馆编:《陕西出土商周青铜器》二,北京:文物出版社,1980年。

(304)苏诚鉴:《"天下之民不乐为秦民"——试探秦始皇"更名民曰黔首"的历史渊源》,《安徽师大学报》,1981年第3期。

(305)苏诚鉴:《秦"隶臣妾"为官奴隶说——兼论我国历史上"岁刑"制的起源》,《江淮论坛》,1982年第1期。

(306)宋敏:《云梦秦简——奴隶制社会的新证》,《东北师范大学学报》,1980 年第 4 期。

(307) 曹发展、陈国英:《咸阳地区出土西周青铜器》,《考古与文物》,1981 年第 1 期。

(308) 束世澂:《夏代和商代的奴隶制》,1956 年,注(429)讨论集所收录。

(309) 孙机:《〈曶鼎铭〉里的"众"是奴隶吗?》,《中国古代史论丛》,1982 年第 3 期。

(310) 戴炎辉:《唐律通论》,台北:"国立编译馆",1964 年。

(311) 戴炎辉:《唐律各论》,台北:台湾大学法学院,1965 年。

(312) 谭戒甫:《西周"曶"器铭文综合研究》,《中华文史论丛》三,1963 年。

(313) 中国社会科学院考古研究所编:《居延汉简 甲乙篇》,北京:中华书局,1980 年。

(314) 晁福林:《"匹马束丝"新释——读"曶鼎"铭文札记》,《中华文史论丛》,1981 年第 3 期。

(315) 晁福林:《"骏发尔私"新解》,《中国古代史论丛》,1981 年 3 月。

(316) 晁福林:《殷墟卜辞中的商王名号与商代王权》,《历史研究》,1986 年第 5 期。

(317) 张维训:《略论杂户"贱民"等级的消亡》,《江西社会科学》,1982 年第 4 期。

(318) 张维训:《略论杂户的形成和演变》,《中国史研究》,1983 年第 1 期。

(319) 张永山:《论商代的"众人"》,胡厚宣等《甲骨探史录》,北京:三联书店,1982 年。

(320) 张永山:《商代"众人"身份补证》,人文杂志专刊《先秦史论文集》,西安:人文杂志编辑部,1982 年。

(321) 张家山汉墓竹简整理小组编:《江陵张家山汉简概述》,《文物》,1985 年第 1 期。

(322) 张金光:《关于秦刑徒的几个问题》,《中华文史论丛》,1985 年第 1 期。

(323) 张政烺:《殷契协田解》,胡厚宣主编《甲骨文与殷商史》,上海古籍出版社,1983 年。

(324) 张泽咸:《魏晋南北朝的徭役制度》,中国社会科学院历史研究所魏晋南北朝隋唐史研究室《魏晋隋唐史论集》二,北京:中国社会科学出版社,1983 年。

(325) 张泽咸:《唐代的部曲》,《社会科学战线》,1985 年第 4 期。

(326) 张传汉:《略论秦代隶臣妾的身份问题》,《辽宁大学学报》,1985 年第 4 期。

(327) 张传玺:《"更民名曰黔首"的历史考察》,1980 年,《秦汉问题研究》,北京大学出版社,1985 年。

(328) 赵光贤:《周代社会辨析》,北京:人民出版社,1980 年。

(329) 赵锡元:《试论殷代的主要生产者"众"和"众人"的社会身份》,《东北人民大学人文科学学报》,1956 年第 4 期。

(330) 赵锡元:《关于殷代的"奴隶"》,《史学集刊》,1957 年第 2 期。

(331) 赵锡元:《试论中国奴隶制形成和消亡的具体途径》,《吉林大学学报》,1979 年第 1 期。

(332) 赵锡元:《中国奴隶社会史述要》,长春:吉林文史出版社,1986 年。

(333) 赵佩馨:《甲骨文所见的商代五刑——并释刌、剢二字》,《考古》,1961 年第 2 期。

(334) 陈奇猷:《吕氏春秋校释》全四册,上海:学林出版社,1984 年。

(335) 陈玉璟:《秦汉"徒"为奴隶说质疑》,《安徽师大学报》,1979 年第 2 期。

(336) 陈玉璟:《〈秦律〉中"隶臣妾"性质再论》,《阜阳师范学院学报》,1982 年第 2 期。

(337) 陈建敏:《甲骨文金文所见商周工官工奴考》,《学术月刊》,1984 年第 2 期。

(338) 陈抗生:《"睡简"杂辩》,《中国历史文献研究集刊》一,1980 年。

(339) 陈直:《汉书新证》,天津人民出版社,1959 年。

(340) 陈直:《史记新证》,天津人民出版社,1979 年。

(341) 陈福林:《试论殷代的众、众人与羌的社会地位》,《社会科学战线》,1979 年第 3 期。

(342) 陈梦家:《西周铜器断代》一,《考古学报》,1955 年第 9 期。

(343) 陈梦家:《殷虚卜辞综述》,北京:科学出版社,1956 年。

(344) 陈梦家:《尚书通论》增订本,北京:中华书局,1985 年。

(345) 陈连庆:《南朝奴隶考》,《社会科学战线》,1983 年第 2 期。

(346) 陈连庆:《春秋奴隶考略》,《中国古代史论丛》八,1983 年。

(347) 程喜霖:《唐代公验与过所案卷所见的经济资料——部曲奴婢》,《中国社会经济史研究》,1986 年第 2 期。

(348) 程式:《一篇重要的法律史文献——读䩱匜铭文札记》,《文物》,

1976年第5期。

(349) 程树德:《九朝律考》,上海:商务印书馆,1927年。

(350) 丁山:《甲骨文所见氏族及其制度》,北京:科学出版社,1956年。

(351) 田昌五:《秦国法家路线的凯歌——读云梦出土秦简札记》,《文物》,1976年第5期。

(352) 田昌五:《古代社会形态研究》,天津人民出版社,1980年。

(353) 田昌五:《中国奴隶制形态之探索》,同上注书。

(354) 田昌五:《古代社会断代新论》,北京:人民出版社,1982年。

(355) 田人隆:《"闾左"试探》,《中国史研究》,1979年第2期。

(356) 国家文物局古文献研究室、新疆博物馆、武汉大学历史系编:《吐鲁番出土文书》1—7册,北京:文物出版社,1981—1986年。

(357) 吐鲁番文书整理小组等编:《吐鲁番晋—唐墓葬出土文书概述》,《文物》,1977年第3期。

(358) 汤蔓媛:《从睡虎地秦简看秦代的刑罚类别》,《简牍学报》10,1981年。

(359) 唐赞功:《云梦秦简官私奴隶问题试探》,《中华文史论丛》,1981年3月。

(360) 唐长孺:《拓跋国家的建立及其封建化》,同氏著《魏晋南北朝史论丛》,北京:三联书店,1955年。

(361) 唐长孺:《魏晋杂胡考》,同上注书。

(362) 唐长孺:《唐西州诸乡户口帐试释》,同氏著《敦煌吐鲁番文书初探》,武汉大学出版社,1983年。

(363) 唐长孺:《魏晋南北朝时期的客和部曲》,同氏著《魏晋南北朝史论拾遗》,北京:中华书局,1983年,日文见注(100),中文附有"后论"。

(364) 唐长孺:《王敦之乱与所谓刻碎之政》,同上注书。

(365) 唐兰:《陕西省岐山县董家村新出西周重要铜器铭辞的译文和注释》,《文物》,1976年第5期。

(366) 唐兰:《用青铜器铭文来研究西周史——综论宝鸡市近年发现的一批青铜器的重要历史价值》,《文物》,1976年第6期。

(367) 董作宾:《殷历谱》,《中央研究院历史语言研究所专刊》四册,成都,1945年。

(368) 董作宾:《小屯第二本殷虚文字甲编》(略称"甲"),上海:中央研究院历史语言研究所,1948年。

(369) 董作宾:《小屯第二本殷虚文字乙编》上辑・中辑(略称"乙"),上海:中央研究院历史语言研究所,1948年。

(370) 董作宾:《中国古代文化的认识》,《大陆杂志》(3—12),1951年。

(371) 董作宾、严一萍:《殷虚文字外编》(略称"外"),台北:艺文印书馆,1956年。

(372) 敦煌文物研究所资料室编:《从一件奴婢买卖文书看唐代的阶级压迫》,《文物》,1972年12期。

(373) 南开大学历史系中国古代史教研室编:《中国封建社会土地所有制形式问题讨论集》上下,北京:三联书店,1962年。

(374) 日知、亭云:《〈春秋〉经传中的"国人"——试论古代中国的原始民主制》,《东北师大学报》,1981年第2期。

(375) 马先醒等编:《居延汉简新编》上,台北:简牍学会,1981年。

(376) 马先醒:《秦简杂考》,《简牍学报》10,1981年。

(377) 北京大学历史系考古教研室商周组编:《商周考古》,北京:文物出版社,1979年。

(378) 余树声:《论人殉人祭和我国社会史的关系——兼论我国奴隶社会与封建社会的划分》,《中国古代史论丛》,1981年第3期。

(379) 杨一民:《战国秦汉时期爵制和编户民称谓的演变》,《学术月刊》,1982年第9期。

(380) 杨荣国:《种族奴隶制的殷周社会》,1951年,注(428)论文选集所收录。

(381) 杨宽:《论西周时代的奴隶制生产关系》,1960年,同氏著(386)所收录。

(382) 杨宽:《释"臣"和"鬲"》,1963年,同氏著(386)所收录。

(383) 杨宽:《论西周金文中"六师""八师"和乡遂制度的关系》,《考古》,1964年第8期。

(384) 杨宽:《再论西周金文中"六师"和"八师"的性质》,《考古》,1965年第10期。

(385) 杨宽:《试论西周春秋间的乡遂制度和社会结构》,同氏著(386)所收录。

(386) 杨宽:《古史新探》,北京:中华书局,1965年。

(387) 杨巨中:《从云梦秦简看秦的生产关系》,人文杂志专刊《先秦史论集》,西安:人文杂志编辑部,1982年。

(388) 杨剑虹:《"隶臣妾"简论》,《考古与文物》,1983年第2期。

(389) 杨锡璋、杨宝成:《从商代祭祀坑看商代奴隶社会的人牲》,《考古》,1977年第1期。

(390) 杨树达:《积微居小学金石论丛》,上海:商务印书馆,1937年,增订本,北京:科学出版社,1955年。

(391) 杨树达:《积微居金文说》,北京:中国科学院考古研究所,1952年,增订本,北京:科学出版社,1959年。

(392) 杨升南:《对商代人祭身份的考察》,人文杂志专刊,《先秦史论文集》,西安:人文杂志编辑部,1982年。

(393) 杨中一:《部曲沿革略考》,《食货半月刊》(1—3),1935年。

(394) 杨廷福:《〈唐律疏议〉制作年代考》,1978年,同氏著《唐律初探》,天津人民出版社,1982年。

(395) 杨伯峻编:《春秋左氏传注》全四册,北京:中华书局,1981年。

(396) 杨械:《论殷末周初的社会性质——关于我国早期奴隶制的探讨》,1955年,《历史研究》编辑部编《中国古代史问题讨论集》,北京:三联书店,1957年。

(397) 姚孝遂:《"人牲"和"人殉"》,《史学月刊》,1960年9月。

(398) 姚孝遂:《商代的俘虏》,《古文字研究》一,1979年。

(399) 姚孝遂、肖丁合:《小屯南地甲骨考释》,北京:中华书局,1985年。

(400) 姚薇元:《北朝胡姓考》,北京:科学出版社,1958年。

(401) 罗宏曾:《魏晋南北朝时期部曲的社会地位》,《历史教学》,1980年第2期。

(402) 罗根泽:《管子探源》,上海:中华书局,1931年。

(403) 罗振玉:《殷虚书契》(略称"前"),浙江上虞罗氏印,1911年。《殷虚书契后编》(略称"后"),浙江上虞罗氏印,1916年。《殷虚书契续编》(略称"续"),浙江上虞罗氏印,1933年。《殷虚书契考释》增订本,东方学会,1927年。

(404) 李亚农:《殷代社会生活》,上海人民出版社,1955年,《李亚农史论集》(旧题《欣然斋史论集》),上海人民出版社,1962年收录。

(405) 李解民:《民和黔首——兼评秦始皇"更名民曰黔首"》,《文史》23,1984年。

(406) 李学勤:《兮甲盘与驹父盨——论西周末年周朝与淮夷的关系》,人文杂志丛刊2《西周史研究》,西安:人文杂志编辑部,1984年。

(407) 李学勤:《论舀鼎及其反映的西周制度》,《中国史研究》1985年第1期。

(408) 李学勤:《睡虎地秦简〈日书〉与楚、秦社会》,《江汉考古》1985年第4期。

(409) 李洪甫:《江苏连云港市花果山出土的汉代简牍》,《考古》,1982年第5期。

（410）李大生：《"汉代奴隶社会"说质疑——评〈罗马和汉代奴隶制比较研究〉》，《史学集刊》，1983年第2期。

（411）李伯重：《唐代部曲奴婢等级的变化及其原因》，《厦门大学学报》，1985年第1期。

（412）李民：《尚书与古史研究》，郑州：河南人民出版社，1981年。

（413）李裕民：《从云梦秦简看秦代的奴隶制》，《中国考古学第一次年会论文集》，北京：文物出版社，1980年。

（414）李力：《亦谈"隶臣妾"与秦代的刑罚制度》，《法学研究》，1984年第3期。

（415）栗劲：《秦律通论》，济南：山东人民出版社，1985年。

（416）刘海年：《秦汉"士伍"的身份与阶级地位》，《文物》，1978年第2期。

（417）刘海年：《秦律刑罚考析》，中华书局编辑部编《云梦秦简研究》，北京：中华书局，1981年。

（418）刘海年：《关于中国岁刑的起源——兼谈秦刑徒的刑期和隶臣妾的身份》，《法学研究》，1985年第5、6期。

（419）刘起釪：《〈牧誓〉是一篇战争舞蹈的誓词》，《中国古代史论丛》，1981年第3期。

（420）刘宝才、韩养民：《试论西周庶人的身份》，人文杂志专刊《先秦史论文集》，西安：人文杂志编辑部，1982年。

（421）梁启超：《中国奴隶制度》，《清华学报》2—2，1925年。

（422）林甘泉：《古代中国社会发展的模式》，《中国史研究》，1986年第4期。

（423）林剑鸣：《"隶臣妾"辨》，《中国史研究》，1980年第2期。

（424）林剑鸣：《秦史稿》，上海人民出版社，1981年。

（425）林剑鸣：《"隶臣妾"并非奴隶》，《历史论丛》3，1983年。

（426）林剑鸣：《三辨"隶臣妾"——兼谈历史研究中的方法论问题》，《法学研究》，1985年第9期。

（427）林梅村、李均明编：《疏勒河流域出土汉简》，北京：文物出版社，1984年。

（428）《历史研究》编辑部编：《中国的奴隶制与封建制分期问题论文选集》，北京：三联书店，1956年。

（429）《历史研究》编辑部编：《中国古代史分期问题讨论集》，北京：三联书店，1957年。

（430）卢南乔：《"闾左"辨疑》，《历史研究》，1978年第11期。

（431）劳榦:《汉代兵制及汉简中的兵制》,1948 年,同氏著《劳榦学术论文集》甲编上,台北:艺文印书馆,1976 年。

欧文

（432）Chavannes, E. , *les Documents chinois decouverts par Aurel Stein dans les sables du Turkestan oriental*, Oxford l'Impr. de l'univ, 1913.

（433）Hulsewé, A. F. P. , *Remnants of Han Law*, Vol. 1, Leiden, E. J. BriLL, 1955.

（434）Hulsewé, A. F. P. , "The Ch'in Documents discovered in Hupei in 1975," *T'oung Pao* LXIV-4, 5, 1978.

（435）Hulsewé, A. F. P. , *Remnants of Ch'in Law*, Leiden. E. J. Brill, 1955.

（436）Pulleybank, E. G. , "The Origins and Nature of Chattel Slavery in China," *Journal of Economic and Social History of the Orient*, I-2, 1958.

（437）Thilo, Thomas, "Das Bild der Sklaverei in der chinesischen Erzahlungsliteratur der Tang-Zeit," *Altorientalische Forschungen*, X-2. 1938.

（438）Wilbur, C. M. , *Slavery in China duing the Former Han Dynasty 206 B. C. -A. D. 25*, New York, Russell & Russell, 1943.

后记

本书收录的文章与近年日本学术界的动向有着紧密的联系。序章中已经阐明,此不赘述。说起本书与以往的研究的关联,我在旧著《均田制的研究》中,重点关注古代中国究竟如何以土地这一基本的生产手段为媒介统治人民。因此下一个课题就是考察国家为直接掌握、统治人民需要的编制方式。我从以下两个方面对这一课题进行考察。第一,直接登记人民的户籍制度与由被登记的百姓构成的国家行政组织末端的村落制度,一言以蔽之,编户制的研究是不可或缺的领域。第二,即对将人民分为良民、贱民进行统治的身份制的研究。结果,后者最终发展成先前总结的形式。不过,虽然说是国家对人民进行编制,但是仅由国家一方是无法推行的,必须以社会的发展为前提采取不同的编制方式,并且随之变化。我在序章中已经提出需要关注这一问题,特别是在第一章和第六章中将此视为讨论的重点。

本书有几章的课题已经以论文的形式发表,以下列出本书各章已经发表的原始论文。

序章《日本的中国古代身份制研究动向》,《中国史研究》1986年第3期。

第二章《中国良贱身份制的形成过程》,唐代史研究会编《律令制——中国、朝鲜的法与国家》,汲古书院,1986年。《古代中国的身份制与身份观念》,《骏台史学》67,1986年。

第三章《云梦秦简所见的奴隶身份》,《东洋法制史探究——岛田正郎博士颂寿纪念论集》,汲古书院,1987年(预定)。

第四章《汉代的七科谪身份及其起源》,《骏台史学》57,1982年。

第六章《部曲、客女身份形成的前提》,《三上次男博士喜寿纪念论文集历史编》,平凡社,1985年。

第七章《北朝杂户制再考察》,《论集 中国社会·制度·文化史的诸问题——日野先生颂寿纪念东洋史论集》,海鸟社,1987年(预定)。

本书在收录上述所列的论文时都进行了部分修正,特别是第二章修改了结构,第六章追加史料并修正了部分观点。第一、五、八章是新稿。

我从唐末的研究着手,之所以逐渐追溯研究对象的本源,一是与研究生诸位共同研究的成果,二是源于自身上年纪后对事物根源强烈的求知欲。诸位前辈的研究积累,使解决这一问题成为可能。特别是归功于玉井是博、仁井田陞、滨口重国、宫崎市定等已经发表的与本课题相关的研究成果。在研究方法上,我从西嶋定生、尾形勇、山根清志等的研究中获得诸多启发。但是,因为存在许多有争议的地方,烦请多多包涵。对并不熟悉的卜辞、汉简,虽曾向松丸道雄、大庭脩请教,但结论主要是自己的看法。本书作为明治大学人文科学研究所丛书中的一册出版,得到前社长大塚初重、现所长坂本和男、业务主管大木洋一的关照。此外,本书的出版得到汲古书院社长坂本健彦的大力支持。至此,对以上诸位致以诚挚的谢意。

1987年6月30日

堀敏一

译后记

《中国古代的身份制：良与贱》是日本极具权威的中国史研究巨擘堀敏一先生(1924—2007)的代表性成果。

堀敏一先生，生于日本静冈县，1941年毕业于东京府立第六中学校(现都立新宿高等学校)。1948年毕业于东京大学文学部东洋史学科，任明治大学文学部助教。1958年为财团法人东洋文库研究员。1960年任明治大学文学部专任讲师，1973年任教授。1995年退休。2007年5月29日去世。

堀敏一先生研究领域广泛，在中国中古史研究方面，侧重于中国古代身份制度、隋唐帝国与东亚的关系。著有《均田制的研究》《中国古代的身份制：良与贱》《中国与古代东亚世界》《律令制与东亚世界》《东亚世界中的古代日本》等众多论著。关于中国与东亚关系史方面的研究成就，已有学者作过专文介绍，[1]此不赘述。这里重点介绍堀敏一先生在中国古代身份制研究方面的贡献。

---

[1] 参见韩昇先生书评：《中国与古代东亚世界——中华世界与诸民族》，载荣新江主编《唐研究》第二卷，北京：北京大学出版社1996年12月第1版。堀敏一著，韩昇、刘建英译：《隋唐帝国与东亚》，韩昇序，昆明：云南人民出版社2002年1月第1版。

众所周知,在中国中古时期,曾存在一个系统的、复杂的良贱身份制度,这一制度涉及当时社会人口层面之广、时间之长、影响之大,单从《唐律疏议》502条律疏中涉及良贱身份制度的条文多达百余条、约占全部律疏的五分之一,即可略见一斑。正如本书作者堀敏一所言:"唐代是中国古代身份制发展的集大成时代。"

对于这一重要问题,尽管中日学者涉入的角度有所不同,但都曾投入过极大的精力加以研究,取得众多成果。例如从法制史角度看,中国这方面最早的研究,可以追溯到清末沈家本的《历代刑法考》及梁启超的《中国奴隶制度》(1925)。从20世纪30年代中国社会史大论战到新中国成立以后,中国学者更多的是从奴隶社会、封建社会历史分期的角度,探讨奴隶、农奴及各类依附者的性质的问题。唐长孺、何兹全等众多先生都作出重要贡献。日本学者同样重视从社会经济史及历史分期角度的研究,但如果纯粹从身份法与制度史的角度来看,日本学者的研究可以说独具特色,这首先表现为良贱身份制度研究的历史久长。日本最早在这方面有重大影响的研究,以玉井是博的《唐代贱民制度及其由来》(1929)这一古典作品为代表,从那以后,近百年来日本学者在这方面的研究始终未曾中断,可以说现在这依然是日本中古史研究的重要课题之一。[①] 其次,研究的学者众多。从玉井是博开始,各个时期日本研究良贱身份制度问题的学者中名家辈出。例如,从身份法史角度研究的仁井田陞氏,从二十等爵身份及土地制度角度研究的西嶋定生氏,从唐贱人制度本身入手研究的滨口重国氏,从唐代奴隶制角度研究的泷川政次郎氏,从中国古代籍帐角

[①] 近年出版的著作有榎本淳一氏:《日唐贱人制度的比较研究》,京都:同成社2019年版。

度研究身份的池田温氏,包括本书的作者堀敏一氏等等,不一而足。再次,在研究的深度与广度上受到学界瞩目。从玉井是博的《唐代贱民制度及其由来》这一经典论文开始,仁井田陞氏的《中国身份法史》之《部曲、奴婢法》、滨口重国的《唐王朝的贱人制度》、泷川政次郎的《唐代奴隶制度概说》、池田温的《中国古代籍帐研究》,包括本书作者堀敏一的《均田制的研究》《中国古代的身份制:良与贱》,可以说研究良贱身份制的重要成果层出不穷。至于与这一课题相关的专题研究论文与报告,更是举不胜举。这些论著,充分体现了日本学人的研究风格,如仁井田陞氏在《中国身份法史》中对部曲、奴婢法的研究全面、细致、深入,深受学界好评,被列为经典之作。有学者认为,此作以后,"中国身份法史的体系才得以开始构建"①。滨口重国的《唐王朝的贱人制度》一书,网罗史料细密,考察精到,被视为继中国沈家本之后,身份研究的集大成者,曾获1969年"日本学士院奖",至今仍是研究中国古代身份制度的经典。

这里我们重点分析一下继仁井田陞、滨口重国等学者之后,堀敏一先生在中国古代身份制研究方面的重大贡献。

堀敏一先生的治学经历丰富,早在学生时代,他就关心日本中国史的两大学派关于中国历史的争论。1922年,内藤湖南发表《唐宋时代概观》一文,揭开了日本关于中国史分期问题争论的序幕。宫崎市定继承内藤学说,认为中国社会在唐代之前,属于古代,自宋代进入近世社会,此为"京都学派"。而前田直典发表的《东亚古代的终结》一文及后继的周藤吉之等人,则认为从魏晋

---

① 滨口重国著,王安泰、廖昀译,安部聪一郎校:《唐王朝的贱人制度》,自序,上海:复旦大学出版社2023年6月第1版。

南北朝至唐代,属于以奴隶劳动为特征的古代,宋代则为中世纪,是为"东京学派"。堀敏一并不太认同"京都学派"的看法,1948年,堀敏一毕业时,恰好受到了前田直典的教益,并在其鼓励下,开始研究唐宋变革的政治史。但后来他也发现了前田直典观点的缺陷。他认为前田氏有力图以欧洲史套用于亚洲史,忽视各国历史发展特殊性的一面。堀敏一认为,在唐以前固然有奴隶耕作的一面,但不能忽视当时生产主流是小农的一面。1950年他发表了《中国封建国家的形态》一文,力图评价中国农民的独立性,而此时西嶋定生的《中国古代帝国的形成与结构》一书出版了。西嶋定生改变了原来主张汉代是家长奴隶制社会的观点,认为汉代主要的直接生产者是小农而不是奴隶,称政府对农民的这种统治体制为"个别人身支配"。

受教于西嶋定生的学说,堀敏一开始对中国农民所处的社会结构进行具体分析。他认为,在汉帝国的崩溃过程中,由于要求加强对个别人身支配的体系,良贱制度随之建立,并在均田制中变得更为完善。由此,他开始将重点放在良贱身份制度的研究上,①1979年发表《中国的律令制与农民统治》。20世纪80年代,他先后发表了《部曲、客女身份形成的前提》(1985)、《中国良贱身份制的形成过程》(1986)、《古代中国的身份制与身份观念》(1986)、《北朝杂户制的再考察》(1988)、《良奴良贱制是何时形成的》(1989)等一批研究良贱身份制度的专题论文。可以说自20世纪40年代至80年代,与仁井田陞、西嶋定生、滨口重国、尾形勇、山根清志等一样,堀敏一是战后日本学界发表中国良贱身

---

① 堀敏一氏的治学经历,可参见堀敏一著,韩国磐等译《均田制的研究》自序,福州:福建人民出版社1984年3月第1版。

份制度研究论著最多的学者之一。

《中国古代的身份制:良与贱》一书,是堀敏一在多年专题研究的基础上完成的著作。其主要特点,我以为主要体现在三个方面。

一是视野开阔,注意从中国社会结构的宏观角度分析中古良贱制度的成因与演变。这显然与他早年受到内藤氏及前田氏研究视角的影响有关。正如他自己所说,"我认为,良民、奴婢制的确立与部曲、杂户所体现出来的贱民身份的复杂化,都是随着中国社会的发展,由民众的内部分化而产生的","应该重视将奴婢、贱民视为国家身份,但是不能忘记其前提是奴隶制及其他隶属关系的发展"(《身份制与中国古代社会》,1980)。"可以确定良与贱的身份制和中国专制国家的构造有着密不可分的关系。"此前,滨口重国氏虽然在其《唐王朝的贱人制度》一书中,对唐代的贱人进行了卓越的深入的研究,但是,他仅仅将贱人制度视作"贱人制度"进行分析,"而未将其视作良民与贱民共同组成的身份体系"。日本有些学者的研究中也存在同样的情况,"最初,学界侧重于贱民的研究,对贱民所属的诸身份,特别是对贱民制度发达的唐朝,发表了诸多详细的论考;然而,对包含良民在内的整个身份体系,基本没有进行探讨"。[①] 这样显然是不能够从宏观角度把握中国中古良贱身份制度的形成与演变的。而西嶋定生关于汉代二十等爵与良贱身份的研究,给了堀敏一启发。西嶋定生在《中国古代奴婢制的再考察——阶级性质与身份性质》中指出,将贱民身份与良民身份进行对比十分有意义,良贱身份制与皇帝对农民的

[①] 堀敏一:《中国古代的身份制—良与贱》第 2 章,第 90 页,东京:汲古书院 1987 年版,见本书第 71 页。

专制主义支配体制有着不可分割的关系。但是,西嶋氏认为汉唐间的身份制基本相同,而且他的研究仅仅是概述,并未考虑到汉唐间身份体系的变迁。"根据西嶋氏的提法,我将良民与贱民融合,视为一套身份体系。可以说尾形氏基本上是在接受西嶋氏论文主要观点的基础上,运用多方面的史料对其进行了补充。但是,相较于西嶋氏将汉唐总括起来论述,我与尾形氏更侧重于探讨从汉至唐的身份制演变问题。"① 西嶋氏、尾形氏与堀敏一对汉唐中古良贱身份制度的整体性把握与研究,"成为开拓研究新阶段的契机"②,翻开了日本中古良贱制度研究新的一页。堀敏一著作中的许多观点,也因此而影响深远。

二是以变化的眼光,运用长时段的研究方法,审视中国中古时期良贱身份制度的产生与演化。众所周知,唐律中有关良贱身份的规定,是中古良贱制度集中的法律表现。仁井田氏据此完成了《中国身份法史》之《部曲、奴婢法》,滨口重国氏则据此对唐代贱人制度做了周密的考察。而堀敏一氏则从良贱制的源头出发,从先秦秦汉及魏晋南北朝到隋唐这样的一个长时段入手,全面地考察良贱身份制度。如第一章,探讨的是中国早期的奴隶制,涉及中国早期民众的身份、早期奴隶的来源、买卖奴隶制与债务奴隶制的发展等。第二章讨论中国良贱身份制的形成过程,包括以春秋时期为代表的身份制、秦汉时期的身份制——庶奴制、先秦秦汉时期良贱观念的演变、汉代的奴婢观与贱的观念。第三章探

---

① 堀敏一:《中国古代的身份制:良与贱》序章,第9页,东京:汲古书院1987年版,见本书第7页。尾形勇氏的主要观点,可参看其《中国古代的"家"与国家》一书终章第一节"身份制的秩序和国家秩序"。中译本由张鹤泉完成,北京:中华书局2010年1月第1版。
② 参见安部聪一郎为滨口重国《唐王朝的贱人制度》一书中文版所作中文版序,第5页,上海:复旦大学出版社2023年6月第1版。

讨云梦秦简所见的奴隶身份，特别是"隶臣妾"身份问题。第四章、第五章则是探讨汉代的"七科谪"身份及其起源及汉代的良家子问题。第六章探讨了六朝隋唐时期新的身份，如部曲、客女身份形成的前提——六朝时期隶属民的诸种形式。第七章探讨北朝的杂户制。第八章则是隋唐时期的部曲、客女身份的形成过程，部曲、客女的特征及其地位问题。可以看出，堀敏一氏并不是面面俱到、就事论事地讨论良贱的身份，而是从长时段出发，关注良贱制形成与演进过程中的一些关键点问题。很大篇幅都是在关注良贱制度的源流与演化，而对于学界已研究较多、较透的问题，例如唐代的贱人制度，由于滨口重国氏此前已作了全面细致的论述，因而不再作为讨论的重点，从而使本书主题更加集中、研究更加深入，具有更大的探索性。

三是堀敏一氏此作，对以往各国学者，特别是中日学者 1987 年以前所有的与良贱身份制研究相关的成果一网打尽，一览无余。而且对于各种观点，无论同意与否，都注意进行辨析。其引征之宏富，考证之缜密，学术之严谨，令人叹服。书后的研究文献目录，详尽而全面，有此书一册在手，可省去后来研究者许多的翻检之劳。

当然，由于此书出版于上世纪 80 年代，自那以后，中国各地又发现了许多新的文献，如龙山里耶秦简、岳麓书院秦简、三国吴简及天一阁明抄本天圣令中保存的唐令等。这些新资料有不少涉及中国古代的身份制度，中外学者据此探索了一些新问题，提出了新看法。这是我们现在的读者在研究、了解中国古代身份制这一问题时，应该予以重视的。①

---

① 参见李天石《中国中古良贱身份制度研究》，南京：南京师范大学出版社 2014 年 5 月第 1 版。

本书由何志文负责翻译，李帅、张祥等曾参与部分书稿的初译。李天石根据原著进行审校。由于各种原因，此书的译校拖延了较长时间，幸有王保顶社长的宽宏与包容，才使我们最终译成此书。本书责任编辑康海源、孟璐诸位精心编校，统一体例格式，纠正译文讹误，做了大量细致、艰苦的工作。在此，谨向王保顶社长及责任编辑，向日本授权方堀敏一亲属及汲古书院，表示衷心感谢！

李天石

2025年3月12日

"海外中国研究丛书"书目

1. 中国的现代化 [美]吉尔伯特·罗兹曼 主编 国家社会科学基金"比较现代化"课题组 译 沈宗美 校
2. 寻求富强:严复与西方 [美]本杰明·史华兹 著 叶凤美 译
3. 中国现代思想中的唯科学主义(1900—1950) [美]郭颖颐 著 雷颐 译
4. 台湾:走向工业化社会 [美]吴元黎 著
5. 中国思想传统的现代诠释 余英时 著
6. 胡适与中国的文艺复兴:中国革命中的自由主义,1917—1937 [美]格里德 著 鲁奇 译
7. 德国思想家论中国 [德]夏瑞春 编 陈爱政 等译
8. 摆脱困境:新儒学与中国政治文化的演进 [美]墨子刻 著 颜世安 高华 黄东兰 译
9. 儒家思想新论:创造性转换的自我 [美]杜维明 著 曹幼华 单丁 周文彰 等校
10. 洪业:清朝开国史 [美]魏斐德 著 陈苏镇 薄小莹 包伟民 陈晓燕 牛朴 谭天星 译 阎步克 等校
11. 走向21世纪:中国经济的现状、问题和前景 [美]D.H.帕金斯 著 陈志标 编译
12. 中国:传统与变革 [美]费正清 赖肖尔 主编 陈仲丹 潘兴明 庞朝阳 译 吴世民 张子清 洪邮生 校
13. 中华帝国的法律 [美]D.布朗 C.莫里斯 著 朱勇 译 梁治平 校
14. 梁启超与中国思想的过渡(1890—1907) [美]张灏 著 崔志海 葛夫平 译
15. 儒教与道教 [德]马克斯·韦伯 著 洪天富 译
16. 中国政治 [美]詹姆斯·R.汤森 布兰特利·沃马克 著 顾速 董方 译
17. 文化、权力与国家:1900—1942年的华北农村 [美]杜赞奇 著 王福明 译
18. 义和团运动的起源 [美]周锡瑞 著 张俊义 王栋 译
19. 在传统与现代性之间:王韬与晚清革命 [美]柯文 著 雷颐 罗检秋 译
20. 最后的儒家:梁漱溟与中国现代化的两难 [美]艾恺 著 王宗昱 冀建中 译
21. 蒙元入侵前夜的中国日常生活 [法]谢和耐 著 刘东 译
22. 东亚之锋 [美]小R.霍夫亨兹 K.E.柯德尔 著 黎鸣 译
23. 中国社会史 [法]谢和耐 著 黄建华 黄迅余 译
24. 从理学到朴学:中华帝国晚期思想与社会变化面面观 [美]艾尔曼 著 赵刚 译
25. 孔子哲学思微 [美]郝大维 安乐哲 著 蒋弋为 李志林 译
26. 北美中国古典文学研究名家十年文选 乐黛云 陈珏 编选
27. 东亚文明:五个阶段的对话 [美]狄百瑞 著 何兆武 何冰 译
28. 五四运动:现代中国的思想革命 [美]周策纵 著 周子平 等译
29. 近代中国与新世界:康有为变法与大同思想研究 [美]萧公权 著 汪荣祖 译
30. 功利主义儒家:陈亮对朱熹的挑战 [美]田浩 著 姜长苏 译
31. 莱布尼兹和儒学 [美]孟德卫 著 张学智 译
32. 佛教征服中国:佛教在中国中古早期的传播与适应 [荷兰]许理和 著 李四龙 裴勇 等译
33. 新政革命与日本:中国,1898—1912 [美]任达 著 李仲贤 译
34. 经学、政治和宗族:中华帝国晚期常州今文学派研究 [美]艾尔曼 著 赵刚 译
35. 中国制度史研究 [美]杨联陞 著 彭刚 程钢 译

36. 汉代农业:早期中国农业经济的形成　[美]许倬云 著　程农 张鸣 译　邓正来 校
37. 转变的中国:历史变迁与欧洲经验的局限　[美]王国斌 著　李伯重 连玲玲 译
38. 欧洲中国古典文学研究名家十年文选　乐黛云 陈珏 龚刚 编选
39. 中国农民经济:河北和山东的农民发展,1890—1949　[美]马若孟 著　史建云 译
40. 汉哲学思维的文化探源　[美]郝大维 安乐哲 著　施忠连 译
41. 近代中国之种族观念　[英]冯客 著　杨立华 译
42. 血路:革命中国中的沈定一(玄庐)传奇　[美]萧邦奇 著　周武彪 译
43. 历史三调:作为事件、经历和神话的义和团　[美]柯文 著　杜继东 译
44. 斯文:唐宋思想的转型　[美]包弼德 著　刘宁 译
45. 宋代江南经济史研究　[日]斯波义信 著　方健 何忠礼 译
46. 山东台头:一个中国村庄　杨懋春 著　张雄 沈炜 秦美珠 译
47. 现实主义的限制:革命时代的中国小说　[美]安敏成 著　姜涛 译
48. 上海罢工:中国工人政治研究　[美]裴宜理 著　刘平 译
49. 中国转向内在:两宋之际的文化转向　[美]刘子健 著　赵冬梅 译
50. 孔子:即凡而圣　[美]赫伯特·芬格莱特 著　彭国翔 张华 译
51. 18世纪中国的官僚制度与荒政　[法]魏丕信 著　徐建青 译
52. 他山的石头记:宇文所安自选集　[美]宇文所安 著　田晓菲 编译
53. 危险的愉悦:20世纪上海的娼妓问题与现代性　[美]贺萧 著　韩敏中 盛宁 译
54. 中国食物　[美]尤金·N.安德森 著　马孆 刘东 译　刘东 审校
55. 大分流:欧洲、中国及现代世界经济的发展　[美]彭慕兰 著　史建云 译
56. 古代中国的思想世界　[美]本杰明·史华兹 著　程钢 译　刘东 校
57. 内闱:宋代的婚姻和妇女生活　[美]伊沛霞 著　胡志宏 译
58. 中国北方村落的社会性别与权力　[加]朱爱岚 著　胡玉坤 译
59. 先贤的民主:杜威、孔子与中国民主之希望　[美]郝大维 安乐哲 著　何刚强 译
60. 向往心灵转化的庄子:内篇分析　[美]爱莲心 著　周炽成 译
61. 中国人的幸福观　[德]鲍吾刚 著　严蓓雯 韩雪临 吴德祖 译
62. 闺塾师:明末清初江南的才女文化　[美]高彦颐 著　李志生 译
63. 缀珍录:十八世纪及其前后的中国妇女　[美]曼素恩 著　定宜庄 颜宜葳 译
64. 革命与历史:中国马克思主义历史学的起源,1919—1937　[美]德里克 著　翁贺凯 译
65. 竞争的话语:明清小说中的正统性、本真性及所生成之意义　[美]艾梅兰 著　罗琳 译
66. 云南禄村:中国妇女与农村发展　[加]宝森 著　胡玉坤 译
67. 中国近代思维的挫折　[日]岛田虔次 著　甘万萍 译
68. 中国的亚洲内陆边疆　[美]拉铁摩尔 著　唐晓峰 译
69. 为权力祈祷:佛教与晚明中国士绅社会的形成　[加]卜正民 著　张华 译
70. 天潢贵胄:宋代宗室史　[美]贾志扬 著　赵冬梅 译
71. 儒家之道:中国哲学之探讨　[美]倪德卫 著　[美]万白安 编　周炽成 译
72. 都市里的农家女:性别、流动与社会变迁　[澳]杰华 著　吴小英 译
73. 另类的现代性:改革开放时代中国性别化的渴望　[美]罗丽莎 著　黄新 译
74. 近代中国的知识分子与文明　[日]佐藤慎一 著　刘岳兵 译
75. 繁盛之阴:中国医学史中的性(960—1665)　[美]费侠莉 著　甄橙 主译　吴朝霞 主校
76. 中国大众宗教　[美]韦思谛 编　陈仲丹 译
77. 中国诗画语言研究　[法]程抱一 著　涂卫群 译
78. 中国的思维世界　[日]沟口雄三 小岛毅 著　孙歌 等译

79. 德国与中华民国　[美]柯伟林 著　陈谦平 陈红民 武菁 申晓云 译　钱乘旦 校
80. 中国近代经济史研究:清末海关财政与通商口岸市场圈　[日]滨下武志 著　高淑娟 孙彬 译
81. 回应革命与改革:皖北李村的社会变迁与延续　韩敏 著　陆益龙 徐新玉 译
82. 中国现代文学与电影中的城市:空间、时间与性别构形　[美]张英进 著　秦立彦 译
83. 现代的诱惑:书写半殖民地中国的现代主义(1917—1937)　[美]史书美 著　何恬 译
84. 开放的帝国:1600年前的中国历史　[美]芮乐伟·韩森 著　梁侃 邹劲风 译
85. 改良与革命:辛亥革命在两湖　[美]周锡瑞 著　杨慎之 译
86. 章学诚的生平与思想　[美]倪德卫 著　杨立华 译
87. 卫生的现代性:中国通商口岸健康与疾病的意义　[美]罗芙芸 著　向磊 译
88. 道与庶道:宋代以来的道教、民间信仰和神灵模式　[美]韩明士 著　皮庆生 译
89. 间谍王:戴笠与中国特工　[美]魏斐德 著　梁禾 译
90. 中国的女性与性相:1949年以来的性别话语　[英]艾华 著　施施 译
91. 近代中国的犯罪、惩罚与监狱　[荷]冯客 著　徐有威 等译　潘兴明 校
92. 帝国的隐喻:中国民间宗教　[英]王斯福 著　赵旭东 译
93. 王弼《老子注》研究　[德]瓦格纳 著　杨立华 译
94. 寻求正义:1905—1906年的抵制美货运动　[美]王冠华 著　刘甜甜 译
95. 传统中国日常生活中的协商:中古契约研究　[美]韩森 著　鲁西奇 译
96. 从民族国家拯救历史:民族主义话语与中国现代史研究　[美]杜赞奇 著　王宪明 高继美 李海燕 李点 译
97. 欧几里得在中国:汉译《几何原本》的源流与影响　[荷]安国风 著　纪志刚 郑诚 郑方磊 译
98. 十八世纪中国社会　[美]韩书瑞 罗友枝 著　陈仲丹 译
99. 中国与达尔文　[美]浦嘉珉 著　钟永强 译
100. 私人领域的变形:唐宋诗词中的园林与玩好　[美]杨晓山 著　文韬 译
101. 理解农民中国:社会科学哲学的案例研究　[美]李丹 著　张天虹 张洪云 张胜波 译
102. 山东叛乱:1774年的王伦起义　[美]韩书瑞 著　刘平 唐雁超 译
103. 毁灭的种子:战争与革命中的国民党中国(1937—1949)　[美]易劳逸 著　王建朗 王贤知 贾维 译
104. 缠足:"金莲崇拜"盛极而衰的演变　[美]高彦颐 著　苗延威 译
105. 饕餮之欲:当代中国的食与色　[美]冯珠娣 著　郭乙瑶 马磊 江素侠 译
106. 翻译的传说:中国新女性的形成(1898—1918)　胡缨 著　龙瑜宬 彭珊珊 译
107. 中国的经济革命:20世纪的乡村工业　[日]顾琳 著　王玉茹 张玮 李进霞 译
108. 礼物、关系学与国家:中国人际关系与主体性建构　杨美惠 著　赵旭东 孙珉 译　张跃宏 译校
109. 朱熹的思维世界　[美]田浩 著
110. 皇帝和祖宗:华南的国家与宗族　[英]科大卫 著　卜永坚 译
111. 明清时代东亚海域的文化交流　[日]松浦章 著　郑洁西 等译
112. 中国美学问题　[美]苏源熙 著　卞东波 译　张强强 朱霞欢 校
113. 清代内河水运史研究　[日]松浦章 著　董科 译
114. 大萧条时期的中国:市场、国家与世界经济　[日]城山智子 著　孟凡礼 尚国敏 译　唐磊 校
115. 美国的中国形象(1931—1949)　[美]T.克里斯托弗·杰斯普森 著　姜智芹 译
116. 技术与性别:晚期帝制中国的权力经纬　[英]白馥兰 著　江湄 邓京力 译

117. 中国善书研究　[日]酒井忠夫 著　刘岳兵 何英莺 孙雪梅 译
118. 千年末世之乱:1813年八卦教起义　[美]韩书瑞 著　陈仲丹 译
119. 西学东渐与中国事情　[日]增田涉 著　由其民 周启乾 译
120. 六朝精神史研究　[日]吉川忠夫 著　王启发 译
121. 矢志不渝:明清时期的贞女现象　[美]卢苇菁 著　秦立彦 译
122. 纠纷与秩序:徽州文书中的明朝　[日]中岛乐章 著　郭万平 译
123. 中华帝国晚期的欲望与小说叙述　[美]黄卫总 著　张蕴爽 译
124. 虎、米、丝、泥:帝制晚期华南的环境与经济　[美]马立博 著　王玉茹 关永强 译
125. 一江黑水:中国未来的环境挑战　[美]易明 著　姜智芹 译
126. 《诗经》原意研究　[日]家井真 著　陆越 译
127. 施剑翘复仇案:民国时期公众同情的兴起与影响　[美]林郁沁 著　陈湘静 译
128. 义和团运动前夕华北的地方动乱与社会冲突(修订译本)　[德]狄德满 著　崔华杰 译
129. 铁泪图:19世纪中国对于饥馑的文化反应　[美]艾志端 著　曹曦 译
130. 饶家驹安全区:战时上海的难民　[美]阮玛霞 著　白华山 译
131. 危险的边疆:游牧帝国与中国　[美]巴菲尔德 著　袁剑 译
132. 工程国家:民国时期(1927—1937)的淮河治理及国家建设　[美]戴维·艾伦·佩兹 著　姜智芹 译
133. 历史宝筏:过去、西方与中国妇女问题　[美]季家珍 著　杨可 译
134. 姐妹们与陌生人:上海棉纱厂女工,1919—1949　[美]韩起澜 著　韩慈 译
135. 银线:19世纪的世界与中国　林满红 著　詹庆华 林满红 译
136. 寻求中国民主　[澳]冯兆基 著　刘悦斌 徐硙 译
137. 墨梅　[美]毕嘉珍 著　陆敏珍 译
138. 清代上海沙船航运业史研究　[日]松浦章 著　杨蕾 王亦铮 董科 译
139. 男性特质论:中国的社会与性别　[澳]雷金庆 著　[澳]刘婷 译
140. 重读中国女性生命故事　游鉴明 胡缨 季家珍 主编
141. 跨太平洋位移:20世纪美国文学中的民族志、翻译和文本间旅行　黄运特 著　陈倩 译
142. 认知诸形式:反思人类精神的统一性与多样性　[英]G.E.R.劳埃德 著　池志培 译
143. 中国乡村的基督教:1860—1900年江西省的冲突与适应　[美]史维东 著　吴薇 译
144. 假想的"满大人":同情、现代性与中国疼痛　[美]韩瑞 著　袁剑 译
145. 中国的捐纳制度与社会　伍跃 著
146. 文书行政的汉帝国　[日]富谷至 著　刘恒武 孔李波 译
147. 城市里的陌生人:中国流动人口的空间、权力与社会网络的重构　[美]张骊 著　袁长庚 译
148. 性别、政治与民主:近代中国的妇女参政　[澳]李木兰 著　方小平 译
149. 近代日本的中国认识　[日]野村浩一 著　张学锋 译
150. 狮龙共舞:一个英国人笔下的威海卫与中国传统文化　[英]庄士敦 著　刘本森 译　威海市博物馆 郭大松 校
151. 人物、角色与心灵:《牡丹亭》与《桃花扇》中的身份认同　[美]吕立亭 著　白华山 译
152. 中国社会中的宗教与仪式　[美]武雅士 著　彭泽安 邵铁峰 译　郭潇威 校
153. 自贡商人:近代早期中国的企业家　[美]曾小萍 著　董建中 译
154. 大象的退却:一部中国环境史　[英]伊懋可 著　梅雪芹 毛利霞 王玉山 译
155. 明代江南土地制度研究　[日]森正夫 著　伍跃 张学锋 等译　范金民 夏维中 审校
156. 儒学与女性　[美]罗莎莉 著　丁佳伟 曹秀娟 译

157. 行善的艺术:晚明中国的慈善事业(新译本) [美]韩德玲 著 曹晔 译
158. 近代中国的渔业战争和环境变化 [美]穆盛博 著 胡文亮 译
159. 权力关系:宋代中国的家族、地位与国家 [美]柏文莉 著 刘云军 译
160. 权力源自地位:北京大学、知识分子与中国政治文化,1898—1929 [美]魏定熙 著 张蒙 译
161. 工开万物:17世纪中国的知识与技术 [德]薛凤 著 吴秀杰 白岚玲 译
162. 忠贞不贰:辽代的越境之举 [英]史怀梅 著 曹流 译
163. 内藤湖南:政治与汉学(1866—1934) [美]傅佛果 著 陶德民 何英莺 译
164. 他者中的华人:中国近现代移民史 [美]孔飞力 著 李明欢 译 黄鸣奋 校
165. 古代中国的动物与灵异 [英]胡司德 著 蓝旭 译
166. 两访中国茶乡 [英]罗伯特·福琼 著 敖雪岗 译
167. 缔造选本:《花间集》的文化语境与诗学实践 [美]田安 著 马强才 译
168. 扬州评话探讨 [丹麦]易德波 著 米锋 易德波 译 李今芸 校译
169. 《左传》的书写与解读 李惠仪 著 文韬 许明德 译
170. 以竹为生:一个四川手工造纸村的20世纪社会史 [德]艾约博 著 韩巍 译 吴秀杰 校
171. 东方之旅:1579—1724耶稣会传教团在中国 [美]柏理安 著 毛瑞方 译
172. "地域社会"视野下的明清史研究:以江南和福建为中心 [日]森正夫 著 于志嘉 马一虹 黄东兰 阿风 等译
173. 技术、性别、历史:重新审视帝制中国的大转型 [英]白馥兰 著 吴秀杰 白岚玲 译
174. 中国小说戏曲史 [日]狩野直喜 张真 译
175. 历史上的黑暗一页:英国外交文件与英美海军档案中的南京大屠杀 [美]陆束屏 编著/翻译
176. 罗马与中国:比较视野下的古代世界帝国 [奥]沃尔特·施德尔 主编 李平 译
177. 矛与盾的共存:明清时期江西社会研究 [韩]吴金成 著 崔荣根 译 薛戈 校译
178. 唯一的希望:在中国独生子女政策下成年 [美]冯文 著 常姝 译
179. 国之枭雄:曹操传 [澳]张磊夫 著 方笑天 译
180. 汉帝国的日常生活 [英]鲁惟一 著 刘洁 余霄 译
181. 大分流之外:中国和欧洲经济变迁的政治 [美]王国斌 罗森塔尔 著 周琳 译 王国斌 张萌 审校
182. 中正之笔:颜真卿书法与宋代文人政治 [美]倪雅梅 著 杨简茹 译 祝帅 校译
183. 江南三角洲市镇研究 [日]森正夫 编 丁韵 胡婧 等译 范金民 审校
184. 忍辱负重的使命:美国外交官记载的南京大屠杀与劫后的社会状况 [美]陆束屏 编著/翻译
185. 修仙:古代中国的修行与社会记忆 [美]康儒博 著 顾漩 译
186. 烧钱:中国人生活世界中的物质精神 [美]柏桦 著 袁剑 刘玺鸿 译
187. 话语的长城:文化中国历险记 [美]苏源熙 著 盛珂 译
188. 诸葛武侯 [日]内藤湖南 著 张真 译
189. 盟友背信:一战中的中国 [英]吴芳思 克里斯托弗·阿南德尔 著 张宇扬 译
190. 亚里士多德在中国:语言、范畴和翻译 [英]罗伯特·沃迪 著 韩小强 译
191. 马背上的朝廷:巡幸与清朝统治的建构,1680—1785 [美]张勉治 著 董建中 译
192. 申不害:公元前四世纪中国的政治哲学家 [美]顾立雅 著 马腾 译
193. 晋武帝司马炎 [日]福原启郎 著 陆帅 译
194. 唐人如何吟诗:带你走进汉语音韵学 [日]大岛正二 著 柳悦 译

195. 古代中国的宇宙论　[日]浅野裕一 著　吴昊阳 译
196. 中国思想的道家之论:一种哲学解释　[美]陈汉生 著　周景松 谢尔逊 等译　张丰乾 校译
197. 诗歌之力:袁枚女弟子屈秉筠(1767—1810)　[加]孟留喜 著　吴夏平 译
198. 中国逻辑的发现　[德]顾有信 著　陈志伟 译
199. 高丽时代宋商往来研究　[韩]李镇汉 著　李廷青 戴琳剑 译　楼正豪 校
200. 中国近世财政史研究　[日]岩井茂树 著　付勇 译　范金民 审校
201. 魏晋政治社会史研究　[日]福原启郎 著　陆帅 刘萃峰 张紫毫 译
202. 宋帝国的危机与维系:信息、领土与人际网络　[比利时]魏希德 著　刘云军 译
203. 中国精英与政治变迁:20世纪初的浙江　[美]萧邦奇 著　徐立望 杨涛羽 译　李齐 校
204. 北京的人力车夫:1920年代的市民与政治　[美]史谦德 著　周书垚 袁剑 译　周育民 校
205. 1901—1909年的门户开放政策:西奥多·罗斯福与中国　[美]格雷戈里·摩尔 著　赵嘉玉 译
206. 清帝国之乱:义和团运动与八国联军之役　[美]明恩溥 著　郭大松 刘本森 译
207. 宋代文人的精神生活(960—1279)　[美]何复平 著　叶树勋 单虹泽 译
208. 梅兰芳与20世纪国际舞台:中国戏剧的定位与置换　[美]田民 著　何恬 译
209. 郭店楚简《老子》新研究　[日]池田知久 著　曹峰 孙佩霞 译
210. 德与礼——亚洲人对领导能力与公众利益的理想　[美]狄培理 著　闵锐武 闵月 译
211. 棘闱:宋代科举与社会　[美]贾志扬 著
212. 通过儒家现代性而思　[法]毕游塞 著　白欲晓 译
213. 阳明学的位相　[日]荒木见悟 著　焦堃 陈晓杰 廖明飞 申绪璐 译
214. 明清的戏曲——江南宗族社会的表象　[日]田仲一成 著　云贵彬 王文勋 译
215. 日本近代中国学的形成:汉学革新与文化交涉　陶德民 著　辜承尧 译
216. 声色:永明时代的宫廷文学与文化　[新加坡]吴妙慧 著　朱梦雯 译
217. 神秘体验与唐代世俗社会:戴孚《广异记》解读　[英]杜德桥 著　杨为刚 查屏球 译　吴晨 审校
218. 清代中国的法与审判　[日]滋贺秀三 著　熊远报 译
219. 铁路与中国转型　[德]柯丽莎 著　金毅 译
220. 生命之道:中医的物、思维与行动　[美]冯珠娣 著　刘小朦 申琛 译
221. 中国古代北疆史的考古学研究　[日]宫本一夫 著　黄建秋 译
222. 异史氏:蒲松龄与中国文言小说　[美]蔡九迪 著　任增强 译　陈嘉艺 审校
223. 中国江南六朝考古学研究　[日]藤井康隆 著　张学锋 刘可维 译
224. 商会与近代中国的社团网络革命　[加]陈忠平 著
225. 帝国之后:近代中国国家观念的转型(1885—1924)　[美]沙培德 著　刘芳 译
226. 天地不仁:中国古典哲学中恶的问题　[美]方岚生 著　林捷 汪日宣 译
227. 卿本著者:明清女性的性别身份、能动主体和文学书写　[加]方秀洁 著　周睿 陈昉昊 译
228. 古代中华观念的形成　[日]渡边英幸 著　吴昊阳 译
229. 明清中国的经济结构　[日]足立启二 著　杨缨 译
230. 国家与市场之间的中国妇女　[加]朱爱岚 著　蔡一平 胡玉坤 译
231. 高丽与中国的海上交流(918—1392)　[韩]李镇汉 著　宋文志 李廷青 译
232. 寻找六边形:中国农村的市场和社会结构　[美]施坚雅 著　史建云 徐秀丽 译
233. 政治仪式与近代中国国民身份建构(1911—1929)　[英]沈艾娣 著　吕晶 等译
234. 北京的六分仪:中国历史中的全球潮流　[美]卫周安 著　王敬雅 张歌 译

235. 南方的将军:孙权传 [澳]张磊夫 著   徐缅 译
236. 未竟之业:近代中国的言行表率 [美]史谦德 著   李兆旭 译
237. 饮食的怀旧:上海的地域饮食文化与城市体验 [美]马克·斯维斯洛克 著   门泊舟 译
238. 江南:中国文雅的源流 [日]中砂明德 著   江彦 译
239. 中国早期的星象学和天文学 [美]班大为 著   宋神秘 译
240. 中国乐书:从战国到北宋 [美]戴梅可 著   何剑叶 译
241. 中国古代的身份制:良与贱 [日]堀敏一 著   何志文 译   李天石 校